聞書・中城人たちが見た沖縄戦

――津覇にゆかりのある人々を中心に

久志隆子
橋本拓大

序にかえて

本書執筆の動機と研究の目的

「ワッターヤ　イクサネー　デージ　ヤタン、ヤマンカイ　ヒンギタン。艦砲ヌ　チューンドヘーク　ヤマンカイ　ヒンギレー（うちらは戦のときは大変だった、山に逃げた。艦砲がくるよ、早く山に逃げなさい）と区長さんが言っていた」

二〇二二年現在、沖縄戦の終戦から七七年が経過した。ベトナム戦が終結した年の翌年、つまり一九七六年に当時在学していた京都教育大学で、夏休みに戦争体験の聞き取りをしてレポートを書くという課題が出された。三回生であった筆者は帰省して両親を対象に沖縄戦の聞き取り調査をすることとした。

父（新垣隆永《あらかきりゅうえい》）はそれに応じて戦争体験を少しずつ語り始めた。しかし、母（トヨ）は筆者のその聞き取りを頑固に拒んだのである。母は「戦争のことは忘れた、そんなことは思い出したくもない」といい、興奮した様子であった。その後家では母に戦争のことを尋ねることはタブーとなっていった。

筆者は両親への聞き取りをあきらめ、当時奈良に住んでいた父の次兄顕昌《けんしょう》とその妻ツルに、第二次世界大戦後に台湾から引揚げてきた体験を聞き取りすることで課題を仕上げたという経験がある。

あれから四二年後の二〇一七年五月半ば、沖縄戦の終結からだと七二年という長い年月がたっていた。筆者が琉球大学法文学部（現在の人文社会学部）に科目等履修生として在籍し「沖縄・琉球の歴史」

を学んでいた頃のことである。筆者はこれまで長く務めた中学校での教師生活を五九歳で勧奨退職して、科目等履修生として在職中にはできなかった沖縄の歴史についての学びを楽しんでいた。当時の指導教官であった豊見山和行《とみやまかずゆき》教授は筆者にも発表の機会を与えてくださった。そして研究テーマを決めかねていたところ「聞き取りをすることも研究テーマになる。あなたは現在六〇歳代でいろいろと経験もある。何よりもウチナー口《ぐち》がしゃべれるからいい聞き取りができるだろう」と指導してくださった。

そこで気軽な気持ちで「昔話を聞かせてほしい」と両親に頼んだ。しかし、まさか沖縄戦の体験談が聞けるとは全くといっていいほど期待してはいなかった。ユイマールとかユタといった昔の生活、言ってみれば民俗学的な話が聞けるものと思っていた。

だが、前に述べたように母が「ワッターヤ　イクサネー　デージ　ヤタン、ヤマンカイ　ヒンギタン。艦砲ヌ　チューンド　ヘーク　ヤマンカイ　ヒンギレーと区長さんが言っていた。」と母が自らの沖縄戦の体験を語り始めたのである。

沖縄戦のことは触れてはいけないという意識があって、これまで母との間で話題にすることは一切できなかった。だが母が突然、沖縄戦の体験を語り始めたことには少なからず驚きを感じずにはいられなかった。

津覇は二〇一七年現在人口一，一〇〇人ほどの小さい地域なので、筆者が両親に戦争体験を聞き取りしていることはすぐに地域の人々に知られることとなった。そして「お父さん、お母さんに沖縄戦のことを聞き取りしているんだってね。だったら僕のお母さんの話も聞いてくれないか」という人が現れた。また「私も話していいよ」という人も少しずつ増えていった。さらに話をしてくださった人が「次はあの人に聞いてごらん。私が紹介したといったら話してくれるはずだよ」と次々に話す人が増えていった。

そこで筆者の地元である中城村字津覇《なかぐすくそんあざつは》の人々の沖縄戦体験を聞く最後の機会だと思い立ち、聞き取り活動を始めることにした。

津覇の自治会長の新垣美恵子《あらかきみえこ》さんにもいろいろな人々を紹介していただいた。津覇だけでなく他《た》字《あざ》の自治会長にもご協力いただいて証言者を紹介してもらうことが出来た。友人知人、大学院での恩師中村春菜《なかむらはるな》先生、筆者が教員として勤めていた頃の元同僚の仲座盈助《なかざえいすけ》さんからも証言者を紹介してもらえた。このようにして多くの証言を得ることとなった。

津覇の人々のうちそれまで沖縄戦のことを公にした人がいなかったわけではない。何人かがそれまでに沖縄戦について語ったことはある。現に『津覇誌』―五百年の歴史を刻む―には数人の証言が掲載されている。だが、それらは沖縄戦当時、日本本土や沖縄本島北部へ疎開したり南部へ避難したりした人々の話が中心であった。いろいろな事情でどこにも逃げることができなくて津覇や隣の集落の奥間《おくま》の山にとどまった人々のことは記録がない。昭和二〇年当時一〇歳前後だった人々の聞き取りも筆者が知る限りにおいて一件しか行われてこなかった。

戦争体験者が高齢になっている今日、これまでほとんど語られてこなかった津覇における沖縄戦の体験について、聞き取りをすることでその実相を確認していくこととした。

本書は中城村字津覇における戦争体験者への聞き取りを中心として、体験者たちの証言を通して沖縄戦のあり方を探り、生き残ることになったきっかけを考察することを目的としている。当時の大日本帝国政府による同化政策や皇民化教育の影響は、国のために命を捧げることを当たり前とする意識を国民に植え付けた。しかしながら、「生きていたい」という人間の本能の方が勝っていたことが生き残れた要因のひとつではないかと筆者は考えた。「生きていたい」という本能を呼び覚まさせたのは何であるかという視点で分析していく。

聞き取り対象者の経験は、年齢、経済的な状況、家族構成等によって多様である。一人ひとりの証言から、結果的に生き残ることになった経緯はまったく固有なものであることが伺える。本書ではそれらの経緯を具体的に検討していく。

さらに、昨今の戦争体験者による積極的な語り出しの理由や語ったことでどのような心情に至ったか等についても聞き取りを通して検討していく。

第一章では中城村と津覇の沖縄戦における戦前の様子、聞き取り対象者の相関関係、中城村における沖縄戦の概要等について聞き取りの証言を基に検討する。

第二章では沖縄戦前夜の様子を中心に、特に昭和一九年の一〇・一〇空襲から昭和二〇年三月の空襲並びに艦砲射撃が始まるまでの津覇の様子や住民の日常生活等について聞き取りの証言を基に検討する。

第三章では沖縄戦中の住民の行動を日本本土や沖縄本島北部へ疎開した人々、南部へ避難した人々、津覇や奥間に留まった人々に区分して検討する。さらに「捕虜」になった収容所での生活について、また、看護要員として従軍した女性たちや炊事婦たち、「学徒出陣」した人々の経験について検討し、またそれらとの比較として外地テニアンでの戦闘について検討する。

第四章第一節では戦後の生活を描いた。人々はアメリカ軍の基地内でハウスメイドをしたりした。また防衛隊として捕虜になりハワイに送られたある男性が、ブラジルに出移民したことを描く。

第二節では、戦後アメリカ軍の基地内で、ハウスメイドとして働いた経験のある女性たちの座談会の様子を描く。

第三節では、防衛隊として捕虜になりハワイに連行されていたある男性の家族が、ブラジルに出移民した戦後の生活を描く。

第五章では、聞き取り対象者が体験を話したことでどのような感想をもったか、心の変化はあったか等、そこから学べることを検討する。

本書の「終わりに」の部分では、聞き取りを通して得られた沖縄戦から学ぶべき教訓について考察する。

尚、本書は日本軍及びアメリカ軍の動きや、軍事用語等についてはＮＨＫ国際放送局の橋本拓大《たくもと》の調査によるものが大いにあるということをここに記しておく。

先行する聞き書き実践や証言記録等

先行する聞き書き実践や証言記録として次のような書籍があげられる。

・琉球政府編『沖縄県史』第九巻　各論編八　沖縄戦記録一、琉球政府、一九七一年。

・沖縄県教育委員会編『沖縄県史』第一〇巻　各論編九　沖縄戦記録二、沖縄県教育委員会、一九七四年。
・中城村史編集委員会編『中城村史』第四巻戦争体験編、中城村役場、一九九〇年。
・沖縄教文出版社編『津覇小学校創立百周年記念誌』津覇小学校創立百周年記念 記念誌事業期成会、一九九四年。
・中城村史編集委員会編『中城村史』第一巻通史編、中城村役場、一九九四年。
・津覇誌編集実行委員会編『津覇誌』―五百年の歴史を刻む―、津覇自治会、二〇〇八年。
・中城村教育委員会編『ガイドブック中城村の戦争遺跡』―沖縄戦の記憶と痕跡を歩く―、中城村教育委員会、二〇二〇年。
・中城村教育委員会生涯学習課文化係『中城村の沖縄戦』資料編、二〇二二年。
・中城村教育委員会生涯学習課文化係『中城村の沖縄戦』証言編上下、二〇二二年。

これらの書籍には沖縄戦における住民の体験記や証言が掲載されている。その中でも中城村の体験者の証言を多く掲載しているのは中城村史編集委員会編『中城村史』（第四巻 戦争体験編、中城村役場、一九九〇）である。筆者が修士論文を書いた時点では県外への疎開や北部への疎開及び南部方面への避難をした人々の証言はあるが、村内に留まった人々の証言は管見の限り取り上げられていない状況が見えた。また、当時一〇歳前後の人々の証言が少ないことに注目した。

ただし、二〇二二年に刊行された中城村教育委員会生涯学習課文化係『中城村の沖縄戦』資料編、並びに証言編には中城村内の沖縄戦体験者の証言が多く掲載されている。本書で取り上げた証言と重なる証言も何件かあるのでぜひ合わせてお読みいただきたいと思う。

本書は、先行する証言集や聞き取りの実践で得た以上のようなことがらを課題として、二〇一七年の聞き取りを出発点として得た様々な証言を整理・区分し、住民の諸行動を検討し「奇跡的に生き残ることになった経緯」について考察する。

聞書・中城人《なかぐしくんちゅ》たちが見た沖縄戦　―津覇にゆかりのある人々を中心に―

凡例

・本書は令和二年度の修士論文を加筆修正し再構成したものである。
・中城村字津覇在住の人々を中心に、沖縄戦体験者からの聞き取りしたことを時系列に整理し再構成した。
・古典的仮名遣いは適宜現代仮名遣いにし、旧漢字で変換が難しい文字は新漢字を使用した。
・ウチナー口《ぐち》は適宜標準語に翻訳したが、翻訳が難しい感嘆詞などはウチナー口のままで表記した。
・標準語に訳した部分は文字の字体を変えた上に斜体字にし、さらに字の大きさを小さくした。
・現在では差別用語とされている語句もあるが、当時の社会状況並びに背景をふまえてそのまま書き記した。
・人物名は敬称を略して記述した。
・人物名は現在の姓名で記述した。
・人物名は聞き取りの中で本書への実名の使用を許可する旨同意を得たので実名で記載した。但し、援護課資料で得られた氏名に関しては、提供元の沖縄県公文書館からの指導により、個人情報保護のため氏名の一部を四角にした上で記載した。
・疎開とは九州への疎開、沖縄県北部への疎開のように戦闘が始まる前に計画的に行われ、行先や世話になるところなどあらかじめ決められたものとする。（軍が県を通して「北部疎開せよ」と指示した。）

・避難とは戦闘が始まった後に、危険な地域を離れるが、行先や世話になるところなどをあらかじめ決められていないこととする。（避難は中城《なかぐすく》駐屯の日本軍の指示、または壕追い出しによるものである。）

・「捕虜」とは兵士に対する言葉であり一般住民の場合「抑留者」とすべきではあるが、証言者の気持ちを尊重して彼らの言葉のまま「捕虜」という言葉を使用した。

・ウチナー口で「小さい、かわいい」との意味で「グヮー」という接尾語があるが本書では「小」という漢字をあてて表した。

・証言者の顔写真等は証言者の名前の初出の項目の近くに掲載した。

・年号については戦前、戦中は和暦で示し、戦後は西暦で示すこととする。但し戦後出版された書籍の出版の年月が和暦しかない場合には西暦に書きかえた。

・地名は沖縄戦当時に使われていた呼び名で表記する。

・沖縄の高齢者の中には助詞を省いて話をすることが多く、本書でも証言者が助詞を省いて話されている。証言者の言葉遣いを尊重しそのまま表現した。

・本書の記述内容に関する責任は筆者のみに帰することをここに明記する。

第一章　中城村と同村字津覇における沖縄戦のあらまし

1　中城湾の位置と戦跡

中城村は沖縄本島中部のやや南側に位置している。戦前は現在の北中城村も中城村に含まれており、広さから言えばかなり広い。また、南北に長く伸びた地域であるということができる。村の東側には中城湾があり、西側には小高い丘が背のように平地を支えている。言ってみれば山と海にはさまれた土地である。丘のふもとの平地は吉《よし》の浦《うら》平野や中城平野と呼ばれている。

中城湾は沖縄本島中南部の東海岸に位置し、津堅島《つけんじま》と久高島《くだかじま》に囲まれた穏やかな海域である。日清戦争の終結時から海軍の寄港地として利用されていた。八原博通《やはらひろみち》（二〇一五）は中城湾の評価について次のように記述している。

　中城湾は大艦隊を収容するに足る天然の良港である、昔から中城湾要塞《なかぐすくわんようさい》（実は微弱なものであるが）の防備がある。

大艦船を収容できたと言われる中城湾は、「沖縄戦当時には米軍の軍艦がひしめき合い、海が真っ黒に埋め尽くされ海面が見えないほどであった。津堅も久高も見えなかった。」と奥間の山に潜んでいた比嘉《ひが》ハツ子（昭和六年生まれ）をはじめ多く

図1　比嘉ハツ子（当時14歳）

の体験者が証言している。

津覇の子供たちの学び舎であった津覇国民学校の校舎は日本軍の賀谷部隊《かやぶたい》の駐屯地となり、さらに民家までも日本軍の宿舎として接収された。このようにして津覇は軍民が混在する状態になり、陣地構築作業や壕掘り、飛行場の建設に国民学校を卒業したばかりの少年少女だけでなく、国民学校の初等科高学年の児童から高等科の生徒まで駆り出されたのである。

以下は昭和三年生まれで昭和二〇年には津覇の山に隠れていた仲田文《なかだふみ》の証言である。

ワッターヤ　イクサヌ子ドゥ　ヤクトゥ　メーニチ徴用、徴用テー。壕フタイ　飛行場チュクタイ　ヤタンテー。　学校ヤ　ネーンタンテー。（うちらは戦時中の子供だから、毎日徴用、徴用だった。壕を掘ったり飛行場を作ったりだったさ。学校の授業はなかったさ）

図2　仲田文（当時17歳）

このようにして戦闘が始まる前から少年少女や子供たちまで戦争に向けて協力を強いられていった。

2　戦前の津覇の様子

戦前の津覇の集落は一組から四組までの組単位で分けられていた。また津覇の住民の姓は特に呉屋《ごや》、新垣《あらかき》、比嘉《ひが》、玉那覇《たまなは》と同姓が多いことから、それらの家々は屋号で区別していた。（三一三頁図73を参照）

津覇は中城村の津覇小学校区域のやや北側に位置し、西側の山と東側の太平洋にはさまれた地区である。中城村の中でも比較的土地が広く、山のふもとから海岸までは距離およそ一キロメートルの扇状地が広がる地形を有し、豊かで農業が盛んな地区である。[1] 戦前はサトウキビの他、米や豆、麦などを栽培していた。

サトウキビの収穫時、米の苗を植え付ける時、あるいは茅葺屋根を修繕する時などは「イーマール」または「イーグナー」といわれる共同作業をする習慣があり、住民たちは普段から助け合いをして暮らしていた。また集落内の道は明治時代から碁盤の目のように区画整理がなされており、道幅も馬車が通れるくらいであったという。明治時代に区画整理された集落内のほとんどの道は現在でも自動車が通れる生活道路として使われている。

一方で移民も盛んであった。[2] 村出身の出移民者からの仕送り額は県下で最も多かったようだ。[3] 聞き取り対象者の一人である新垣隆永の長兄・顕徳《けんとく》（企惟《もとのぶ》）はアルゼンチンへ、次兄・顕昌《けんしょう》（慶政《よしまさ》）は台湾へ、また長姉ヨシはブラジルに移民として送り出されており、沖縄戦当時は不在であった。また、隆永の叔母、比嘉ウシの家族はハワイに出移民していた。

移民には出移民と入移民とがあるが同村では出移民が多い。[4] 中城村史 第二巻より中城村の出移民の特徴に関する部分を次に引用する。

> 戦前、中城村は県下屈指の移民村として世に知られ、村民もこれを自覚して誇りにしてきた。（中略）中城村の歴史の誇りの一つとして、われわれは出移民の数が多いことをあげることができる。（中略）第二の特徴は、送り出したら急速に、短期間で出移民数が増加したことである。第三は、送金額が多いことである。（中略）そのことは中城の移民が成功したことをも意味する。（中略）第四の特徴は、子供の教育のためには移民先での事業半ばであっても沖縄に帰ってきたことである。（中略）第五の特徴は、動機の多様性である。次男三男のため耕地面積が狭いことを含む経済的理由も皆無ではないが農林学校で学んだ専門的な知識を大国で生かしてみたいとの積極的な動機もある。（中略）その他徴兵忌避者も少なくない（県全体の空気）。儲かると聞いて、あるいは送金の実情を見て、それに刺激されたのもいる。[5]

このような移民の経験を持つ歴史が、その後の沖縄戦時の住民たちの選択において有益に働いたことも推察される。

また、移民先の親戚縁者からもたらされたであろう情報も住民たちの選択の視野を広げることに繋がったとも考えられる。

3　聞き取り対象者について

①　聞き取り対象者

筆者は、前に述べたように意図せずして両親から沖縄戦の体験談を聞き取ることが出来た。しかしながら他の人々の体験談まで聞くことができるとは少しも期待していなかった。ところが前に述べたが、たまたまある会合に参加したときに同じく会合に参加していたある人に「お父さんから聞いたけど、戦争の話をきいているんだってね、それだったらうちのお母さんの話も聞いてくれないか」と話を持ちかけられた。それなら話を聞こうとしたところ、そのことが口伝いに広まっていって、じゃ、ということで多くの人々の話を聞くことになっていった。

沖縄戦の話は簡単に聞けるものではないので、手始めに申し出のあった人の母親の話を聞き取りした。その際に「あの人にも聞いてごらん。私が推薦したと言ったらきっと話してくれるよ」と次に話す人を紹介された。筆者も津覇の生まれで津覇で育ったということが功を奏したのだと思う。

その中で当時住民から聞き取りを始めていた村の教育委員会の人々とも知り合いになり、情報交換をする中で聞き取り対象者がさらに広がりを持つようになった。また、それまで話すのをためらっていた人々の中で「隆永さん、トヨさん（筆者の両親）の娘さんなら話してもいいよ」といってくれる人もあった。

津覇の人の話だけを聞いていたところ、本書のコラムを担当してくれている橋本拓大が「村の教育委員会の紹介でご両親の話を聞きたいのですが」と筆者に連絡を取ってきたことがきっかけで、ＮＨＫ国際放送局とも共同で聞き取りをすることになった。その中で沖縄戦当時の看護要員として従軍した女性や炊事婦、「学徒出陣」をした人々とも聞き取りをすることが出来た。そうして、津覇以外の人々とも聞き取りをすることが出来たのである。
次に聞き取りの対象者を以下の通り一覧表にしてみた。

表1．聞き取り対象者一覧（五十音順、敬称略）（聞き取り時期：二〇一七年5月〜二〇二三年四月）

＊（　）内は一九四五年時点の年齢。

	氏名	和暦（年齢）	出身地	昭和二〇年時の居場所	備考、日本軍との関係、収容所、戦後の生活など
1	新垣《あらかき》　トヨ	昭和　五年（一五歳）	津覇	奥間集落に向かう山の斜面	陣地構築（一五五高地・糸蒲）泡瀬・中塩屋
2	新垣　直子《なおこ》	昭和一〇年（一〇歳）	津覇	知念村・志喜屋	戦後はハウスメイド、志喜屋・山里・当間
3	新垣　光子《みつこ》	昭和　九年（一一歳）	テニアン	テニアン	テニアンでの戦闘は昭和一九年六月、インヌミヤードゥイ・辺野古・嘉陽
4	新垣　之庸《ゆきつね》	昭和一五年（五歳）	津覇	知念村・志喜屋	被弾（右腕）志喜屋・山里・当間＊二〇二〇年一二月一二日病死した。（享年八一歳）
5	新垣　ヨシ子	昭和　元年（一九歳）	南上原	南部（ひめゆりの塔付近）	看護要員、首里高等女学校卒業
6	新垣　隆永《りゅうえい》	昭和　四年（一六歳）	津覇	知念村・志喜屋	徴用・飛行場・陣地・弾運び等・志喜屋・山里・当間＊二〇二一年一〇月二七日病死した。享年九三歳。
7	新垣　良盛《りょうせい》	昭和一九年（一歳）	津覇	奥間集落に向かう山の斜面	珍良《ちんりょう》オジーの孫

8	井口《いぐち》恭雄《やすお》	昭和九年（一一歳）	久場	北部・久志村	北部疎開
9	大城《おおしろ》為一《ためいち》	昭和一〇年（一〇歳）	津覇	津覇・富里の嶽付近	母は炊事婦、泡瀬・古謝
10	呉屋《ごや》博子《ひろこ》	昭和三年（一七歳）	津覇	南部	看護要員
11	呉屋 陽眞《ようしん》	昭和九年（一一歳）	津覇	北部・久志村	北部疎開
12	玉那覇《たまなは》千代子《ちよこ》	昭和八年（一二歳）	津覇	津覇の西側の山・斜面	被弾（太もも）・泡瀬、戦後はハウスメイド
13	玉那覇 春《はる》	大正一〇年（二四歳）	津覇	南部・喜屋武岬	炊事婦、賀谷部隊長、二〇二二年七月三日に天寿を全うした。享年一〇二歳。
14	仲田《なかだ》文《ふみ》	昭和三年（一七歳）	津覇	津覇・西側の山の斜面	諸飛行場・陣地
15	比嘉《ひが》英信《ひでのぶ》	昭和一〇年（一〇歳）	当間	熊本県	学童疎開
16	比嘉 キク	昭和六年（一四歳）	和宇慶	南部（伊敷）	伊敷、戦後はハウスメイド
17	比嘉 千代《ちよ》	昭和二年（一八歳）	津覇	北部〜津覇	炊事手伝い（賀谷部隊）医師の比嘉盛茂の姪
18	比嘉 トヨ	昭和三年（一七歳）	津覇・西原	南部、喜屋武	飛行場・陣地、戦後はハウスメイド
19	比嘉 ハツ子	昭和六年（一四歳）	津覇	奥間集落の西側の山	泡瀬、戦後はハウスメイド
20	與儀《よぎ》繁《しげる》	昭和五年（一五歳）	伊集	南部	「学徒出陣」・県立第一中学校二年、＊二〇二〇年三月一四日病死しした。享年九一歳。

21	與儀ヨシ	昭和　六年（一四歳）	伊集	北部（瀬嵩）	北部疎開
22	○○恵美子	一九五一年生	津覇		炊事婦玉那覇春の娘、非体験者、筆者の幼馴染、姓名は非公開
23	川下《かわした》恵美子《えみこ》	一九五六年生	津覇		看護要員新垣ミネの娘、非体験者、筆者の幼馴染
24	又吉《またよし》安子《やすこ》	一九五一年生	津覇、ブラジル		新垣ハル（隆永の姉）の娘、非体験者、筆者の従妹

② 聞き取り対象者の分析

表1を基に聞き取り対象者をさらに八つのグループに分類した（表2）。年齢、性別、家族構成、出身地、戦時中の居場所等の違いがそれぞれの固有な沖縄戦時の行動や体験につながったことが見える。

表2．昭和二〇年（一九四五）の聞き取り対象者の居場所（氏名は五十音順）

	居場所等	聞取り対象者氏名
1	中城村に留まる	1．新垣トヨ、9．大城為一、12．玉那覇千代子、14．仲田文、17．比嘉千代、19．比嘉ハツ子
2	北部へ疎開	8．井口恭雄、11．呉屋陽眞、21．與儀ヨシ、匿名希望者
3	南部へ避難	2．新垣直子、4．新垣之庸、6．新垣隆永、16．比嘉キク、18．比嘉トヨ

4	「学徒出陣」	5. 新垣ヨシ子、20. 與儀繁
5	学童疎開（熊本県）	15. 比嘉英信
6	看護要員として従軍	10. 呉屋博子（5. 新垣ヨシ子）
7	炊事婦として従軍	13. 玉那覇春
8	外地・テニアン	3. 新垣光子

聞き取り対象者の中で、1. 新垣トヨと6. 新垣隆永は筆者の両親である。2. 新垣直子は父の妹、4. 新垣之庸は父の弟である。

そして、3. 新垣光子、10. 呉屋博子、12. 玉那覇千代子、13. 玉那覇春、14. 仲田文、18. 比嘉トヨ、19. 比嘉初子は筆者と長い付き合いのある知人たちである。その知人たちの子供世代と筆者とは年齢が近いこともあって幼少期にはともによく遊んだ幼なじみで親しい間柄である。その他、聞き取りをしたことで初めて知り合った人々の中で5. 新垣ヨシ子と8. 井口恭雄を除いては筆者の両親の友人知人であることも分かった。非体験者の22. ○○恵美子は玉那覇春の娘であり筆者は小学校のときよく遊んでもらった。非体験者である23. 川下恵美子と24. 又吉安子とは従妹同士で筆者とは幼馴染である。

このような条件のもとで、聞き取りをさせてもらった人が次の人を紹介、各字の自治会長や筆者の友人・知人からの紹介、大学院のときの恩師、筆者が勤めていたころの元同僚などからの紹介もあり、20数人の人々が聞き取りに協力してくれ、そのため聞き取りをスムーズに行うことができた。ただしその中には戦争の体験を筆者に語りはしたものの、名前を公表しないで欲しいといった人も数人含まれる。また聞き取りはしたものの本書への掲載を許してもらえないこともあった。

聞き取りをした人たち同士および筆者との関係性を表3にまとめた。

津覇の成り立ちは八つの門中[6]から発展したと伝えられており、婚姻の多くは字内部でもたれていた。そのため津覇の人びとは互いを親戚同士のようなものという意識が根底《こんてい》にあり、戦前からその親密な関係が受けつがれてきている。また津覇は結束の強い集落といわれるが、戦前の津覇の成り立ちがその起因となったのだと考えられる。

表3．聞き取り対象者同士および筆者との関係性

イ	6．新垣隆永と1．新垣トヨは筆者の両親（戦後に結婚）。
ロ	6．新垣隆永と2．新垣直子と4．新垣之庸はきょうだい。筆者の叔母、叔父。
ハ	6．新垣隆永と15．比嘉英信とは戦後の地域の老人会会長として旧知の仲。
ニ	6．新垣隆永と19．與儀繁とは戦後の同時期に農業委員として共に活動。
ホ	6．新垣隆永と9．大城為一とは戦後同じ建設会社に勤務した元同僚。
へ	1．新垣トヨ、17．比嘉千代は尋常小学校初等科時代に一緒に山で燃料用の枯葉を拾った間柄で姉妹のような友人関係。
ト	1．新垣トヨと19．與儀繁とは尋常小学校初等科の同級生。
チ	2．新垣直子と9．大城為一とは小学校の同級生でよく一緒に遊んだ仲。
リ	16．比嘉キクと17．玉那覇千代子、18．比嘉トヨ、19．比嘉ハツ子とは仲のいい友人同士。戦後はともに米軍基地内の家族部隊でハウスメイドとして働く。

ヌ	16. 比嘉キクは18. 比嘉トヨの年の若い叔父[7]勝明の妻。
ル	20. 與儀繁と21. 與儀ヨシは戦後に結婚。
ヲ	22. ○○恵美子は13. 玉那覇春の娘。
ワ	23. 川下恵美子と24. 又吉安子とは従妹同士。筆者とは幼馴染。
カ	24. 又吉安子と筆者は従妹同士。
ヨ	6. 新垣隆永と24. 又吉安子とは叔父姪の間柄。

4　中城村における戦闘のあらまし

中城村における沖縄戦のあらましを次の表のとおりにまとめてみた。沖縄本島へのアメリカ軍の上陸は周知のとおり、一九四五年の四月一日である。そして日本軍が水際作戦ではなく戦闘を首里の司令部で決戦をするという持久戦を計画したため、中城村字久場への進攻が四月三日と予想以上に早かった。そのため久場近辺の人々は沖縄本島南部への避難が不可能で、却って早く「捕虜」になり無事に生き残ることができた。おのずと沖縄本島北部への疎開は不可能になった。だが後に詳しく書くが、幸か不幸か津覇の住民は南部へ避難することができた。そのため、南部で戦死したりするなど苦しい経験をすることになってしまったのである。

表4. 沖縄本島と中城村の戦闘の概略

年	月日	中城村における戦闘	沖縄本島全域における戦闘
１９４４年	八月二〇日	二一日から第62師団所属の独立歩兵第12大隊が村内に駐屯開始、一九四五年一月末まで駐屯。その後は独立歩兵第14大隊等が津覇国民学校に駐屯。	日本軍の第62師団が那覇へ上陸。
1944年	八月下旬	中城・津覇の両国民学校児童が熊本県へ疎開。	
	一〇月一〇日	一〇・一〇空襲による村への空襲なし。	一〇・一〇空襲。
１９４５年	三月二三日	津覇国民学校校舎が米軍機の機銃掃射を受ける。	
	四月　一日		米軍が沖縄本島に上陸。
	四月　三日	米軍が久場付近へ進攻。中城城跡で戦闘。	
	四月　四日	新垣付近で戦闘。	
	四月　五日	一六一・八高地陣地で戦闘。（六日まで）	
	四月　七日	北上原・南上原付近で戦闘。（二一日頃まで）	
	四月一九日	和宇慶・伊集付近で戦闘。（四月二三日頃まで）	
	六月二三日		日本軍による組織的な戦闘が終了。
	八月一五日		玉音放送により日本の降伏が国民へ公表される。
	九月　七日		琉球列島の日本軍が森根（現・嘉手納基地内）で降伏調印。

＊前掲中城村教育委員会編・発行『ガイドブック中城村の戦争遺跡』―沖縄戦の記憶と痕跡を歩く―（2020年、7頁）を参照し作成

１９４６年	
一月二一日	当間に一時収容所の建設開始。以降、県内各地の収容所から村民が当間へ帰還。
三月頃	津覇の一時収容所で村民の受け入れ開始。（一二月まで）
八月一七日	久場崎収容所で引揚者の受け入れ開始。（一二月まで）
一〇月頃	疎開児童が熊本県より帰村。

表4と図3から次のことが言える。繰り返しになるが、米軍が一九四五年四月一日に沖縄本島西海岸に上陸してから中城に進攻するのは予想以上に早く、二日後の四月三日には中城村字久場《くば》に到達していた。そのため住民たちはあわただしく南部へと避難せざるを得なかったことや、北部への疎開が不可能になったことが読み取れる。

さらに161．8高地から和宇慶《わうけ》・伊集《いじゅ》までの戦闘にかかった日数は約一八日間に渡る長期戦であり、そこでの戦闘がいかに激しいものであるかを物語っている。161．8高地でアメリカ軍と激しく戦ったのは独立歩兵第14大隊第1中隊、および同大隊の機関銃中隊の第一小隊、同大隊の無線第一分隊であった。

さらに、南上原《みなみうえばる》では独立歩兵第14大隊に加えて独立歩兵第12大隊、歩兵第22連隊が戦闘に参加したほか、和宇慶では独立歩兵第11大隊が主力として米軍と戦った。北上原から和宇慶、伊集までの戦闘は実に一八日もかかったのである。

特に北上原、南上原付近での戦闘は激しく、日本軍、アメリカ軍共に多くの戦死者を生んだ。その長期戦となった激しい戦いの末に、米軍は無差別攻撃に転じ住民も巻き添えにしたとの説もある。

図4からは中城村の中でも新垣以南には多くの日本軍の陣地等が配置されていたことが確認できる。そこでは住民が陣地構築の作業などに駆り出されていた上に米軍からの無差別攻撃のターゲットになったことがみてとれる。

米軍は沖縄本島に上陸する前に航空機からの撮影によって日本軍の陣地配置等を事前に把握するための調査をしていた。その上で、米軍は日本軍の陣地が配置されている場所を集中的に攻撃したのである。中城には日本軍の陣地等が数多く配置されていたことを米軍は把握していた。

一方、中城村に関わりのある部隊は主として山部隊（第24師団）、石部隊（第62師団）である。さらには昭和19年12月までに台湾に転用された武部隊（第9師団）が155高地（糸蒲《いとかま》）の壕構築にも関わったように、複数の部隊が短期間に目まぐるしく配置換えをしている。このことから日本軍の防御の方針が二転三転していたことが読み取れる。つまり、日本軍の防御方針が場当たり的に次々に変更されていったことを示している。

沖縄戦におけるアメリカ軍の進攻状況について地図（図3）を使って説明する。当初、アメリカ軍は沖縄本島の東海岸の具志頭村《ぐしちゃんそん》港川《みなとがわ》から上陸するかのように見せかけるための陽動作戦を行った。第24師団は港川を守備するために兵士等を配置していた。

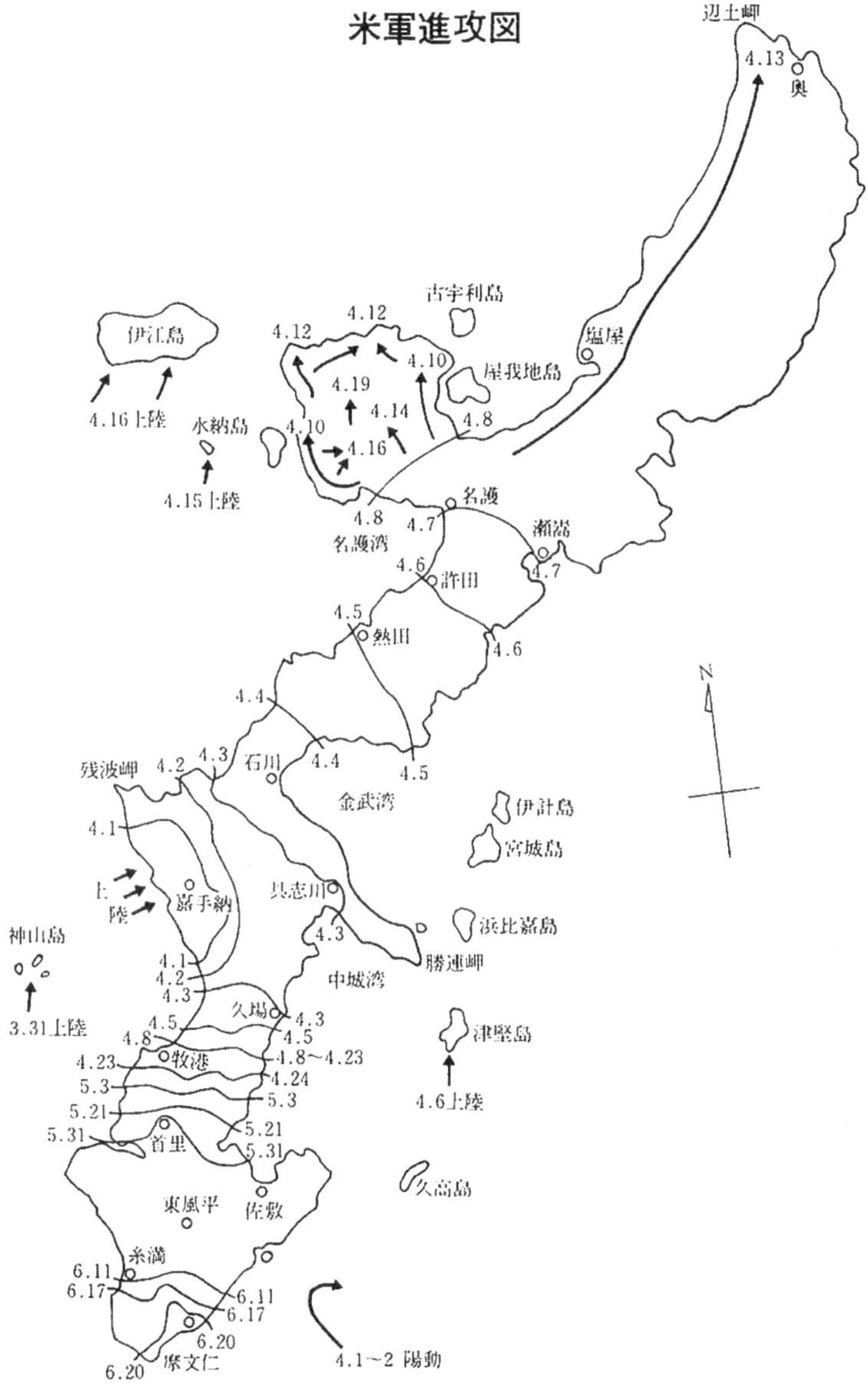

図３　米軍進攻図　『中城村史』第４巻　戦争体験編　54頁より転載。

図4は、中城村新垣より南側の日本軍配置図である。

旧村内全域には、日本軍の陣地や壕が多く点在している。そのため村民の居場所は失われていき、特に津覇の住民が南部へ避難せざるを得ない状況が作られていった。

そのような中で、津覇国民学校の西側の山の中腹に掘られた多くの壕には、北部疎開や南部への避難を諦めた人々が身を潜めた。後に詳しく述べるが、この壕に避難していた人々は昭和二〇年四月一日の米軍上陸後早々に、米軍により保護されて「捕虜」となった。北部への疎開や南部への避難をあきらめて村にとどまらざるを得なかった住民が、結果的に最も多く生き残ることとなった。

図4の中の網掛けの部分に日本軍の陣地や壕などがある。アメリカ軍はハワイの沖縄出身の者たちからの聞き取りや航空機による航空写真によって中城村に日本軍の陣地、壕などがあることを上陸前に把握していた。

一九四五年四月一日のアメリカ軍の上陸から二日後の四月三日に久場に進攻してきたアメリカ軍と日本軍の激しい戦闘は主に山手の方で行われた。中城城や新垣、北上原、南上原及び伊集や和宇慶の山手で激しい戦いが繰り広げられた。

北上原のいわゆる161．8高地陣地（そこの標高が161．8メートルだったからそのように名づけた）のことをアメリカ軍はザ・ピナクル（尖峰）と呼び日本軍、アメリカ軍両軍共に多くの犠牲者を出した。自然の岩のように見せかけて、人工的に造られた陣地の地下にアリの巣のようなトンネルが掘られている。そこに日本軍の兵隊が潜んでいて近づいてきたアメリカ兵はそれに気付かないま

中城村新垣以南日本軍配置図

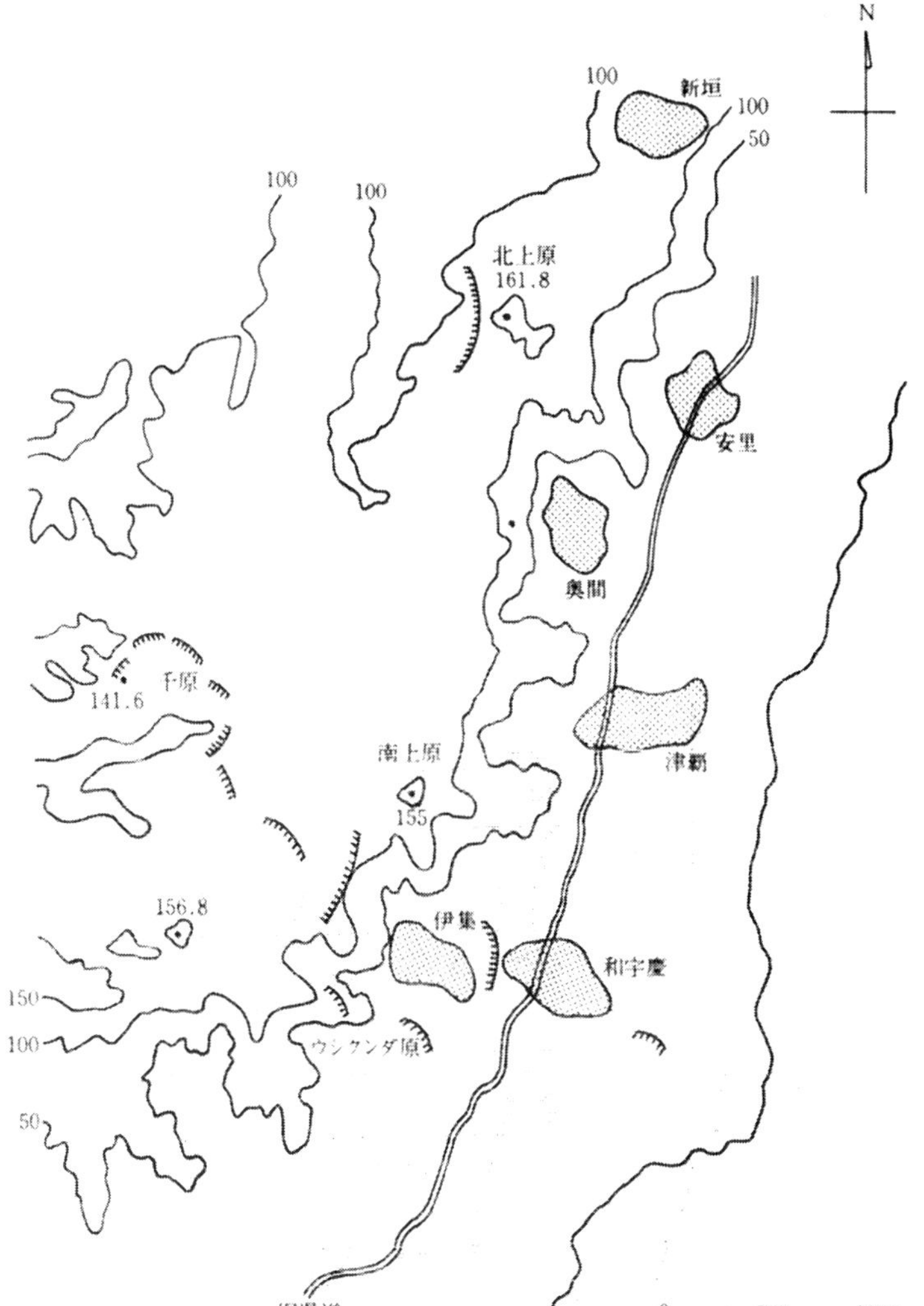

図4　中城村　新垣以南　日本軍配置図　『中城村史』第４巻　戦争体験編68頁より転載。

まに撃たれて死んでしまった。日本軍は物資の面でアメリカ軍に及ばないためこのような奇襲攻撃を仕掛けたのであった。

また、南上原の通称糸蒲陣地には日本軍は155高地と名づけ、アメリカ軍はトゥーム・ヒル（Tomb Hill、墓の丘）と呼んでいた。そこでも戦闘は激しく戦後も多くの遺骨や万年筆など日本軍の兵隊の持ち物が散乱していたということである。

前に述べたが161．8高地から和宇慶、伊集までの戦闘は一八日間もかかり、いかに戦闘が激しかったか想像にかたくない。一方、津覇や奥間の平野部の場合は日本兵がアメリカ軍との戦いに応じ移動して出て行ったため地上戦というよりは空襲や艦砲射撃による攻撃で家々が焼かれるということになった。住民もまた二月に北部ヤンバルに疎開した人々や、南部に避難した人々が多かった。一部の北部ヤンバルへの疎開や南部への避難を諦めた者たちは津覇や奥間の山に掘られた壕や墓に隠れていた。彼らの行動は第三章に詳しく述べる。

筆者はあいにく山手の新垣、北上原、南上原の住民からの聞き取りを直接的にはしていないため詳しいことをこの書で述べることは残念だが割愛する。この書では筆者が聞き取りをした津覇を中心とした人々の体験を述べていくこととする。

北部へ疎開した者たちは直接的な戦闘の経験は少ないが、飢餓やマラリヤのために命を落とした。また、南部への避難をした者たちは激しい戦闘に巻き込まれ命を落としたり大けがをしたりするなどの被害を受けた。それらのこともまた第三章で詳しく述べていくとする。

第一章 注

1　中城村史編集委員会編『中城村史』第二巻　資料編1、中城村発行、１９９1年、51頁、55頁。

2　前掲『中城村史』第二巻、３７９―５３２頁。

3　前掲『中城村史』第二巻、３７９―５３２頁。

4　中城村における移民の歴史については中城村史編集委員会編『中城村史』第1巻、通史編、１９９４年、３２９―３３４頁に詳しい。

5　前掲『中城村史』第一巻、通史編、３２９―３３４頁。

6　中城村教育委員会編・発行『中城村戦前の集落』ＳＥＲＩＥＳ ９津覇　ＴＨＵＨＡ、２０１7年、6―7頁。
「かつて、津覇には上津覇《いーつは》・富里《ふさと》・糸蒲《いとかま》・の三つの集落が津覇小学校後方の丘陵地帯に立地しており、上津覇には呉屋《ごや》門中と糸満《いとまん》門中、糸蒲には新屋敷門中《みーやしちもんちゅう》が住んでいたといわれている。その後、この三つの門中は平坦地に移住し、現在の津覇集落を形成した。この三つの門中に続いて、西銘《ぬすび》門中・クバニー門中・勢理《しりー》呉屋《ぐや》門中・玉那覇《たんなふぁ》門中・比屋根《ひゃーぐん》門中が次々と津覇に移住し、この八門中を中心に、津覇は発展したと伝えられている。」とある。

7　当時は子供を数多く生むのが普通で、母と娘、姑と嫁が同じ時期に子供を産むことが多く、自分より年の若い叔父・叔母がいるのはごくありふれたことであった。

コラム①　沖縄戦が始まる直前の中城村周辺の日本軍配置の状況

この史料は防衛省防衛研究所が所蔵している第62師団独立歩兵第14大隊歩兵砲中隊の命令録である。そのうちの一つ、昭和二〇年一月二九日付けの独立歩兵第14大隊命令は軍事機密と押印され、この別紙には防衛担任地区の要図が書かれている極秘文書である。表紙を見るとアメリカ軍第381戦闘団が一九四五年五月一二日に入手した旨が手書きで記されていて日本軍との激しい戦闘の過程で入手した文書であることを表している。

防衛担任地区の要図を見てみよう。書かれている数字とアルファベットを組み合わせたものは軍隊符号と呼ばれる表記でｉｂｓは独立歩兵大隊、Ｃは中隊、ｉＡは歩兵砲中隊を表している。

１Ｃつまり第一中隊は北上原の１６１．８高地陣地に展開していて前進陣地と書かれている。現在の津覇小学校には独立歩兵第14大隊の大隊本部の旗のマークが記されている。

この要図では宜野湾と津覇を結ぶ陣地が主陣地と書かれており重要な防衛拠点であることがわかる。新垣より北には12ｉｂｓ（独立歩兵第12大隊）が展開し、西の宜野湾付近には１３ｉｂｓ（独立歩兵第13大隊）、また南東方向の和宇慶方面には11ｉｂｓ（独立歩兵第11大隊）が展開しており、昭和二〇年一月末頃においては、まさに中城はアメリカ軍を迎え撃つ日本軍部隊の重要な陣地となっていたのである。

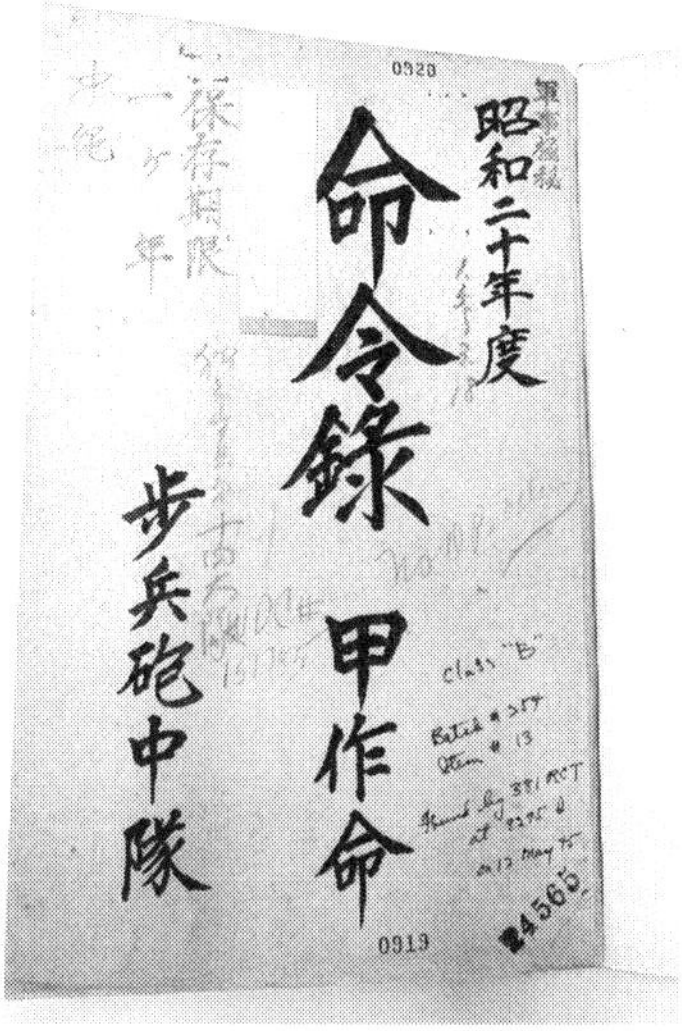

第62師団独立歩兵第14大隊
歩兵中隊　命令録

第14大隊担任地区防衛要団

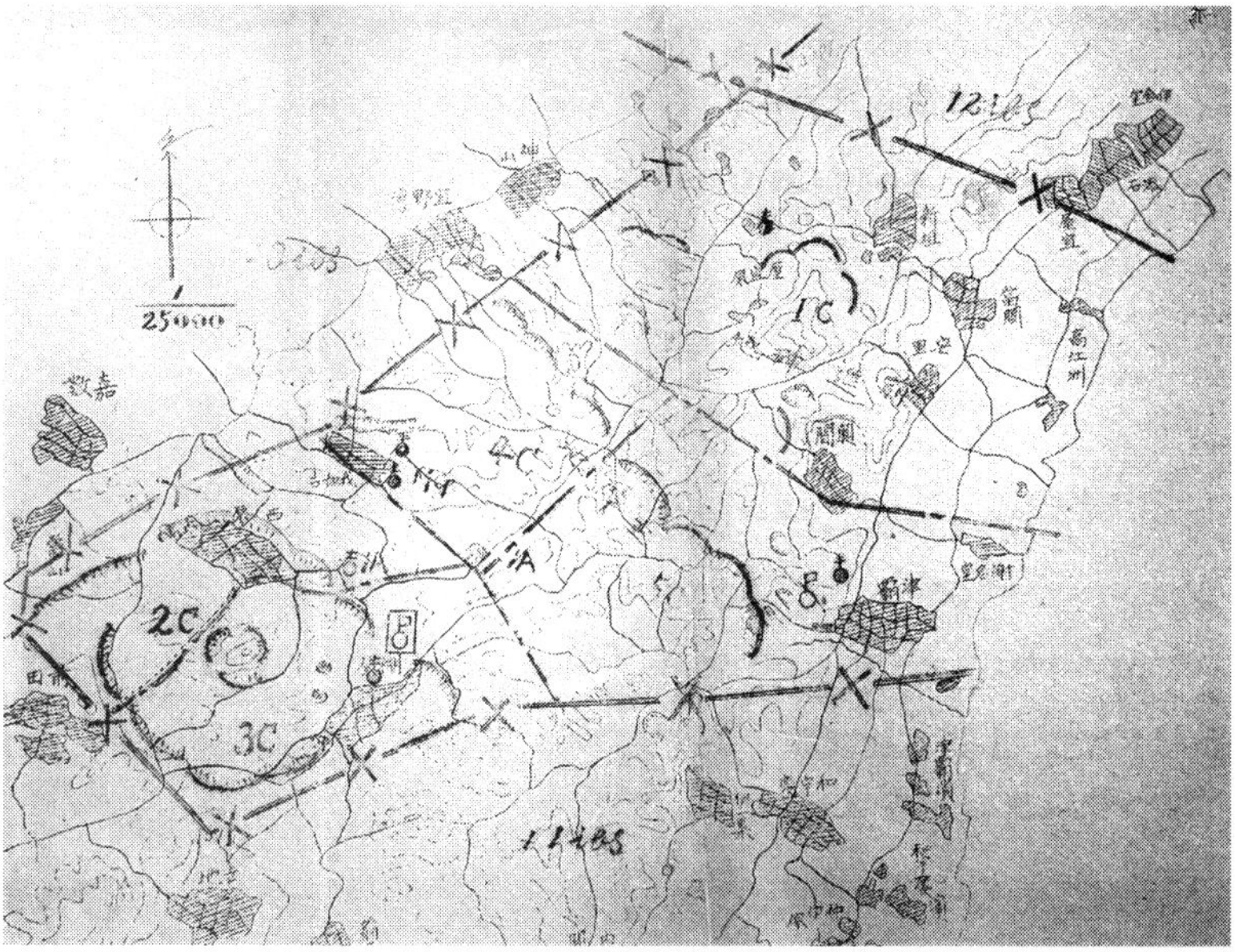

第二章　沖縄戦前夜の状況

第一節　学校生活

本節では聞き取り対象者の2．新垣トヨと7．新垣隆永[1]の証言によって得られた学校生活に関わる事柄を再構成し検討する。

1　学校生活

(1)　御真影（新垣トヨ）

新垣トヨ（昭和五年生まれ）は御真影について以下のように証言した。

　沖縄戦直前の学校には御真影（天皇・皇后の肖像写真の通称）が掲げられ、その前では頭を下げて直接見てはならないと定められていた。津覇国民学校は当時には珍しくコンクリート建造物の二階建てであった。校舎には第62師団中、独立歩兵第12大隊が駐屯していたことから、屋号玉那覇小など瓦葺きの比較的大きな民家が分校となり一クラス四〇人程度で授業が行われた。

図5　新垣隆永(当時16歳)

図6　新垣トヨ(当時15歳)

（2）方言札（新垣トヨ、新垣隆永）

新垣トヨと隆永（昭和四年生まれ）は方言札のことを思い出し、以下のように証言した。

戦前の学校では「標準語励行」による同化政策によってウチナー口を使った者には罰《ばっ》として方言札を首から下げる規則があった。方言札を与えられた者が自分の次にウチナー口を使った者を見つけたら方言札を渡す。しかし、次の者を見つけられずいつまでも方言札を首に下げた状態が続くと、さらに罰則として職員室に呼ばれることもあった。中には気の弱い子供の親が学校に行き、他の子供をわざと軽くたたいて「アガー」と言わせて方言札を渡すようなこともあったようだ。そのためか生徒たちは互いに見張りをするような暗い雰囲気になることもあった。津覇国民学校で使用された方言札は、馬糞紙《ばふんし》（厚紙）でできたものもあった。

方言札は、当時の学校教育の標準語励行の中などで、沖縄出身者が本土就職をしたときや招集などで本土の人々との意思疎通で困らないように等、差別を受けないようにとの配慮等から強力に進められていた。

（3）遠足（新垣トヨ）

新垣トヨの証言によれば当時の遠足は以下の通りであった。

遠足もあった。二、三年生は中城村内の安里《あさと》のテラまで歩いて行った。高等科二年生になると泡瀬《あわせ》にも歩いて出かけた。与那原《よなばる》に行ってヤンバル船をみることもあった。高等科では具志頭《ぐしちゃん》の港川《みなとがわ》まで行くこともあった。

当時の遠足は現在の社会見学のようでもあった。また、往復とも徒歩であったことがよく分かる。

(4) 疎開（新垣トヨ）

新垣トヨは日本本土への疎開について以下のように証言した。

戦争が近づくにつれて疎開する生徒が多くなった。疎開先は九州の熊本であった。家族で北部のヤンバルに疎開する人たちもいた。大阪の軍需工場にいた兄さんの奉徳《ほうとく》（大正七年生まれ）は「あんた（妹であるトヨ）が学童疎開して熊本にいると思って面会にいったがあんたはそこにいなかった」と戦後話していた。私はお母さんしかいないから本土への疎開には行けなかった。

疎開するには疎開するために必要な身の回りの品を準備するだけの経済力が必要だったということが分かる証言である。家庭の事情で疎開が叶わなかった者は多かったとのことである。

(5) 天長節《てんちょうせつ》2 (新垣トヨ)

新垣トヨは天長節について以下の通りに証言した。

天長節の「朕《ちん》思うに……」をおぼえなければならなかったので何度も練習して家のオバーたちまで暗記するほどであった。

新垣トヨの証言からは、天長節をおぼえるため家で何度も練習をして学校に行かない年寄りまで暗記するという当時の様子がよく分る。

(6) 村葬 (新垣トヨ)

村葬とは戦死した兵士のことを、村をあげて弔《とむら》うことである。そのことを新垣トヨは以下のように証言した。

出征した兵隊が戦死すると村葬があるといって、現在の北中城村の喜舎場《きしゃば》学校まで歩いて行った。村葬には生徒たちが当番制で雨が降っても出かけた。喜舎場国民学校(現在は北中城村)の先生が線香を立てて祈りをささげると、生徒たちは頭をうなだれて祈りをささげた。

国民学校の生徒が当番制で村葬に参加するということは、第二次世界大戦が近代戦であり、子供

いわば先の大戦が総力戦であったことを示すものである。国民全体が戦争に立ち向かうということである。をも巻き込んだものであったことを示している。

(7) 陣地構築作業（新垣トヨ）

新垣トヨの証言の証言は、日本軍の陣地構築は住民の力を動員しなければならないことであったことを示す。戦争が近づくにつれて授業はなくなり、日本軍の陣地構築作業や壕掘りを手伝わなければならなかった。武部《たけ》隊（第９師団）の日本兵が糸蒲の陣地を構築する際には、生徒たちは輪番制で三日に一度の割合で駆り出された。教員が引率し生徒たちは一列に並んで日本兵が掘った土をバーキ（ザル）に入れバケツリレーのように手渡しで運んだ。そのときの事を新垣トヨは次のように証言した。

一〇・一〇空襲のあと糸蒲の日本軍の陣地を掘る手伝いをしたとき朝から弁当持参で出かけた。作業は昼の三時ごろまで続いた。昼休みには近くにサーターヤー（小規模の砂糖製造小屋）があったのでそこで弁当を食べたりお話をしたり歌を歌ったりして楽しく過ごした。

担任の久場《くば》先生がみんなに「皆さんはもうすぐ卒業していくが皆さんはずっときょうだいだから仲良くしなさいね」と話してくれた。壕掘りの手伝いはお国のお役に立っているということで楽しかった。

それで、「もう少し早く生んでくれたらもっとお国のためになりよったのに」とお母さんに言って泣く場合もあった。「一七歳や一八歳だったら博子姉さんたちのように従軍看護婦としても働けたのに」とも思った。今ではとても考えられないが、その時は真面目にそう思った。また、日本兵は私たちに「地方の皆さん今日も手伝いありがとうね」と節をつけて歌ってくれた。だから、日本兵のことは親しい気持ちがあり、家でもあれこれと噂をして話していた。

授業もなく陣地構築を手伝うことを楽しいことであると感じる姿に、国の指導層に対して疑いを持たない当時の子供たちの心のあり方をみる思いがする。お上に対しなんの疑いもさしはさむ余地がないということから、教育の恐ろしさを感じさせられる。

また、戦闘が始まる前は、日本軍の兵士たちと住民たちとの間には親しい気持ちの交流があったということを示すのだと筆者は考える。

(8) 竹やり訓練（新垣トヨ、新垣隆永）

竹やり訓練が戦意高揚のために当時の児童生徒たちの間で繰り返されたことを新垣トヨ、隆永は次のように証言した。

トヨ：学校では竹やり訓練があった。今から考えるとおかしいがまじめに竹やり訓練をした。学校の校庭にガジマルの木があってそこで一生懸命に竹やり訓練をした。

隆永：「竹やりで服の上から突いても無理じゃないかということだったから、途中から首の方を突きなさいという教えになった。津覇の人で四〇歳代の兄弟二人がアメリカ兵に竹やりで向かっていってアメリカ兵にハチの巣のように撃たれた人がいる。

以上のように学校生活は授業どころではなくすべてが戦争のためになるようにとの教えであった。現在ならとても考えられないことだが、一五歳の子供が国のために働きたいと思いつめる状況だったのである。当時の「国民精神総動員運動」の社会風潮や学校教育が、子供たちにそのような考えをもたらしたのであろう。

また竹やりでアメリカ兵に向かって行った四〇歳代の兄弟二人は、竹やりでもってアメリカ兵を倒すことができると本気で信じたのであろう。だが、このことを現在の私たちは笑うことができるだろうか。その時点でこのような行動をした二人をどう解釈したらいいのだろうか。もし私たちがその立場に置かれたならどうしていただろうか。たとえ、竹やりなんかではどうにもなるまいと思ったとして、それを声に出していうことが果たしてできたかどうか。改めて考えてみたいのだがその答えはあるのだろうか。筆者は自信が持てないでいる。

第二節　地域での生活

１　千人針（新垣トヨ）

千人針のことを新垣トヨは思い出し思い出ししながら以下のように証言した。

どこかの家族の中で出征した者があると、女子生徒を含む地域の女性たちは千人針といって赤い糸で布に一針ずつ刺していった。その時には「千人針です。チクチクと」と節をつけて歌いながら行った。その年の干支の人は年の数だけ針を刺すことができると言ってありがたがられていた。

千人針の効果のほどはどうであれ、千人針に取り組むときに数人で歌を歌いながら行ったときのことを新垣トヨは楽しかったようで表情も豊かに語った。日ごろから歌が好きでよく口ずさむ感情豊かな、普通にどこにでもいるような少女の素直な感想である。

2　出征した者がいる家の農業の手伝い（呉屋陽眞）

兵士として家の主人や息子が戦地に行っている場合、その家庭には男手がない。それで国民学校の男子はその家の農作業の手伝いに行くこととなっていた。そのことを呉屋陽眞（昭和九年生まれ）は次のように語った。

学校の男子たちは兵隊に行っている家庭や女性だけの家庭、お年寄り所帯など困っている家の畑仕事を手伝う。畑の手伝いは奉仕作業。奉仕作業は義務だった。決まっているから参加した。

私の家は特に農業をやっているわけではない。畑仕事もしたこともないから形だけの手伝い。慣れている人はすいすいだが、私はなかなかできない。

とくに畑に肥料を入れるのが大変だった。耕すだけではなく堆肥草とかキビのしぼりかすなどが積んであるのを畑にすきこむ作業である。すきこむことはやったことないので大変だった。一緒にいた人二人がほとんどやってくれた。

私は家業が商売をしていたので、鍬《すき》一つ鎌《かま》一つ使ったことがなかった。それでなんの役にも立たないのに手伝いをしなければならない。しまいには「あんたはもう来なくてよい」と同級生にいわれることもあった。

図7　左　呉屋陽眞(当時11歳)

以上のことから次のことが言える。すなわち、慣れない畑仕事を義務だからといって、決まりだからといって形だけの手伝いにしかならないというのは、本人にとってはどうにも気の晴れない出来事だったのではないだろうか。十把一絡《じっぱひとから》げに行動を規制されたということは、戦時中にはほかにいろいろと例があったのではないだろうかと考えてしまう。本人の個性など無視されることが日常だったのかと思われる。

３　慰安所の存在（大城為一、呉屋陽眞、新垣隆永、新垣トヨ）

「従軍慰安婦」や慰安所に関しては、これまで津覇では証言者がなく慰安所の存在は確認されていなかった。だが、最近になって慰安所の存在を証言した者が数人いる。一人は沖縄戦当時一〇歳であった大城為一（昭和一〇年生まれ）と、もう一人は当時一一歳だった呉屋陽眞である。また、新垣隆永、トヨも慰安所があったことを証言した。その証言は以下の通りである。

　慰安所の場所は現在の国道329号線の東側の二軒目である。診療所の入院室だったところが慰安所として使用されていた。慰安所はジュリヌヤー（遊女の家）と言われていて、昼間から一般の兵隊たちが札を持って並んでいた。位の高い兵隊たちは専属の女性がいて、列に並ぶのは位の低い一般の兵隊たちだけであった。

図8　右　大城為一（当時10歳）

　この証言は、中城村教育委員会でも初めて確認できたものだとガイドブックに紹介されている。[3]また、津覇に駐屯していた石部隊の専属の慰安婦たちは九州出身であったことが、独立歩兵第12大隊所属だった松木謙治郎《まつきけんじろう》の手記でも確認できる。[4]

　津覇における慰安所の存在がこれまで確認されてこなかったのは、中城村の従前の聞き取り対象に当時一〇歳前後の人々が含まれてなかったことが、理由として挙げられると筆者は考えている。『中城村史』第四巻（一九九〇年発行）の聞き取り対象者の最年少が当時一〇歳の比嘉清治であったことからも推察できる。[5]

戦後七〇年以上がすぎた現在、沖縄戦体験者が高齢になり聞き取りがますます困難な状況になった。そのため当時10歳前後であった昭和一〇年よりあとに生まれた人々への聞き取りも行われるようになったことで、慰安所の存在に関して新たな情報が得られたのである。

４　日本兵と子供たちの関係（新垣トヨ、大城為一）

新垣トヨは日本兵と子供たちの関係について次のように証言した。

日本兵の中でも初年兵たちは休みになると集落を訪ねてきて、子供たちとゆっくりと話をした。一般の家は屋敷の周囲を竹で囲っていたが、金持ちの家は石垣で囲っていた。その石垣に上って楽しく過ごしたのだが、夕方になると初年兵たちは兵舎に戻らなければならなかった。子供たちはその時に鳴るラッパに合わせて「初年兵はかわいそう、また、寝て泣くのかね」と歌った。「初年兵たちが先輩兵からいじめられてはいないか、いやな目にあってはいないか、昼間は良いが夜になるといろいろと考えて苦しいだろうな」とか考えてかわいそうと歌った。

この証言からは初年兵たちと子供たちが親しい関係であったことが伺える。現地招集された初年兵たちには一七歳くらいの者もいた。地域の子供たちと年齢も近く話が合ったのだろう。年端もいかない初年兵たちのことを友達のように思いやる子供たちの気持ちが伺えるエピソードである。

大城為一は日本兵と遊んだことを次のように証言した。「竹馬や凧揚げの凧を作ってもらったりもした。その日本兵たちは僕の家の南隣の民家（屋号上ヌ後《いーぬくし》）に駐屯していた球部隊の所属であった。」と証言した。

5　新垣隆永と徴用

新垣隆永は父親の新垣隆由《りゅうゆう》が高齢（明治二一年生まれ。当時五七歳）であったため、父親の代わりに壕掘りや飛行場建設に徴用され働いた。以下は新垣隆永の証言である。

宜野湾《ぎのわん》の愛知《あいち》の壕を掘る手伝いのときに一緒だった日本兵M准尉[6]（石部隊所属）は僕の家で風呂を使ったりした縁で親しくなった。シンメーナービ（大鍋）でお湯を沸かした。以前に壕を掘るように言われていたので壕を掘ろうとしたが、壕は見たこともないのでどうすればいいのか分からなかったから畑に適当に穴を掘った。その壕は縦に掘って上に枝をかぶせただけであった。それを日本兵M准尉に見せたら「こんなではだめだ。壕は山の側面に横穴を掘るのだ」と教えてくれた。また、「海に向かって掘ると艦砲射撃があるので山に向かって掘るように」とアドバイスされた。

このように戦闘が始まる前までは、日本兵と住民との関係は良く、親しみのある関係であったことが伺える。隆永は徴用で読谷《よみたん》飛行場の建設にも駆り出された。その時は馬車で出かけた。以下はその時の証言である。

読谷飛行場の建設に行くとき馬車に芋をたくさん積んで出かけた。読谷のリキランヌーヤードゥイ（リキランヌーヤードゥイとは作物の出来が悪い集落という意味の蔑称）では食糧が少ないと聞いていたので芋をたくさん持って行こうとした。
だけど日本兵に見つかり供出[7]しなさいと言われた。でもそれをそのまま聞くのはいやだったから「これは馬のエサだからかんべんしてほしい、エサがないと馬は動けないから。」と言い訳した。それで芋を取り上げられることはなかった。芋は屋取《やーどぅい》の人たちに差し上げた。馬には屋取の人からもらった小さな芋をやった。したら、屋取の人たちが馬の餌と言って草をたくさん刈ってきてくれた。それで馬は草をたくさん食べた。

新垣隆永のこの証言からは日本軍に芋を取り上げられそうになったとき知恵をはたらかせて免れた様子が伺える。食糧不足で困っている同じ民間の人々を助けたいという隆永の強い気持ちのあられだと考えられる。

6　食糧事情の悪化

昭和一九年四月一日に第32軍統帥が発動され「第10号作戦準備」が開始された[8]。その第32軍に、同年六月には司令部が与那原《よなばる》にあった武部隊が、八月には石部隊がそれぞれ中国大陸より沖縄に配属された。そのうち賀谷《かや》部隊（独立歩兵第12大隊）が中城村字津覇の国民学校に駐屯を始めた。そのため授業は分校とされた瓦葺きの比較的大きい屋号玉那《たんな》覇小《はぐゎー》などの民家で行われることとなった。（賀谷部隊は昭和二〇年一月まで駐屯）。

食糧事情は悪化し住民に日本軍の食糧の供出が課された。[9] 住民は芋やゴーヤー、ニンジン等の食糧を津覇国民学校へ供出した。鶏を飼っている家は卵なども供出した。

詳細は第三章第五項で述べるが、石部隊中、賀谷部隊の大隊本部の炊事は昭和一九年一〇月二九日から津覇の女性四人が日本軍による命令で軍属として勤めた。四人の女性は当時の婦人会の会長神谷フサの推薦による、[10] 玉那覇春[11]と大城タケ（大城為一の母）を含む計四人であった。無論賀谷部隊には大隊本部、各中隊に炊事班があり、前に書いた松木謙治郎は大隊本部の炊事班員であった。[12]

比嘉千代は、おじの比嘉盛茂《せいも》[13]が津覇国民学校隣の診療所の医師であった関係で、日本軍に請われて津覇国民学校の運動場の片隅の炊事場で炊事の助手を務めた。（詳しくは後で述べる）

新垣トヨは、津覇国民学校の南側の川（前川《めーがーら》と呼ばれている）で毎日洗濯をしていた。初年兵たちもそこで上官の靴下などを洗ったりしていた。初年兵たちがいつも腹をすかしていると考えクルザーター（黒糖）を提供した。新垣トヨは「クルザーターはいつも持っていて、いつでも初年兵たちにあげられるようにしていた。」と話す。日本兵たちの食事は簡素で乏しいものであった。

以下は新垣トヨの証言である。

　子供たちは「兵隊さんのおかずはスブイにチンクヮ（冬瓜とカボチャ）」といって歌った。すると太刀ムチャー（位が高く軍刀を携帯していた兵隊）はただ笑うだけだったが位の低い日本兵は「沖縄にまで来たせいでこんなもの食わされている」と怒る者もあった。

トヨらは子供なので何の悪気もなく日本兵の食事のことをからかうような歌を歌っていた。位の高い兵隊たちはおおらかに笑ってすましていたが、位の低い者たちは子供相手に大人げなく怒りをあらわにしていた。子供に対する態度は人によってかわっていたのである。

下の写真は当時賀谷部隊で炊事婦として働いていた者である。文中で紹介した女性たちである。

当時は食糧不足が深刻であった。そのことを当時の新聞には県が食糧不足を補うため色々な対策をしていることを示す記事を多くのせているのを昭和一九年一月から三月までの朝日新聞の見出しにみることができる。

当初、筆者は日本軍の動きが新聞等で発表されているのではないかと思い、朝日新聞沖縄版を調査してみた。ところが日本軍の動き等はほとんど記載されておらず、食糧事情に関する記事、食糧増産を指示する記

図9　為一の両親の遺影、為眞、タケの遺影（大城為一提供）

図10　玉那覇春（当時24歳）

図11　比嘉千代（当時18歳）

事が連日のように記載されていた。

表5は食糧事情の悪くなっていったことが分かる当時の新聞（昭和一九年、朝日新聞沖縄版）の見出し記事である。

表5．食糧事情に関わる記事一覧（昭和19年朝日新聞沖縄版より抜粋）　＊○は判読不明

月日・曜日	見出し記事	備考、筆者の感想等
一月　一日　土曜日	・戦時生活に徹底せよ	
一月一一日　火曜日	・畦立植に害虫少し―○壮の甘藷増産競作会が立証 ・〝魚は引き受けた〟―南海で闘う沖縄漁師	
一月一二日　水曜日	・学園に軍人部新設―上級学校へ一貫した学徒の組織整備―優良苗を適期配給―甘藷苗床を〝○山勝負〟 ・ご老人増産挺身―元村長さん・愛馬とともに	
一月一三日　木曜日	・勝利への鍵は生産増強への一点	
一月一四日　金曜日	・〝早起増産の〟20年―〝労力不足〟を知らぬ部落の青年団	
一月一五日　土曜日	・鍬こそ農民の魂―これも與古田さん親子のおかげぞ ・百姓道に蘇る、部落に増産凱歌 ・兄3人分働く娘さん ・疲れを知らぬ頑張り ・甘藷の増産は確実 ・県の耕○標準を守る ・雑穀の増産が緊要	

一月一八日　火曜日	・御下賜金で用水路―軍国の父食糧増産 ・「白い飯」全廃―〇〇で間に合わせ	我慢を強いた
一月一九日　水曜日	・保有米も進んで供出―数々の美談で貫く目標額突破	
一月二〇日　木曜日	・筆とる手に鍬を揮う―先生方が片端から荒地開墾 ・薪炭は自分の手で―お山へ増産援軍が出動する	
一月二一日　金曜日	・白砂糖に勝る栄養価―決戦下に真価を認める ・生産増強のお手助け―工場鉱山への初の保育婦出動 ・地底戦士激励に一握の飯米を―赤誠こむる合力	
一月二五日　火曜日	・生産増強のお手助け―工場鉱山へ初の保育婦出動 ・地底戦士激励に―赤誠こむる合力	
一月二六日　水曜日	・学びつつ増産―工場学校で訓練 ・一食に五勺を節米 ・お召の身には不要だ―保有米も供出	貴重な保有米まで供出
一月二八日　金曜日	・最低生活頑張ろう―二月の常食徹底事項決まる	我慢を強いた。
一月三〇日　日曜日	・働け少年・老人―農村を背負って立つべし ・二期米供出も模範	老・少年に労働を強いた
二月　一日　火曜日	・食糧県の特性を発揮 ―議会から郷土に叫ぶ（カ）桃原代議士― ・自給態勢の確立へ―県民よ続け、決戦行政の準備進む	
二月　三日　木曜日	・糖蜜から泡盛―原料米かくて更生	
二月　八日　火曜日	・必勝教育の構想・座談会―結付く生産と運輸 ・農民の思想善導	

二月　九日　水曜日	・二万戸?を県外労務供出	働き手の不足を招く
二月一〇日　木曜日	・消費節約を徹底	
二月一一日　金曜日	・荒廃田から上米二俵―女青年団員二三名が熱意の協力 ・一日はやければ一日増産報国―耕地の分合	
二月二三日　火曜日	・蘇鉄雑炊もご馳走―五〇年前の耐乏生活にかえれ	食糧の不足が鮮明化
二月　日	・米に勝る戦時食―ひえ	
二月　日	・食糧増産へ学徒突撃―一八年度学園の勤労動員計画	
三月　一日　水曜日	・一頭残らず優良種に―山羊の人工授精に好感度 ・創意で挙げよ増産戦果―農村の保守思想打破 ・学徒も動員―堆肥原料 ・生産増加へ有畜農業―指導面の確立と闘う決意	

以上の見出し記事は食糧事情の悪化をはっきりと示している。当時の沖縄では働き盛りの二〇歳から四五歳までの男性は兵士として招集や防衛隊などで戦地に行き不在であった。つまり男手がなく食糧の生産を賄いきれない状況であった。地域に残る女性、老人、子供だけで食糧を生産することは思うに任せない状況であった。

7　神聖な「テラ」に「トーチカ」を造る（新垣隆永）

津覇の字有地の寺原《てらばる》というところの寺山境内に「津覇のテラ」が現存する。その寺山境内に「トーチカ」を造りたいと、日本兵が新垣隆永の家を訪ねてきた。津覇のテラは新垣家（屋号は新屋敷／筆者の実家）の初代のカマドウ勝連《かつれん》という人が建立したと伝えられていることから、テラの管理は新垣家に任されていた。以下は隆永の証言である。

寺山は神聖な場所だから「トーチカ」は勝手には造れない。与那原に本部があった武部隊の「マスゾエ少尉」がテラに手を合わせて拝む（許しを請う）ために訪ねて来た。「マスゾエ少尉」は、私の家からウコウ（線香）を借りて手を合わせた。

文久年間（和暦、一八六一―一八六四）生まれのカマーオバーが「テラの神さまだけでなく、土地の神さまにもちゃんと祈らないといけない」と強く言ったので、テラだけでなく寺山の土地の神様にも許しを請うため土地の四隅にも手を合わせて拝んだ。

家からは私の父、母、文久生まれのカマーオバーと私の四人が立ち会った。その時の兵隊はおとなしい感じで穏やかに対応していた。戦後に見た「トーチカ」はコンクリート製で六角形をしていた。「トーチカ」に作られた小窓は山に向かって西向き・南西向き・北向きに作られていた。中城湾から米軍が上陸し山に向かって来たら、背後から射撃する計画であったようだが、一度も使われることはなかったと思う。だが使用目的について本当のことは私には分からない。

秘密裏に作られたものだから地元では一部の人しか知らないと思う。地元の人が手伝うことはなく、兵隊だけで一カ月くらいで完成させたと思う。完成後、見たことはないが戦争（避難先）から無事にシマ（集落、故郷、地元）に戻ってきたとき、寺山へ手を合わせに行ったときに見ただけである。

その製作は昭和一九年ごろだったと思うがはっきりとは覚えていない。昭和四年生まれの私が尋常《じんじょう》高等小学校二年のころで、確か昭和一九年の一〇・一〇空襲の前だったかと思う。太平洋戦争が始まって南方が先にやられて沖縄が残ってしまってから造られたと記憶している。「トーチカ」と関連するかも知れないが海岸近くには「タコつぼ壕」といって、見張りのための壕で、人ひとりが入れるくらいの竪穴式のものが五～六個掘られていた。これは自分たちも作るのを手伝った。その他、津覇小学校には通信のための機械もあった。

「トーチカ」といった軍事施設を神聖なテラに設置するなど、軍隊と住民が一致協力していた様子であったことが分かる証言である。軍が要求することに反対することなど考えられない当時の様子が分かる。

中城村の教育委員会によって次のように解説がされている。

津覇のトーチカは、集落南東に造られた日本軍の構築物で、「津覇のテラ」という拝所の敷地内にあります。トーチカとはコンクリートなどで堅固に造られた防御陣地で、開口部から銃火器で敵を攻撃できるようになっています。（中略）トーチカの開口部は周囲の平野部や南上原側の斜面地を向いています。米軍を攻撃するためではなく、平野部を進攻する米軍を監視する監視哨《かんししょう》だった可能性もあります。[14]

「トーチカ」は日本軍だけで秘密のうちに造られたものであり、中城村教育委員会によると、その詳しい資料は残っていない。しかし「トーチカ」は実際には使われずに現在まで残っている。さらに最近まで土に埋まっていたことで保存状態が良い。嵐などで土が流されて姿が見えるようになったものである。

　造ったのは武部隊と思われる。造られた時期は昭和一九年の八月か九月で

図12　津覇の寺境内、2018年６月撮影

図13　津覇のテラ、現存するのは４代目で戦後幾度か台風で壊れ1991年に新垣隆永によって建て替えられた

図14　「トーチカ」、2018年11月発掘調査時の撮影・上部（中城村教育委員会提供）

図15　「トーチカ」、同右・西側からの撮影（中城村教育委員会提供）

一〇・一〇空襲の直前であるが、現時点まで使用目的は明らかになってない。今後明らかになることがあれば村の戦争遺跡に指定されるであろう。しかし、現在までの聞き取りにおいて「トーチカ」のことを知る者は筆者の亡き父・隆永ただ一人である。詳しいことは分からないままである。

コラム②　「津覇のトーチカ」考

「津覇のトーチカ」について現地確認を行った防衛省防衛研究所戦史研究センターの齋藤達志二等陸佐は、構築物の側面に開いている窓のような穴が銃眼としては幅が狭いこと、トーチカとしては内部が狭く多くの兵士が入れないことなどから、敵の様子を監視する「監視哨」である可能性が高いのではないかという。内部の土を取り除いて銃眼のようなものの下に機関銃などを設置する銃座が確認できれば機関銃もしくは小銃のトーチカの可能性もあるという。

「父島のトーチカ」
齋藤達志撮影（2016年1月）

久志隆子の聞き取りに対して大城為一は日本兵と遊んだことを次のように証言した。

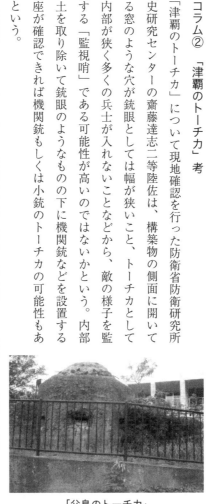

「その日本兵たちは僕の家の南隣の民家（屋号上ヌ後）に駐屯していた球部隊の所属であった」

球部隊とは第三十二軍の直轄部隊のことであるのである。大城為一は私の取材に対して「民家に駐屯していた球部隊の兵士は陣地を造る専門の部隊だった」と語っていたことから私は第三十二軍の工兵隊である可能性が高いと見ている。防衛研究所の齋藤二佐も「津覇のトーチカ」は完成度が高く、歩兵部隊では建築することは難しく工兵隊が作った可能性が高いと話している。新垣隆永さんの証言のように第9師団の部隊が管理者と建築の交渉を行い、実際には第三十二軍の工兵隊や野戦築城隊が造ったのではないかと見ている。

　写真は齋藤二佐が小笠原諸島の父島で撮影した日本軍のトーチカであるが、津覇のものと同じ六角形の形状をしていて、同じ時期に作られたトーチカや監視哨などのトレンドの形状だったようだ。齋藤二佐によれば父島のものは小銃や機関銃用のトーチカとして使用されたもののようだ。

8　一〇・一〇空襲（大城為一、新垣トヨ）

昭和一九年一〇月一〇日、那覇を中心とした米軍による大空爆があった。その時は何が起こったのか分からない状態であった。津覇の民家（屋号上ヌ後）に宿泊していた球部隊の兵隊もそれが何であったか知らない様子であった。

以下は大城為一の証言である。


　朝早く那覇の方で炎が見えたので兵隊さんに「あれは何ですか」と聞いたけど「あれは演習だから何も心配いらない」という返事だった。しばらくして与那原あたりまで炎が見えたから演習ではなく米軍の攻撃だとわかった。

このように日本兵でさえ状況は分かっていなかったことが伺える。情報戦で日本軍が米軍に比べて劣っていたことが分かる。あるいは日本軍が正しい情報を住民に隠していたかと思われる証言である。その一〇・一〇空襲において津覇出身で初めての犠牲者が出た。以下は新垣トヨの証言である。

一〇・一〇空襲の時、Sさんという女性が那覇の安里を歩いていた。その時女性は小さな子供を背中に負ぶっていた。子供が那覇の病院に入院していたのを退院して津覇に戻る途中であったのだが、背中に温かいものが流れるのを感じた。女性は「子供がおもらしをしたのかな」と思っていた。だけど戻ってみたら背中に負ぶっていた子供はすでに死んでしまっていた。おもらしかと思っていたのはその子供の血であったという。その子供が津覇で最初の沖縄戦の犠牲者であった。その時初めて戦争が怖いものだと思った。

この証言から一〇・一〇空襲まで戦争の怖さを想像もしていなかったこと、そして住民に戦争の状況が全く知らされなかった状況が伺える。

また、子供たちは津覇の南側の前川沿いの松並木から那覇方面が赤く燃えるのを見た。あるいは上原《いーばる》の山に登ってその火を見た。その火はまるで花火のようであったと証言している。そういった証言からは戦争が近くまで迫っていることに、ようやく気がついたということを示すものだと考えられる。

コラム③　十・十空襲と中城

防衛省防衛研究所に「一〇・一〇南西空襲戦闘詳報」という独立歩兵第12大隊の極秘文書が所蔵されている。一九四五年一〇月一〇日のアメリカ軍艦載機によるいわゆる十・十空襲の時、津覇国民学校に大隊本部を置いていた独立歩兵第12大隊が記録していた空襲の詳細である。

このなかの「戦闘要図」は「六百米以下ノ対空戦闘ノミトス」とただし書きがついた戦闘の記録が記されている。津堅方面の太平洋側からやってきたアメリカ軍の攻撃機の進入経路のほか「戦果撃破三」と書かれている。

中城村の津覇付近上空を飛行してきたアメリカ軍の攻撃機を北上原に展開していた機関銃中隊が機関銃で応戦し「撃破」つまり撃墜はできなかったものの損害を与えたものは３機であるという記録である。中城村で激しい対空戦闘が行われたことをうかがい知ることができる。

また「一〇・一〇南西空襲戦闘詳報」は最後に「将来の参考」と称して興味深い記述がされている。「文化教育ノ遅延シタル本島住民ニ対シ国内人心攪乱ヲ計ル目的ヲ以テ現時日本ハ連敗ヲ重ネツツアルトノ巧妙ナル宣伝ビラを上空ヨリ多数散布ス」とある。

沖縄本島の住民は「文化教育が遅延している」という表現を使い、差別的な扱いをしていたと見ることができる文書である。

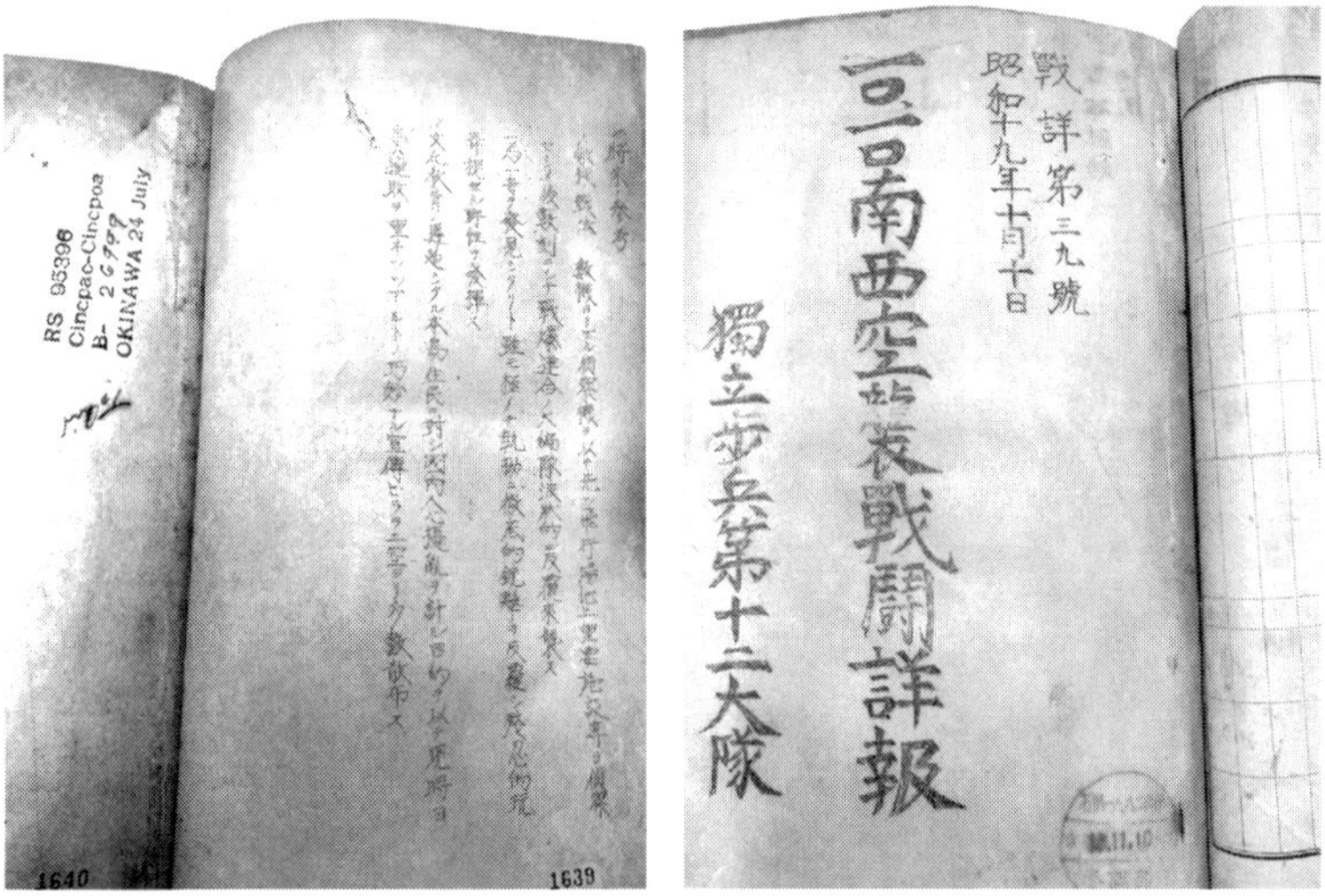

↑一〇・一〇南西空襲戦闘詳報

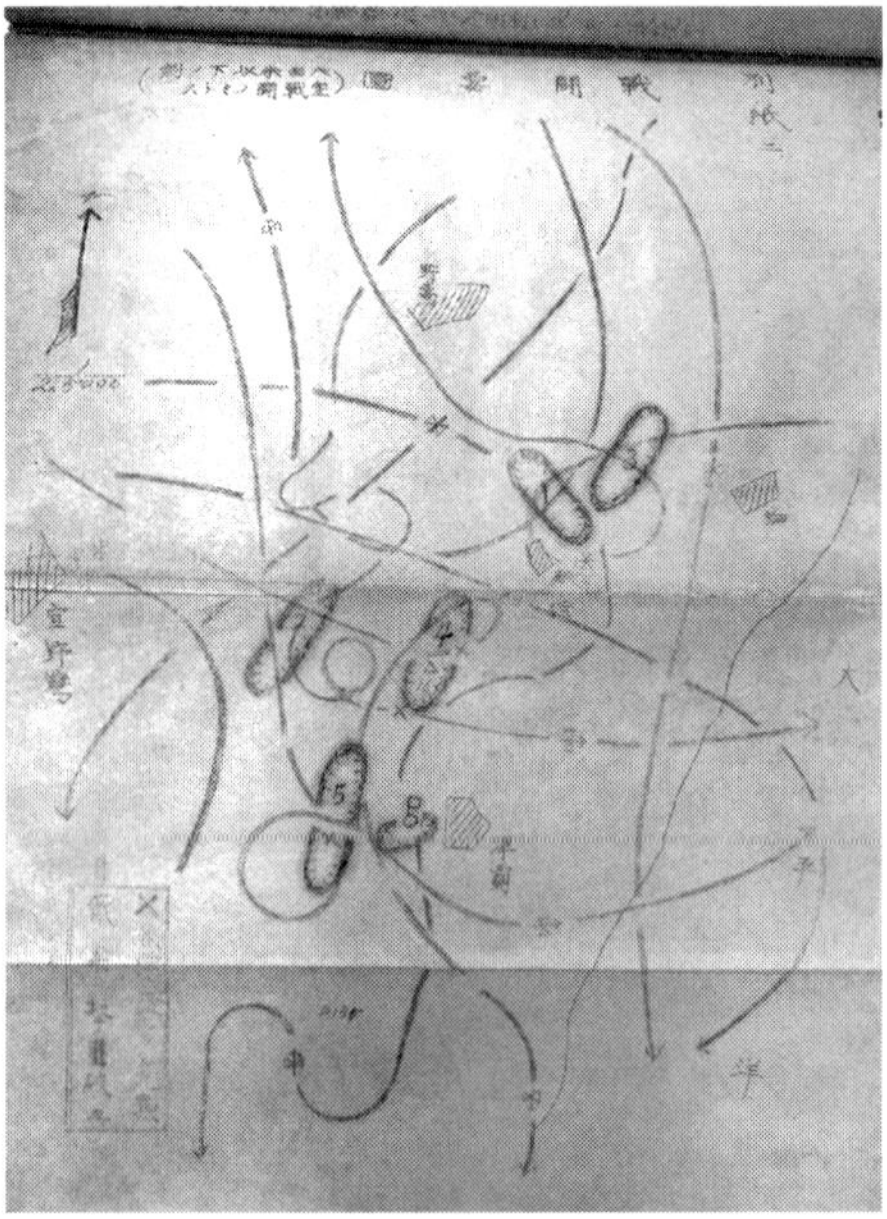

同　戦闘要図←

９　芋を植えるのを意味がないと日本兵に言われた話

新垣トヨは昭和二〇年三月に母親と一緒に山の畑に芋の苗、カンダバーを植えていた。すると、それを見ていた軍刀を持った日本兵がトヨとその母親に変なことを言った。
以下は新垣トヨの証言である。

　昭和二十年三月の艦砲射撃の前であったが、芋の苗を植えていた。すると日本兵の軍刀ムチャーが「こんなにして芋を植えても、もう食べることはないのだから要らんナンギはしないほうがいい」と言った。その時は意味が分からなかったけど、あとから考えたらもうすぐイクサが沖縄にやって来るということだったのかなと思った。そしてこのイクサが勝てないものだということだったのかなと後から考えた。

この証言からも戦争の状況に関する情報を日本軍が住民に知らせなかったことが伺える。隠せる限り隠し通そうとした日本軍の性質をはっきりと示した証言である。

10　武部隊と新垣トヨの交流（新垣トヨ）

一〇・一〇空襲の後、台湾危機説[15]が浮上し米軍の台湾進攻説が流れた。そのころ新垣トヨは、親戚のキヨ（屋号八丸《はちまる》の嫁）と一緒に与那原《よなばる》に駐屯していた武部隊[16]の慰問に出かけた。

以下は新垣トヨの証言である。

武部隊に芋をスライスして素揚げしたものに塩をふっただけの芋チップスを慰問に持って行った。すると兵隊さんたちは、次の日には台湾に転用させられるということで酒盛りをしているところだった。兵隊さんたちは喜んでくれて代わりに米をたくさん貰った。武部隊の人たちは台湾に行って死ぬのだなと思った。だけど、実際には台湾には沖縄のようなイクサはなかったと聞いた。武部隊の兵隊さんたちは台湾に行ってイクサもなく良かったはず。

台湾に転用されることとなった武部隊は、最も精鋭な部隊だと考えられていた。武部隊が台湾へ転用された理由には、台湾にいた第10師団をフィリピン島へ派遣するためその補充として抽出されたという経緯がある。[17]

武部隊抽出後の沖縄本島の配備については、「大本営及び第10方面軍（台湾軍）から第32軍に対し何らかの指示もなく、兵団の補充の連絡もなかった。第32軍の作戦主任である八原高級参謀は新たな兵団の補充を当てにせず、現兵力をもって最善を尽くすということを根本として沖縄本島の作戦計画を研究したと」ある。[18]

武部隊は沖縄島の南部・島尻《しまじり》地区に配置され陣地を構築した。155高地・糸蒲の陣地を構築する際、津覇国民学校の生徒たちは土を運ぶ手伝いにかりだされた。このような状況のときに新垣トヨらは武部隊の慰問に出かけたのである。

武部隊の抽出はその後の沖縄戦に大きな影響を与えた。武部隊を台湾に転用したあとの補充に関しては次のように考えられていた。

大本営陸軍部特に第二（作戦）課長服部大佐は、第９師団抽出以来沖縄への補充を考慮しており、（中略）第84師団を沖縄に増加することの内奏を終わり、一月二二日第84師団の派遣を第32軍に内報した。内報後第１部長宮崎周一中将は第84師団の派遣について熟考したすえ、本土兵力の不足、海上輸送の危険などを考慮し派遣中止を決意し、翌朝参謀長に報告して認可を受け沖縄派遣中止を第二課に示した。（中略）第32軍司令部は一月二三日第84師団派遣の電報に接して一同欣喜《きんき》したが、同日夕刻には中止電報を受けて落胆した。[19]

このようにして沖縄は本土兵力の不足や海上輸送の危険から武部隊の抽出後の補充を得ることはできなくなった。そのことは飛行場の建設という役割を果たすことを期待されていた第32軍が得意ではない陸上戦をもって米軍と立ち向かわなければならないことを意味付けられたのである。[20]

11　初年兵と家族との面会（新垣トヨ）

石部隊には沖縄で招集された初年兵もいた。その初年兵のところへヤンバル（沖縄本島北部の通称）からその両親が面会にきたことがあった。その面会は宿舎である津覇国民学校ではなく一般家庭を借りて行われた。その理由は定かではないが新垣トヨの家が選ばれた。その時のことをトヨは以下のように証言した。

石部隊には沖縄で招集された初年兵もいた。ヤンバルから来た初年兵のところへその両親が面会に来た。面会の場所は部隊の駐屯地である津覇国民学校でなくても良いとされたため、私（新垣トヨ）の家で面会することになった。普段から私の母親が石部隊の兵隊たちに黒糖を提供していた関係もあったことから家を面会の場所としてつかってもらった。

戦後その初年兵の両親が私の家にお礼をしたいと訪ねてきた。だけど来たのはその初年兵の両親だけであった。戦後初年兵は家に帰ってはこなかった。きっと戦争で死んでしまったはず。

新垣トヨは面会が自分の家で行われたいきさつや理由については何も分からないという。なぜそのようなことがあるのか確かめることもおそらく当時の社会状況として無理だったのだろう。軍のことに疑問をさしはさむことがはばかれる時代だったのだろうと推測するしかない。

12　比嘉千代による戦闘前の生活

比嘉千代（昭和二年生まれ）は高齢であるが、戦前戦中戦後の話を自身の子供たちにいろいろと語ってきたという。「話しだしたら戦争のことは明日まである（いくら話しても終わらずに次の日まで続くという意味の沖縄独特の言い回し）」という。その話をかいつまんで書く。

中国との戦争の時さ、勝ちイクサだったから、提灯行列をしたヨ。昭和一二年は支那事変。昭和一二年七月だったはず。中国とイクサが始まって、私は五年生だったけど覚えているよ。漢口陥落には提灯行列だけど提灯もないから竹に石油入れてね、燃やしていた。津覇集落から浜集落を通って上原まで行って津覇に戻る。夜は提灯行列だけど昼は旗行列。自分で旗を作って。歌も歌ってね。歌はアマクマ（ところどころ）だけど今も歌えるよ。（息子とともに歌う）「天に代わりて敵を討つ。忠勇無双の我が兵は歓呼の声に送られて、今ぞ出たつ父母の国…心の勇ましさ」[21]といってね、一番から一〇番まであるよ。

昭和二〇年三月ね、知念岬《ちねんみさき》の方から艦砲やってね、あっちから上陸するよと言わんばかりに音がして。上陸はしないよ。翌朝（四月一日）になったら嘉手納から朝、ヨーキランマードゥから（夜明け前から）上陸している。

私は津覇国民学校にいた賀谷部隊で炊事の手伝いをしていた。賀谷部隊は一月にどこかに行ってしまっていなくなった。帰ってこなかった。

比嘉千代は日ごろから息子たちに戦争の話を聞かせていたようで、千代の長男、盛茂《もりしげ》は母親に「次は提灯行列の話をきかせてごらん」とか「今度はあの歌を歌って聞かせてよ」と話を向けた上に一緒に歌ってもくれた。また、比嘉千代の聞き取りが実現したのは前にも述べたが、千代の次男、盛安《もりやす》が筆者に「沖縄戦の聞き取りをしているってね、それだったら僕のお母さんの話も聞いてくれないか」と言ってくれたのがきっかけで実現したのであった。地域の体験者の中で「沖縄戦の体験を聞かれたら話してもいいかな」という機運が高まっていたのかも知れないと思う。

第二章　注

1　新垣隆永は一五〇歳まで生きていたいと望んでいたが、二〇二一年一〇月二七日に病には勝てず享年93歳で永眠した。心から冥福を祈る。

2　天長節とは四大節の一つで天皇誕生の祝日。明治一年に制定。第二次大戦後天皇誕生日と改称。（広辞苑）当時、天皇は神格化されており、国民は天皇の赤子として天皇のためには命をも捧げるのが当たり前とされていた。

3　中城村教育委員会編『ガイドブック中城村の戦争遺跡』―沖縄戦の記憶と痕跡を歩く―、中城村教育委員会、二〇二〇年、六八頁。

4　松木謙治郎『阪神タイガース松木一等兵の沖縄捕虜記』恒文社、一九七四年、三二一頁。

5　前掲『中城村史』第四巻、三二五頁。

6　証言者の新垣隆永が、後日捕虜となった日本兵M准尉の名誉を守るために名前を秘してほしいと願ったためにイニシャルで記す。当時は捕虜になることは不名誉なこととされ家族まで非国民と非難される恐れがあった。

7　「供出名：自他サ変」政府の要請に応じて、金品などを公のために提供すること。（明鏡国語辞典）

8　前掲『中城村史』第四巻、六五五頁。

9　前掲『沖縄方面陸軍作戦』九一頁に「自給自足ヲ図ルト共ニ地方民心ノ戦意高揚ニハ懇切ニ指導スベシ」とある。その「自給自足」とは食糧を現地調達せよとのことではないかと思われる。兵站に関して日本軍が積極的な兵站を考えていなかったのかと疑われる。

10　沖縄県公文書館所蔵「第一七号第二種、軍属に関する書類綴」援護課。

11　玉那覇春は二〇二二年七月三日に享年一〇二歳で天寿を全うした。心から冥福を祈る。

12　前掲『阪神タイガース松木1等兵の沖縄捕虜記』二二頁。

13　比嘉盛茂はその後伊江島に軍医として赴き、そこで戦死している。

14　前掲『ガイドブック中城村の戦争遺跡沖縄戦の記憶と痕跡を歩く』六五頁。

15　当初、米軍は台湾に上陸すると考えられていた。だが、台湾より琉球を攻める方が得策だとして台湾進攻は立ち消えになった。米陸軍省編『沖縄』潮書房光人社、二〇〇六年、一九頁には次のように説明されている。すなわち「米太平洋地区陸軍航空司令官ハーモン中将も、台湾をとるより琉球に地歩を確保した方が航空基地としてはより望ましいといってきた。同中将の意見では、琉球進攻のほうが、人的資源の被害も比較的少なくてすむということであった。」

16　前掲『沖縄方面陸軍作戦』一三四頁にこう説明がある。すなわち「大本営の兵力運用と第9師団の抽出。大本営は比島方面への兵力投入を研究中で第47師団（一一月一日第六方面軍編入を発令）、沖縄からの1コ師団（第九師団又は24師団）、第84師団（在姫路）、第19師団（在北鮮）、第12師団（在満州）及び第10師団（在台湾）などを転用兵団の候補としていた。一一月一〇日大本営は台湾の第10師団を比島に投入することを内定して南方軍及び第10方面軍に通電し（中略）台湾から第10師団を抽出する決定に伴って第9

師団を台湾に転用配備することがほぼ決定的となった。（中略）第32軍司令官は一七日第九師団の転用を決定報告した。第9師団を選定した主要な理由は、第9師団が光輝ある歴史を有する精鋭師団であることのほか、第32軍としては強力な砲兵を有する第24師団を残置したい気持ちが強かったことによる。（中略）第9師団の抽出は、築城や訓練の成果が逐次向上し必勝の自信を高めつつあった沖縄部隊に精神的に大きな打撃を与えた。」とある。因みに第9師団は通称武部隊と呼ばれていた。

17 前掲『沖縄方面陸軍作戦』一三四頁。

18 前掲『沖縄方面陸軍作戦』一三五頁。

19 前掲『沖縄方面陸軍作戦』一六七―一六八頁。

20 前掲『沖縄決戦高級参謀の手記』二八頁。「こうした飛行場建設のみを任務とする第32軍にも」とある。

21 軍歌『日本陸軍』の一節。作詞：大和田建樹、作曲：深沢登代吉、歌：若原一郎

第三章　沖縄戦中の住民の行動

沖縄戦中の住民たちがとった行動には、県外への疎開、本島北部への疎開、南部への避難、そして疎開や避難をせずに住んでいるところに留まった等のいくつかの選択に分けられる。

北部への疎開は昭和二〇年二月一〇日、日本軍が中南部の住民を北部地域へ疎開させることを要請したのを受けて市町村長会議で決定し実施された。北部への疎開をしなかった者のうち一部は軍隊の指示により南部へ避難した。だが、北部への疎開も南部への避難も叶わなかった人々は死を覚悟しながら、疎開や避難をした人々が残した壕や墓に隠れた。その中には日本軍によって壕や墓から追い出されて着の身着のままで南部へ避難した人々も多い。[1]

第一節　日本本土（熊本）へ疎開した人（比嘉英信）

県外へ疎開した比嘉英信（昭和一〇年生まれ）は次のように証言した。

昭和一九年八月二八日、中城国民学校の児童は泰久丸《たいきゅうまる》に乗船し熊本県へ学童疎開に出発した。[2] その泰久丸に当時小学校低学年だった私（比嘉英信《ひでのぶ》）は姉に引率されて乗

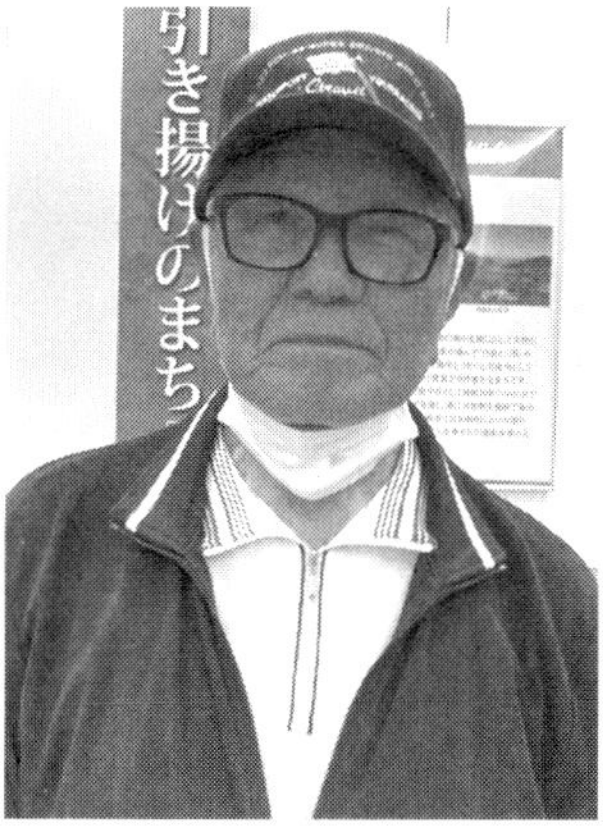

図16　比嘉英信（当時10歳）

船した。

私は中城国民学校の児童であったが、今考えると大変怖い。死を覚悟しての疎開であった。児童たちは上着の胸に氏名、住所、保護者の氏名を記入した名札をぬい付けなければならなかったが、この服が死装束《しにしょうぞく》だと思うととても怖かった。

熊本に行ったときはすぐに戻れると思っていたため冬服は持っていなかった。冬になっても沖縄には戻れないので寒くて困った。冬服は地元の方々が譲《ゆず》ってくれた。靴ももらった。また、地元の人たちは自分たちも軍に食糧を供出しなければならないのに私たちにも食糧を分けてくれた。畑や田んぼの手伝いをしたら食べ物を分けてくれた。ありがたかった。でも私たちは食べ盛りだったからお腹がすいてたまらなかった。沖縄の両親のことを思い出したらさみしかった。特に昭和一九年の一〇・一〇空襲のことを聞いたときには沖縄は全滅《ぜんめつ》したと言われていて悲しかった。

「ヤーサン、ヒーサン、シカラーサン（ひもじい、寒い、さみしい）」という言葉があるが、その言葉は当時の気持をよく表している。

昭和一九年八月二一日、津覇国民学校の児童の一部は対馬丸《つしままる》に乗船したが、那覇地区とその周辺地区の児童が優先だということで乗船した対馬丸から降ろされた。そして、改めて暁《ぎょう》空丸《くうまる》に乗船し那覇港を出航した。対馬丸は大きくて立派な船で子供たちのあこがれの船であった。

ところで、戦後になって津覇国民学校の児童が乗船するはずだった対馬丸が米軍の潜水艦[3]

により攻撃され沈没したことを知った。

比嘉英信は熊本での疎開生活を「現地の人々が自分たちも軍部への食糧の供出もありながら僕らに食べ物を分けてくださった。感謝している。」と証言する。英信は戦後も熊本の人々との交流を重ねているという。

対馬丸から降りて暁空丸に乗り換えた津覇国民学校の学童たちは、結果として奇跡的に生き残ることとなった。

学童疎開のことを筆者が勤めていた頃の元同僚の仲座盈助《なかざえいすけ》（昭和一二年生まれ、当時八歳）の母仲座サダ（当時三六歳）が前に述べた『中城村史』に詳しく述べている。対馬丸のことは次のように述べている。三二七―三二八頁。（サダは引率者として盈助を含む児童たちと共に疎開した。）（但し、カッコ内は筆者による加筆）

船は暗い海上を無灯火で物音もなく走り続けていた。突然、ドカーンという轟音と光が船尾の方で起こり、同時に船は揺れ、甲板に積んであったたいかだがゴロゴロと崩れ落ちてきた。（中略）その時、私達は暗い海上に燃え上がる火柱を見た。後でわかったことだが、（昭和一九年八月二二日）、それが対馬丸の遭難の一瞬だったのである。敵潜《てきせん》の攻撃をのがれた私たちの暁空丸は、ジグザグコースで一週間目の朝、長崎港に到達した。長崎港に入ってからも潜水艦はうようよしてこわかった。
沈んだのは那覇の疎開学童を乗せた対馬丸だった。その人達の荷物は私達の乗っていた船に積まれていた。対馬丸には、私達が乗る予定だったそうだが、那覇の疎開者が反対したそうである。それを聞いたとき、私達は運がよかったと、運命の不思議さを感じた。先祖が守ってくださったのだと、心から感謝した。[4]

筆者は、戦争の時には運がいいとか悪いとか人知を超えたできごとが起こり、生きるか死ぬかといった不思議なことがあると考えている。ここでも、たまたまどの船に乗るかといったことが生死を分ける分かれめとなった。しかも一部ではあるが一旦は対馬丸に乗船したあと、暁空丸に乗りかえさせられた児童たちは不思議な運命で結果的に生き残ることが出来た。その時、亡くなった対馬丸の乗船者たちには申し訳ないが、この方々の先祖が守ってくれたのだと、信心深い気持ちにさせられた。

第二節　沖縄本島北部へ疎開した人々（呉屋陽眞、井口恭雄、與儀ヨシ、匿名希望の女性）

本島北部への疎開についての決定および計画について『中城村史』に次のように記されている。

米軍が沖縄本島に上陸し、地上戦が展開されたとき、激戦が予想される地域は中南部であった。そこで、昭和19《ママ》年（正しくは昭和二〇年）二月一〇日、中南部の住民を、比較的安全と予想される北部への疎開を決定した。軍が県当局に要望した事項は次の通りである。

1　六〇歳以上の老人および国民学校以下の小児を昭和二〇年三月までに疎開させる。軍は北行する空車両および機帆船をもって疎開を援助する。

2　その他の非戦闘員は戦闘開始必至と判断する時期に軍の指示により一挙に北部へ疎開する。[5]

（但し、カッコ内は筆者が加筆した）

また、本島北部への疎開者数については『沖縄県史』に次のように記されている。

一〇万人北部疎開計画に対し、実際に北部に疎開できたのはどれぐらいの人数だろうか。先行資料では三万人とも記されているが、種々の資料等から人数を抽出すると、三万人では少なくさらに計画外で山中に避難していた人々を含めると一〇万人には満たないと考えられるが、相当数の人々が北部山中に避難していたと推測される。[6]

図17　井口恭雄（当時11歳）

図18　與儀ヨシ（当時14歳）

県全体では一〇万人北部疎開計画に対し一〇万人近くの人々が北部に疎開または自主的に避難したとされているが、津覇に関して言えば北部への疎開をした者はそう多くはない。[7]

1　計画的に北部疎開した人々

①　呉屋陽眞《ごやようしん》の場合

呉屋陽眞（屋号東眞境名《やごうあがりまじきな》、昭和九年生まれ）の証言を以下に記述する。

私の家族は、沖縄戦当時父の陽寶《ようほう》が売店を経営していたことで経済力があり、食糧や着物など馬車を雇って運ぶことができた。疎開先は早い時期に久志村《くしそん》のある家族と相談を付けて、二月の中旬には北部へと疎開を開始した。但し、祖母のマツオバーは高齢であり北部疎開を嫌がったためマツオバーの娘の嫁ぎ先（屋号 仁王大城小《にようぅふぐすくぐゎー》）に預けた。

奥間集落に面した山の中腹（現在の県営中城団地駐車場の擁壁）に掘ってあった比較的大きな壕は、マツオバーを預ける家族（屋号 仁王大城小）と呉屋陽清（屋号 新眞境名《みーまじきな》）らの二家族に使ってもらうことにした。

父の陽寶は売店を閉める訳にはいかないので津覇に残ることになった。その後、父は防衛隊に招集され二度と家族のところに戻ることはなかった。

陽眞の父がその後どうなったかということについては残念な話があった。以下は陽眞が戦後になって津覇のある人から聞かされたことである。

私は陽寶を真壁《まかべ》あたりで見かけた。陽寶は腕にけがをして道端に座り込んでいた。陽寶に「ワンネー　ナマカラ　ヤンバルンカイ　ヒンギーシガ　イヤーン　マジョーン　イカンナ?（自分は今からヤンバルに逃げるけれどあんたも一緒に行かないか?）」と誘った。しかし陽寶は「逃げたら軍法会議にかけられて家族にも迷惑がかかる」と言いそこに留まった。そのあと陽寶がどうなったか私は知らない。

おそらく陽眞の父はそこで戦死したものと思われる。その遺骨は未だ見つかっていない。終戦が間近になった頃防衛隊の中には、このように戦線を離脱して北部へ避難した兵隊たちが多くいた。だが、呉屋陽眞の父・陽寶同様に敵前逃亡の罪で軍法会議にかけられ家族にまで災いが及ぶのを心配して、命を落とした人々も多い。

②　井口恭雄《いぐちやすお》の場合

井口恭雄（昭和九年生まれ）の証言は以下の通りである。

私の家は父が産業組合に勤めていて、日本軍のための食糧の供出係であったことから、北部疎開に出発できたのは米軍の大掛かりな空爆が始まる前日の三月二二日であった。うちは経済的に恵まれていたため、食糧や着物などは軍用トラックで運び疎開先で世話になる家も大浦《おおうら》の親戚一家と相談ができていた。そこで過ごすための家も手作りながら準備されていた。

井口の一家の北部疎開は、ヤンバルへの出発の時期こそぎりぎりではあったが疎開自体は計画的に行われたことが分かる。

このように呉屋陽眞、井口恭雄らは計画的な疎開をした恵まれた事例である。しかし、井口がたどることとなるその後の疎開先の北部での生活は、困難なことが待っていた。以下は井口の証言である。

僕らは大浦の親戚一家に世話になるはずだったが、到着した翌日に米軍の飛行機が大浦までやってきて焼夷弾《しょういだん》が落とされた。大浦の民家は全焼し、近くの山の壕に避難することになった。

こうして避難生活が始まった。山奥に潜んでいたら米兵が川伝いに上がってきて「山から下に降りてきなさい」と書かれたビラが配られ、一カ所に集められた。雨がシトシトと降っている時分であった。テントはなかった。そこで何日か過ごした。四月のはじめか半ばかはっきり覚えてない。米軍の食べ物やクービという野生の木の実を食べた。

その後、米軍に大通りに出されて「金武《きん》の方へ歩いて行きなさい」と言われた。大浦橋《おおうらばし》を渡っていく途中で二世に[8]「殺しはしない」と言われた。大人の男だけチェックされてジープに乗せられどこかに連れて行かれた。多分羽地《はねじ》だったかと思う。

山奥に残っていた日本軍の惨敗兵は「山を降りてはいけない」と言うし、米兵は「山を降りて金武に行きなさい」と言う。迷ったあと久志岳に行った。久志岳には日本兵がいて靴下に米を入れて持っていたので、母が大浦で米兵から貰ったアメリカタバコと交換した。

僕は子供だったから知らなかったが、母は身重だったようで、山を降りて後の六月に捕虜になり女の子を出産した。僕の妹のメリーである。メリーという名前は二世が名付けてくれたようだが、戦後になってメリ子と改名した。ヤンバルでは戦闘の体験はなかったが、ひもじさと怖さだけを覚えている。


井口恭雄のこの証言からは、困難な状況に置かれた人々の行動と選択の様子、そして運の強さが伺える。幸いにしてその時生まれた女の子は無事に生き残り成長することが出来た。

2　北部へ慌ただしく疎開した人々

③　與儀《よぎ》ヨシの場合

與儀ヨシ（昭和六年生まれ）とその家族は、荷物をかついで歩いて北部を目指した。

以下はヨシの証言である。

ヤンバルには昭和二〇年二月半ば、荷物を担いで歩いて北部を目指した。嘉陽《かよう》まで三日がかりであった。前の年の一二月に生まれて間もない弟を母が背中に負ぶって歩いた。苦しかった中でも北部の今帰仁《なきじん》では親切な人のおかげで食糧の芋などを分けてもらえた。ただ食糧事情の悪化によって母の乳が出なくなって、まだ小さかった弟は栄養失調で死んでしまった。

捕虜になったのは終戦後の七月か八月ごろであった。瀬嵩《せだけ》の収容所に連れて行かれたが、人がたくさんいて食べ物に困った。シマンチュ（ムラの人、ここでは伊集の人）にもそこで再会した。南部で捕虜になった人たちもアメリカ軍に連れられて瀬嵩に来ていたためだった。

トウモロコシの配給もあったが食べ物は足りなかった。自分は長女だったから家族の食べ物を探しに行かなければならなかった。そこでいとこの奥さんと二人で今帰仁に行った。仲宗根というところには松並木が焼かれずに残っていた。着いたら夕方になっていたのである家に泊めてもらうことになった。

ムラの後ろの山にはアメリカの部隊があった。ムラにはユシドーフ（豆腐を固める前のもの）や芋がたくさんあった。お金は一応持っていたので「芋を買いに来た」というと「お金はいらない」と言ってくれた。サーターヤーもあり、食べ物は自分らがいる瀬嵩とはとても差があると思った。

一晩泊めてもらい、帰るときには持ちきれないほどの芋や食べ物をカシガー（麻袋）に入れて持たせてくれた。帰り道はいくつにも枝分かれした道であったが、足の向くまま太陽を目印にして歩いたらいつの間にか瀬嵩に着いていていた。そんな勘が働いたのは、神様が助けてくれたのだと思った。

瀬嵩に戻る途中で知り合いに出会ったので、芋をくれたおじさんのことを教えてあげた。だけどその人たちが芋をくれたおじさんにあえたかどうかは分からない。

右記のように北部での疎開生活は地元の人に助けられながらも避難場所や食べ物に苦労した様子や、場所によっては戦争の被害が少なく松並木が焼かれずに残り、食べ物も豊かにあるなど大きな差があったことが分かる証言である。

また、捕虜になるのが遅れて栄養失調で死んだヨシの弟、捕虜になった後に生まれて命を保つことができた恭雄の妹の例からは、乳児の生死を分ける要因は捕虜になる時期の差にもあったことを示している。

④　匿名希望の女性の証言

また、筆者に戦争体験を聞かせたものの、名前等は公表して欲しくないといった証言者の体験を聞くと、沖縄戦の体験が人によってはこうもちがうのかと考えさせられる。その証言者は女性で昭和二〇年当時九歳であった。

以下はその女性の北部疎開の生活のあらましである。

北部へはたまたま馬車で移動したがヤンバルでの生活は大変だった。疎開先の受け入れてくれる家族の相談ができてなくて、自分たちで山の木の枝や葉をとってきて掘っ立て小屋を作らなければならなかった。持ってきた芋などの食糧はすぐになくなり、草の葉など食べられるものは何でも口にした。

母親がマラリヤにかかると山奥に隔離された。隔離といっても医者や看護婦がいる訳でもなく、ただ他の者に感染しないように隔離され寝かされていたというだけだった。私には妹や弟がいたがその子らも次々にマラリヤで発熱しすぐに死んでしまった。ときどき母親のところに見舞いに行くのだが「下の子たちはどうしたの?なんで連れて来ないの?」と尋ねる母親に本当のことを言えずなんとかごまかした。

この証言者にとっての北部疎開は、住まいや食糧に困ることになり、母親がマラリアで隔離され、妹と弟がマラリアで死ぬなどの過酷な状況がうかがえる。

3　疎開を禁じられた若い女性の話

その他、いったんは北部へ疎開を果たしたものの、当地で疎開を拒まれて津覇に戻らざるを得なかった人もいた。その人、比嘉千代の証言は以下の通りである。

昭和一九年、おじの比嘉盛茂《せいも》が津覇国民学校の隣にあった診療所の医師であった関係で、津覇国民学校に駐屯していた日本軍に頼まれて炊事の手伝いをしていた。朝五時に起きて津覇国民学校の運動場の片隅にあった炊事場で炊事の補助を務め夜八時まで働いた。朝は「炊事であります。」と校門にいた衛兵に言って校内に入った。野戦病院もあって兵隊はたくさんいた。

日本兵の食事は乏しくおなか一杯にはならないだろうと考え、炊飯のときにできる焦げ飯も捨てずに握り飯にして木のバケツに入れて持っていた。日本兵の中でも初年兵たちはその焦げ飯の握り飯をあてにしてウーヤーカラカーして（後追いして）握り飯を欲しがった。人目が気になったので川に入ってこっそりと焦げ飯を兵隊たちにあげていた。

そのうちおじの比嘉盛茂は伊江島に行かされた。私はおじが伊江島に転属させられたあと、おじの妻とまだ幼い子供が北部に疎開することになった際に子守として北部の嘉陽《かよう》に行くことになった。

そこの共通の井戸端で洗い物をしていたら、そこで知らない若い男の人、学校の先生と思われる人に「あんたは若いのに（当時一八歳）なんでここにいるのか」ととがめられた。若い人が疎開したら困るみたいに言いよった。「イェーカのコムヤー（親戚の子守）を頼まれたからだ」と説明したが聞き入れてもらえなかった。

おじの妻の父親が品物を届けに来たときに「津覇に帰りたいさ、ヤンバルより津覇がいい」といって津覇に戻った。朝八時に嘉陽を出て次の日の一二時に津覇に着いた。津覇に戻って終戦は津覇で迎えた。捕虜になったのは四月の一二日だった。

老人と子供以外の者は戦力として協力すべきだとされていたため、若者は疎開を制限されていたことが分かる証言である。さらにぎりぎりまで日本軍の陣地構築の作業を手伝うことで、津覇を離れるのが遅くなり疎開の機会を逃した者もいる。そのようなこともあって津覇では北部へ疎開した者は多くはない。

第三節　南部へ避難した人々（新垣隆永、新垣直子、新垣之庸[9]、比嘉キク、比嘉トヨ）

昭和二〇年の四月一日に西海岸嘉手納《かでな》より上陸したアメリカ軍は予想以上に早いペースで進軍して中城村字久場に進攻したのは四月三日であった。なぜそのようにアメリカ軍が早いペースで中城村字久場に進攻したかと言えば、その要因として考えられるのは次の2点が言える。

一つ目は、日本軍がアメリカ軍の上陸予想海岸の一つとして沖縄本島東海岸具志頭港川を想定していたということ。二つ目には、水際作戦をせずに持久戦を決めていたため上陸したアメリカ軍を向かえうつことをしなかったというのがその要因だと考えられる。アメリカ軍が久場に予想以上に早く到達したため、住民たちの北部への疎開は不可能となった。そして日本軍の命令により沖縄本島南部へ避難せざるを得なくなったということがある。

南部への避難について次のような記述がある。

南部への避難／北部に疎開し、壕や墓に隠れ、あるいは米軍に捕虜されなかった、中城村民のすべての非戦闘員は激戦地南部へ避難した。その時期はほとんど米軍の沖縄本島上陸の四月一日以降五、六日ころ《ママ》まで、その動機は主として中城駐屯の守備軍による指示または壕追い出しによるものである。軍隊の指示によって避難した村民の多くは、あわただしい中にも食糧や衣類その他の生活必需品を持って避難したが、墓や壕追い出しなど、将兵に避難を強制された村民の多くは、着のみ着のままで避難している。[10]

右記からは南部への避難が非常に慌ただしいものであったことが分かる。

図19、20、21、22は南部へ避難した新垣直子、之庸《ゆきつね》、比嘉キク、比嘉トヨの写真である。

第三節では南部へ避難した新垣隆永（昭和四年生まれ）、直子（昭和一〇年生まれ）、之庸（昭和一五年生まれ）のグループと比嘉キク（昭和六年生まれ）、比嘉トヨ（昭和

図19　新垣直子（当時10歳）

図20　新垣之庸（当時5歳）

図21　比嘉キク（当時14歳）

図22　比嘉トヨ（当時17歳）

三年生まれ）たちが南部で経験したことを記録する。証言者の話を時系列に整理して再構成して述べる。

図23は津覇の人々の多くが避難した南部の地図である。『玉城村史』第六巻　戦時記録編の資料より転載した。（但し、図23中の○で囲んだところは隆永グループが避難した場所である。筆者が加筆した。）

南部へ避難した人々はどこに避難すればよいかなど具体的には指示または指導はされていない場合が多く、土地勘もない状態で運任せにあてもなくさまよう状況であった。また、日本軍の近くにいれば助けてもらえると信じた者も多くいた。

1　比較的早期に避難した新垣隆永のグループ

新垣隆永、直子、之庸らのグループの場合は比較的早い時期、三月中旬に南部へと避難した。しかしながら、最初から南部を目指したわけではなかった。以下は隆永の証言である。

図23　南部略図　玉城村史編集委員会編『玉城村史』第6巻戦時記録編 玉城村役場発行の資料より転載

はじめは津覇国民学校裏に壕を掘って隠れていた。立川《たちじゃーら》（現在の津覇小学校の南西側の山の中腹）にもいた。そこはニービ（砂岩）といって柔らかく掘りやすかったが崩れやすくもあった。僕たちは壁に木の板を張り付けながら掘ったから大丈夫だったがそうしなかった人もいた。その人は壕が崩れて命を落としそうになった。死んだかと思われたが幸いにも息を吹き返した。「一度死んでから生き返った」と皆でびっくりした。

僕たちは米軍が東海岸から上陸するものと聞いていたので宜野湾方面に避難した。

隆永のグループは隆永の家族（屋号新屋敷《みーやしち》）、喜友名小《ちゅんなーぐゎー》、仲門小《なかじょうぐゎー》の三家族で総勢一八人のグループであった。隆永の父親・隆由と喜友名小の亀（明治三一年生まれ）とは兄弟で、亀は喜友名小の養子となっていた。亀は南部の土地勘がなく兄の隆由に一緒に連れていって欲しいと頼んだそうだ。

仲門小というのは隆永の三番目の姉ハル（大正一四年生まれ）のことで小さい子供を連れて実家の新屋敷に身を寄せていた。（二番目の姉は小さいときに亡くなっている。）仲門小は一家全員が一緒に行動を共にすると一家全滅の危険性があるということで嫁を実家に戻していたのである。そのような例は当時よくあることであった。

グループの中には文久年間生まれの当時八二―三歳のカマーオバー、一歳半の子供、妊婦二人が含まれていたためゆっくりしか進めない状況であった。

芋、芋葛、みそ、塩、黒糖などの食べ物、生まれてくる乳児用の着物、家族の尋常小学校の卒業証書、鍋や薬などは手分けして持参した。位牌は先祖の墓に隠しておいた。そして津覇のテラに無事を祈ってから出発した。
以下は隆永の証言である。

はじめに向かった宜野湾方面はすでに人がいっぱいで、どこにも入るすきがなかった。一旦津覇に戻り旧県道を通って和宇慶、伊集を通って西原小那覇《おなは》に出た。そこから津花波《つはなは》、呉屋《ごや》を通って斜めに進んだ。池田《いけだ》のワイトゥイ（切り通し）を抜けて首里方面に向かった。

しかしそこは戦闘が激しく、日本兵が「ここには来るな」「戻れ」と言ってきたので鳥堀《とりほり》の手前から南風原《はえばる》の新川《あらかわ》に向かい上与那原《うえよなばる》を通って大里《おおざと》に向かった。昼間は空爆が激しく危ないので夜間に山道を歩いて移動した。

先頭に立ってグループを率いたのは僕（隆永）の父・隆由であった。隆由は「ワンガ　サチナイクトゥ　イッターヤ　ヨーンナー　ウーティ　クーヨーヤー（わしが先頭に立つから皆はゆっくりついてきなさい）」と言って先頭になった。

僕らは、日中は空爆を避けるため岩陰や墓の中などにひそみ、夜間になってから歩いた。島尻《しまじり》半島は起伏が激しく道も岐路が多かった。そんな中を闇に紛れての逃避行であった。

その途中で当時五歳だった之庸は「アンマー（母）に抱かれて岩陰に隠れていた時に暑くてたまらないので右手を岩陰から出していたら、そこに弾の破片が飛んできて右腕に破片が刺さった。すぐに兄さんが歯で破片を抜いてくれたから大丈夫だった」と話した。そしてスーとアンマー（父と母）に連れられて日本軍の病院壕に行って応急処置をしてもらった。
また、文久生まれのカマーオバーはまだ達者で平地では直子に手を引かれ、斜面では僕（隆永）に負ぶわれたりしてみんなと一緒に避難していた。

以下は文久年間生まれのオバーにまつわる話で隆永の証言である。

上り坂は文久生まれのオバーも歩くことはできたが、下り坂になると危ないので僕がオバーを負ぶって一〇メートルほど行き「ウマンカイ　イーチョウキヨー　ニムチ　ムッチチカラチュークゥトゥヤー（そこに座っていてね。荷物を運んで来るから。）」と言ってオバーを座らせた。戻ってくるとオバーがいないことがあった。

暗い中を探し当ててオバーに「ヌーンチ　ンジュチュガ　ユルル　ヤクトゥ　トゥメーイセー　デージドー（なんで動き回るか。夜だから探すのは大変だよ。）」と叱った。するとオバーは「アンシ　ワンニン　イチチョウーイ　ブサン。イッターンカイ　ウッチャンナギラリーネーデージ（だって、私も生きていたい。あんたたちに置いていかれたら大変）」と言い返した。それで僕が「ワッターガ　ナママディ　チュケーン　ヤティン　ウッチャンナギタル　クトゥヌアタンナー（僕らが今まで一度でも置いてきぼりしたことがあったか？）」「アンシ　ミチェー　ワカインナー？（それで道は分かるのか？）」と聞くとオバーは「アッチョーケー　ナンクル　ナインテー（歩いて行けばどうにかなるさ）」と返した。

この証言は、カマーオバーが生きていたいという気持ちを強く抱いていたことを示している。高齢者は戦時中においては弱者であり、家族の協力なしでは逃げ切れるものではなかった。常に家族に置いて行かれるのではないかと不安な気持ちであったに違いない。

その証拠に沖縄戦では高齢者が家族に置いて行かれた事例は多い。[11] 家族が「必ず迎えに来るから」と言って置いていく事例や、あるいは高齢者自身が家族の足手まといになるのを気に病んで「自分たちを置いて逃げてくれ」と言って一緒に逃げるのを諦めたという事例も見受けられた。このようにして命を落とした高齢者は多かったという。

そのような状況下で隆永たちのグループではその長である隆由の考えで文久生まれのカマーオバーも、手をひいたり或いはおぶったりして最後まで共に避難した。

隆永たちは島尻半島を運任せに歩き、現在の南城市《なんじょう》や八重瀬町《やえせ》あたりを安全な場所を求めて転々と移動しながら避難した。戦前にアガイウマーイ（東廻り）[12]という行事で島尻の拝所を拝んで歩く聖地巡礼をすることがあったのと、父親の隆由が戦前に牛や馬を買い付けに島尻によく出かけていたこと、隆永が徴用で日本軍の弾運びなどをした経験があったことから、島尻に関してはある程度土地勘はあった。だが、どこに逃げれば安全であるかについての情報は全くなかった。

道の途中で隆永が腹をこわして歩けなくなるということになったことがある。イージ口《ぐち》[13]（地名、戦後はアメリカ軍の施設があったが現在はゴルフ場になっている。戦前の与那川屋取、通称上江洲口《いーじぐち》）でのことである。

以下は直子の証言である。

兄さんは「ワンネー　ワタヌヤディ　アッカランムヌ　ワンネー　ウッチャンナギティイッターヤ　サチナレー（僕は腹が痛くて歩けないからみんなは僕をおいて先に行ってくれ）」といったが、父の隆由は「アラン、イヤーガ　イカンダラー　ワッターン　マーンカイン　イカンーナ　サガレー（いいや、お前が行かないなら我々もどこにも行かないよ。みんな下がれ、元に戻れ）」といって先に進むのをやめた。

だが、後で考えるとそれでみんなの命が助かった。というのもイージ口より南の方は戦闘が激しくそのまま進んでいたらきっと戦闘に巻き込まれて命を落としていただろう。兄さんがお腹をこわしたのは「神カラガ ヤタラ（神のおぼしめしでそうなったのだろう）」と思う。だって、こうして命を拾ったのだから。

以上のように直子は語る。病人も置いて行かずに家族全員一緒に逃げることにこだわった隆由の考え方が表れている。死ぬも生きるも家族は一緒にという考えであった。

また、ある時隠れていた場所に防衛隊として従軍していた仲門小の良徳《りょうとく》（隆永の姉ハルの夫、大正一一年生まれ）が部隊を離れて様子をみにやってきた。良徳は妻と子供の無事を確認したあと部隊に戻った。だが、フミの夫の顕保《けんぽ》（喜友名小の亀の次男、大正一五年生まれ）は訪ねてこなかった。良徳によれば「顕保はまじめすぎて部隊を離れることができなかったのだろう」ということだった。顕保は結局戦死したようであった。一方、良徳は戦死することなく無事に生き残ることができた。（良徳のことは後に第六章で詳しく述べる。）

島尻を転々とさまよいながら逃げる間、大里《おおざと》の眞境名《まじきな》に一週間ほど滞在した。隆永と直子はそこでのことを、次のように証言する。

隆永：三月に逃げ始めて五月になると持ってきた芋がなくなったので、その辺の畑から芋を失敬した。地元の人が「ターヤガ（芋を盗んでいるのは誰か？）」といって「ヌライル チュ（叱る人）」がいたが、それには構わずにどんどん掘って芋を袋に入れて持ち帰った。戦時中だから食べ物は皆のものだという考え方だった。僕らは皆、体が大きい[14]から地元の人はただ見ているだけだった。また島尻は「イジュン（泉、湧き水）」が多く水には困らなかった。だが、芋を炊くのは大変だった。夜に木の枝をさいて火を起こし、芋を炊いた。じっくり炊くわけにはいかないので生煮えだった。それでも食べられればいいと思った。味噌と塩を持っていたが味噌は大事にとっておき塩で味付けをした。塩は糸数《いとかず》壕の日本軍から分けてもらっていた。眞境名の墓で産気づいた喜友名小の亀の次男・顕保の嫁フミが女の子を出産した。女たちが着物を広げて隠しその中でその子は生まれた。雨降りであった。近くの壕にいた「タンナドーヤードゥイ[15]」の見知らぬオバーがその子のへその緒を切ってくれた。また、具志頭の長毛《ながもう》というところの「サンジンソー[16]」も近くにいたため、生まれた子供に日本の勝利を祈って勝子と名付けてくれた。このような幸運は僕たちに「フウ（強運）」があったからだろう。僕らはついていた。産婆もサンジンソーもすぐ近くにいて助かった。翌日には次の隠れ場所に移動した。そして、勝子が生まれて数日後に僕たちは捕虜となった。
直子：子供が生まれた次の日にはまた歩き出した。雨だったからスー（主、隆由）はフミさんに「あんたは昨日子供を産んだばかりだから濡れてはいけない」と言って自分のマントを着せてあげていた。

隆永の証言からは避難中の食べ物に困り、人の畑の芋を盗んでまで食べることに罪の意識がなくなった状況が伺える。戦争という非常事態の中で生きるために善悪の判断が平常時とは異なったのである。

そして、避難途中の死との隣り合わせの中で新しい命が生まれるという幸運に恵まれた。幸いなことにその子供は無事に成長し、後に同じ津覇出身の男性と結婚し現在は兵庫県に住んでいる。

このように沖縄戦中の出産例は多くあるが、体験者の証言[17]から避難所であった壕や墓などで、乳飲み子や幼い子供の声が米軍に気付かれて攻撃されるという恐れから殺された事例が相当数あったことが明らかになっている。

次に示す流れは隆永のグループがたどった主な地域を表わしたものである。但し同じ地域を進んだり後退したりなど、行ったり来たりの繰り返しであり、実際の道順ははっきりとしたものではなかったことをあらかじめ示しておく。運《うん》まかせに歩き回ったということも付け加えておく。ただし、静かなところ、住民や日本軍のいないところであるかどうかということは行動の判断基準になっていた。

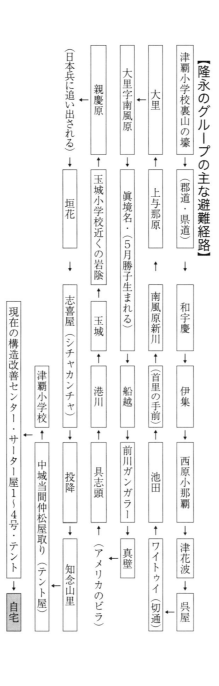

前にも述べたが、日本兵M准尉に「兵隊は住民を助けることは出来ないから、兵隊がいるところからは離れなさい、下がりなさい」といわれていたことを守ったのである。

【隆永のグループの主な避難経路】

津覇小学校裏山の壕 → （郡道・県道） → 和宇慶 → 伊集 → 西原小那覇 → 津花波 → 呉屋 → ワイトゥイ（切通） → 池田 → （首里の手前） → 南風原新川 → 上与那原 → 大里 → 大里字南風原 → 眞境名・（5月勝子生まれる） → 船越 → 前川ガンガラー → 真壁 → （アメリカのビラ） → 具志頭 → 港川 → 玉城 → 玉城小学校近くの岩陰 → 親慶原 → （日本兵に追い出される） → 垣花 → 志喜屋（シチャカンチャ） → 投降 → 知念山里 → 中城当間仲松屋取り（テント屋） → 津覇小学校 → 現在の構造改善センター・サーター屋1～4号・テント → 自宅

2　日本軍の南部への後退時の状況

米軍の攻撃により首里の司令部を中心とした第32軍の防御態勢が壊滅状態になった後、日本軍は南部への撤退を決めた。[18] それによって南部各地に避難していた住民たちを壕や墓から追い出し、食糧を奪い[19]、泣き叫ぶ乳飲み子や幼い子供を殺害したり、住民をスパイ容疑にかけたりするなど[20]の悲劇が起こった。隆永の経験のように壕や墓、または洞窟に潜んでいた住民が、日本兵によって追い出された事例は、多くの体験者が証言している。[21]

以下は新垣隆永と直子の証言である。

隆永：親慶原《おやけばる》のガマにいた時、日本兵がやってきてグループの代表である隆由に向かって「ここは我々が使うことになったから君たちはどこかに出ていけ。さもなければ切る。」と言った。すると文久生まれのカマーオバーが日本兵の前に立ちふさがり「チィーラー　ワンカラ　サチ　チレー（切るならわしから先に切れ）」と言い放った。その勢いに日本兵は太刀をおさめたが、その後そこを出て次の場所を求めて垣花《かきのはな》に向かった。

直子：また墓にかくれていた時、日本兵に「女も弾を運ぶのを手伝ってくれ、クヮッムッチ（幼子連れの女）も子供を置いて弾を運ぶのを手伝え」と命令された。だけど何をされるか分からないので、急いで姉のハルを墓の奥に隠し知らぬふりをしたこともあった。

この時の経験から、隆永は「アメリカー　ヤカ　友軍ヌル　ウドゥルサタル（米軍より友軍の方が怖かった）」と言う。

二〇一九年に本土出身の学生が聞き取りを申し出たことがあった。しかし日本兵に抱いた恐怖心や不信感が心に残ったままで、彼らと日本兵がかさなって見えたのだろう。この時に隆永は「本土から来た人が聞き取りを申し出ても話したくない」と言って、彼らの聞き取りをことわった。

ところで、前川《めーかー》ガンガラーでのことであるが隆永には忘れられない出来事がある。

その時のことを隆永は次のように語った。

逃げる途中で前川ガンガラーに立ち寄ってみたら、そこはとても広くて大きい自然壕であった。そこには津覇の人々もいた。だけど、そこには住民が密集していた。「ここは人がいっぱいいるから僕たちはここにはおられない。無理には入らないでおこう。」と思って次の場所に移動することにした。すると二、三日後に大雨が降った。後で知ったことだけどそこにいた人々はみんな海まで水に流されてしまったそうだ。津覇の人も流されてしまった。前川ガンガラーに入らなくて本当によかった。運がよかった。僕らはついていた。フウがあった。ラッキーだった。

隆永はよく「僕らはついていた。ラッキーだった。」とか「運がよかった。フウ[22]があった。」という。自分たちの判断を結果的によかったと思えるということは素晴らしいことだと思われる。判断する際にはいつも自分の頭で考える習慣があった。前川ガンガラーでの出来事もその例の一つであったと言える。自分の頭で考えるということは吾々の今後の生活の参考にしたいと改めて思う。

3　比嘉キクの家族の場合

南部に避難していた比嘉キクは日本兵との関係について次のような証言をしている。

大里を通って東風平に向かった。米軍が上陸した後の四月初めごろ、六一歳の父親と二つ年上の姉のマサ子と一三歳の自分の三人家族と（母親は戦前に病死）、遠い親戚の九人で、父親たちが掘った東風平《くちんだ》の壕に二カ月ほど避難した。

六月頃、そこに司令部がやられた首里から大勢の日本兵が来た。タチムチャー（軍刀を携帯した位の高い日本兵）やマギーター（位の高い兵、幹部、大物）だった。その日本兵たちは「この兵隊を戸板に乗せて病院となっている墓に運べ」と命令した。その兵隊は手足を切られ、担架もなく戸板に載せられていた。

雨もチラチラ降っていて足元がすべって歩くのが大変だったから、オトーが「これは二人ではケーリン　ケーリンして（ぐらぐらして）運べない。あと二人誰かいたらいいのに」と言った。すると日本兵は「このやろう。貴様、兵隊さんの言うことが聞けないのか。」といってオトーはチラ　スグラレタ（顔を張られた、ビンタをされた）。オトーは怖くなって仕方なく伊集のおじさんと二人でこの負傷兵を病院になっている墓に運んだ。

そこはすでに移動した後で誰もいなかったが、「そんなこと知るか」と思い、そのまま墓のナー（前庭）に置いてきた。そして、急いで戻ってきて「ここにいたら日本兵にアチカーリーン（こき使われる）。もうここからは出て行こう。ワラビンチャー　ヘーク　アッケー（子供たち早く歩け）」と言ってそこの壕から出て行った。

このように住民たちを手荒に扱う日本兵に対して、住民たちは言いなりになるのではなく無言の抵抗をしたという証言である。

４　日本軍の避難民対策

敗戦色が濃厚となった時期に日本軍は避難民対策として、住民を安全な場所へと避難誘導する対策を講じた状況[23]が仲間良盛《なかまりょうせい》の手記に見られる。

以下にその手記の一部を引用する。

> 第32軍は、首里を主陣地としての沖縄防衛が、戦局の推移にかんがみ不可能なことを察し、後退作戦案（喜屋武《きゃん》半島防衛計画）を立案した。つまり、残存兵力をもって、真栄里《まえざと》、与座岳《よざだけ》、八重瀬《やえせ》岳、玻名城《はなしろ》の線以南の喜屋武《きゃん》半島地区へ防衛線を展開するというものである。そのため、各部隊の将兵が喜屋武半島へ後退をはじめた。それに追随して何万という県民が、軍の保護を信じて南へ南へと砲弾の降りしきる中を避難移動していった。
>
> 当時、第32軍司令部が最も苦慮したのは、この避難民対策であった。（中略）県民と軍隊との混合を避け可能な限り県民の犠牲を最小限にくいとめる必要があることなどから、戦場外になると予想される知念半島へ県民を誘導する必要が生じたのである。（中略）しかし、当時

の県民の意識から、軍隊と離れて、軍隊不在の知念半島へ移動することは、軍の保護を離れることであり、米軍の捕虜になることを意味するので許容できるものではなかった。

また、日本軍の勝利を最後まで信じて行動している関係もあって、これを説得するのは至難の業である。（中略）中頭《なかがみ》方面から避難してくる人達に対して、玉城村《たまぐすく》船越《ふなこし》部落西方十字路を拠点として誘導説得に当たった。（中略）中城の方々や親戚の者にも行き合ったが説得に応じてくれなかった。むしろ、知念半島から喜屋武半島方面へ逆流する状況さえ呈するに至った。避難民対策はお手あげである。[24]

このように米軍の捕虜になってはならないと日本軍に教え込まれていた住民たちにとって、知念半島への移動は聞き入れられるものではなかった状況が証言されている。

日本軍は当初、住民に安全地帯の存在を伏せており、住民を保護する意志はそれほどなかったことが考えられる。

また、沖縄戦当時県庁職員であった浦崎純《うらさきじゅん》は『消えた沖縄県』（一九六五）[25]において安全地帯について次のように書き記している。

その頃のある日、与座岳《よざだけ》にあった地下陣地で、軍と県の連絡会議がひらかれた。（中略）席上軍側は、（中略）島尻を新たな戦場として、日本軍が布陣しているので、（敵軍は）戦意を喪失している。わが軍はこの機に乗じて敵を一挙に粉砕すべく、天険与座《よざ》と八重瀬の線に拠って一大反撃を試みる作戦にでた。足手まといになる地方民がこの地域にいては作戦の障害になる。残らず、安全地帯と指定された知念《ちねん》、玉城《たまぐすく》方面へ即急に立ち退かせてほしい…と申し入れた。

戦闘力のない地方民を戦火から護るため、一定地域が安全地帯として指定されていることを県側は初めて知らされた（中略）島田《しまだ》知事は、「もはや挺身隊もこのままの組織で、行動をつづけることはできなくなった。（中略）挺身隊今後の任務は、住民とともに軍の指定した知念玉城方面に下って、彼らを保護することにある」（中略）と命令を与えた。（中略）目に見えるかぎりの状況では、敵の南部地区への本格的攻撃は、まだ始まっていないように思えた。（中略）今のうちなら知念玉城方面へ、住民を移動させることができそうにも思えた。難民の誘導保護が、挺身隊に与えられた任務だったから、そのことが頭をはなれなかった。（中略）軍の指定した安全地帯が、果たして安全かどうか知れたものではなかった。私たちは確信をもって住民に移動を勧める気になれなくなった。（但し、カッコ内は筆者による加筆）

このようにして安全地帯へと住民を誘導すべく命令された挺身隊ですら安全地帯を言葉通りには受け取れないような事態である。軍部に対する不信感がにじんでいる。ましてや住民にとって信じろという方がおかしなことである。

そして、安全地帯のことを聞かされた人々は知念へと向かう人々と、日本軍の保護を信じ日本軍の後を追ってさらに南へと向かう人々の両極に分かれた。具志頭あたりの道は知念・玉城方面へと北に向かう人々と、逆に知念方面から南下していく人々とで混雑していた。

また、八原博道（一九七二）は住民対策として次のように記している。すなわち

住民対策（中略）津嘉山《つかざん》から摩文仁《まぶに》に至る途中のいたましい避難民の印象は、今なお脳裏に鮮明である。（中略）首里戦線の後方地域には土着した住民のほか、軍の指示に従い、首里地域から避難してきた者が多数あることは確実である。これら難民を、再びここで地獄の苦しみに陥れ、戦の犠牲とするのは真に忍び得ない。軍が退却の方針を決めたさい、戦場外になると予想される知念方面への避難は一応指示してあるはずであった。しかし同方面に行けば敵手にはいることは明瞭だ。今やそのようなことは拘泥《こうでい》すべきときではない。彼らは避難民なのだ。敵の占領地域内にいる島の北半部住民と同様、目をつむって敵にするほかはない。（中略）軍司令官は、この案を直ちに決裁された。指令は隷下各部隊、警察機関（中略）鉄血義勇隊《てっけつぎゆうたい》の宣伝班、さらに壕内隣組等の手を経て一般住民に伝達された。戦場怱忙《こつぼう》の間、この指令は各機関の努力にかかわらず、十分に徹底しなかった憾《うら》みがある。指令に従い、知念方面に向かった人々も、潮の如く殺到する敵の追撃部隊を見ては、怖気を出し、具志頭付近から再び踵を返す始末である。かくて琉球南端の断崖絶壁上において、多くの老幼婦女子をいたましい犠牲としたのは実に千秋の恨事である。[26]

しかし、資料が残されていないため、以上のような記述によって、知念方面への避難を指示した

時期を推測するしかない。さらに『中城村史』第四巻戦争体験編（一九九〇年）の「沖縄戦に関する主要年表」中、六六八頁に書かれたものによれば「五月二二日、第32軍、喜屋武半島地区への後退を決定」とあることを踏《ふ》まえると、その時期は五月二二日頃としてよいだろう。

(1) 知念半島へ移動した人々

知念方面への避難を促された新垣隆永のグループは、その指示通りに知念半島へ移動したことで命拾《いのちびろ》いをした。

以下は隆永の証言である。

南部を転々とさまよいながら大里《おおざと》南風原《はえばる》、眞境名《まじきな》、船越《ふなこし》、前川《めーかー》ガンガラー、真壁《まかべ》、具志頭《ぐしちゃん》と行ったり来たりしていたら、日本兵が「島尻に行きなさい。知念へ行きなさい。玉城へ。」と指示した。その頃「日本兵の格好をした密偵がいるが二世が日本兵に化けているらしい」という噂があった。そのため「この日本兵の言うことを聞いていいのだろうか。そういえば日本兵にしては、軍服はあまり汚れていないな」などとあれこれ考えた。

また、同じ頃アメリカーの飛行機からも知念に行きなさいとビラが落とされていたな、と考え考えした。どうすればよいやら決めかねていたのだが、知念の方を見たら飛行機は飛んでないし音もない。振り返って南をみたらバンバンしているから、まずは知念に行こうと決めた。[27]

途中、道のアジマー（交差点）で日本兵らしき人達が五人くらいで道案内をしてくれた。そして、玉城、親慶原、垣花、と行ったり来たりして移動した。知念に着いたら僕らが一番乗りだった。最後はシチャカンチャ[28]（志喜屋《しきや》）で自主的に捕虜になった。父の隆由がそう判断したからそれに従った。

隆永の父・隆由のこのような判断が生き残ることの選択になった。そして「新屋敷《みーやしち》ヌ　アトゥウゥレー（新屋敷のみんなの後に続け）」といって新屋敷の一団の後を追っていた津覇の人々も助かった。逆に南に行った人々は死んでしまった。之庸は「戦後、父は父の後をついてきて助かった津覇の人々に、とても信頼されて尊敬されていた」と語る。日本軍の避難民対策を聞き入れて、いち早く玉城・知念へ向かい比較的安全に過ごした隆永の判断には、戦前に徴用で壕掘りを手伝ったことで親しくなった日本兵M准尉のアドバイスが役に立った。

以下は隆永の証言である。

徴用で壕を掘る作業をした時、M[29]准尉という日本兵と一

図24　隆由の判断で旧知念村へ行き無事に逃げおおせた隆永の家族、撮影は昭和24年頃　左から直子、隆永、カマー、隆由、之庸、新垣隆永提供

緒だった。その日本兵は僕の家で風呂を使うなどして親しくなり、色々とアドバイスをもらった。例えば「家族用の壕の掘り方は海に向かうところは艦砲射撃があるから危ないのでそこは避けて、山に向かって横穴を掘ること」や「避難するなら日本兵のいないところに逃げなさい。兵隊は住民を助けることはできない」などをアドバイスされていた。

また、「米軍は住民については戦闘相手ではないから住民を殺すことはない。もし米軍がそれを守らなかったら国際法で裁かれるから」などである。

この日本兵M准尉のアドバイスはその後の隆永らにとって安全な移動先を選択するときの判断基準となった。以下は隆永の証言の続きである。

南部でその日本兵M准尉にたまたま出会うことがあった。日本兵M准尉から「兵隊は民間人を助けることはできない。兵隊のいるところからは離れなさい。この戦はもうだめだから命を格護《かくご30》するようにしなさい」という言葉をもらったことも判断の助けになった。

この証言から言えることは、隆永と日本兵M准尉との間に築かれた良好な関係が隆永のグループに正しい情報をもたらし、それを信頼できるアドバイスとして受け入れることができたということだ。非常事態での日本兵との良好な関係および隆由の判断力が隆永のグループに幸運をもたらしたのだろう。

(2) 指示に従わずに知念方面へ行かなかった事例

南部に避難していた比嘉キクのグループは知念方面に行くことはなかった。以下は比嘉キクの証言である。

「玉城、知念の方に行きなさい」と言われたとき伊集のオトー（おじさん）[31]は島尻方面から来た別の日本のヒータイグヮー（兵隊め）に「知念は安全だというけど本当ですか。」と聞いた。するとその日本兵は「いやそんなことはない。あそこも危ない。そこはもうすぐ米軍が上陸してくる」と言った。それで私たちは知念、玉城には行かず南に戻った。けれど南部は戦闘の激しいところで難儀した。あんな日本のヒータイグヮーになんか聞カンカッタラ（聞かなかったら）よかった。

そのあと南に行ったところで大きな瓦葺きの家があったのでそこで座って夜を過ごした。毛布をかぶって眠っていたら姉さんのマサ子が途中でトイレにいった。そのあとすぐに艦砲かなんかのために家が柱だけが残って屋根が落ちてきてみんな土に埋まってしまった。息をするにも鼻に土が入ってきてデージ（大変）だった。トイレに行っていたマサ子がみんなを土の中から掘り出してくれた。だけど伊集のおじさんの家族のうち2人は命を失った。

南部では死体も踏んで歩いた。一分一秒も生きていられるかどうか分からない、次は自分が死ぬ番かもしれないと思っていた。撃たれた人を助けようとして結局撃たれて死んだ人もいた。人を助けたくても助けられなかった。

比嘉キクの家族は二人の日本兵の異なった情報にふりまわされて安全策を取れずに、南部の激戦地を逃げ回った。「幸いにして家族は誰も死にはしなかったからよかったけどね」と当時を振り返るが、共に避難していた親戚のうち二人は死んだという。情報が入り交じる中でどの情報を取り入れるかで生死が分かれた事例である。

さらに、比嘉キクが捕虜になった時の証言は以下の通りである。

私たちの一家は喜屋武の手前の伊敷《いしき》で捕虜になった。米軍の飛行機がジートゥビして（低空飛行して）「男はパンツだけはいて出てきなさい。女の人はそのまま出てきてください」と放送していた。その時、アメリカーが「オーケイ、オーケイ」「カムオン、カムオン」と言っているが私たちには「和宇慶《わうけ》、和宇慶」「カマー、カマー」と聞こえた。私たちは和宇慶の出身だったから。ウチナー口では和宇慶は「ウォーキ」と発音したから「オーケイ」が和宇慶に聞こえた。「私たちが和宇慶の出身だと分かるのかね、和宇慶のカマーと言っているよ」と思い込んだ。その「和宇慶のカマー」という声が捕虜になるきっかけにもなった。

捕虜になった後から思い出して勘違いだったと分かり笑い話になったけど、そのときは怖くて誰も笑わなかった。

また、喜屋武に行って戻ってきた人から「誰だれは喜屋武で弾に当たって死んだよ」と聞いた。それで、喜屋武に行かなくて良かったなと思った。生き残ったのは針の穴から抜けるようだった。

敵性言語だということで、国策により英語を学ぶことがなかった人々は、英語の「オーケイ（OK）」を「和宇慶」、「カムオン（COME ON）」を「カマー」と聞き違えた。知らない英語を自分たちの馴染みのある言葉によみ変えてとらえた。このように後で考えると笑えるようなエピソードもあり、沖縄の住民のしたたかな生命力を感じさせられる。

日本軍の指示で知念・玉城へ行った人々と南へと下って行った人々の判断と行動を比較検討してみた。

表6．南部へ避難した人々（新垣隆永のグループと比嘉キクのグループ）の行動の比較

	新垣隆永グループ	比嘉キクグループ
避難の開始時期	・三月中旬／艦砲射撃の前	・四月初め／米軍の上陸後
日本兵との距離関係	・日本兵M准尉は僕の家で風呂を使うなどして親しくなり、色々とアドバイスをもらった	・一時期日本兵と同じ壕にいた

日本兵からの情報	・親交のあった日本兵からの正確な情報 ・日本軍から離れること。 ・知念、玉城へ逃げること。	・二人の日本兵（a. b）の異なる情報 a. 知念は安全 b. 知念は危険、米軍が上陸する、南へ行け
日本兵の情報に対する選択と行動	・知念半島へ移動	・知念へは行かず南に戻った
思考のパターン	・総合的に考え自分で決断した	・自分で判断する時間と心の余裕がなかった。
選択と行動の結果	・比較的安全な避難行動 ・五月上旬に捕虜収容（志喜屋）	・危険な場所をさまよった ・六月十八日頃に捕虜収容（伊敷）

表6から言えることは、南部方面への避難のあり方は一様ではないということである。特に、出会った日本兵がどのような考えの人であったかということに大きな相違点が伺える。

また、情報が入り交じる中でどの情報を取り入れ判断するかということが重要になったことが分かる。加えて南部へ避難した人々は意図して危険に向かって行ったのではなく、生きるための選択であったことに他ならないということである。日本兵に守ってもらえると堅く信じてのことであった。にもかかわらず、生死を分けたのは、運がいいとか悪いとか人知では計り知れないことで、そのようなことが起こるのが戦争の真相である。

検討を重ねていくうち、生き残った人びとが「運がよかったから生き残れた」と言うのは、生きていたいと望んでも結果的に死んでしまった人々への思いやりでもあるのではないかと筆者は考えるようになった。その検証については今後の課題としたい。

5　怪我をした父親を負ぶって避難した比嘉トヨの事例

比嘉トヨ（昭和三年生まれ）はもともと津覇で生まれたが五歳ごろに親の都合で西原村に移転してそこで成長し沖縄戦当時は一七歳になっていた。以下は比嘉トヨが語ったことである。

私は戦闘が始まる直前まで日本軍の陣地構築や西原飛行場の建設に従事していたため、戦闘が始まり危険な状況になってから慌てて南部へ避難した。米軍の攻撃は西原より北側方面から向かってきたので、南方面に逃げる他はなかった。年老いた祖母と幼い妹弟は北部へ疎開していた。私は父と父の後妻とその子供と共に沖縄本島南部を逃げ回った。実母は戦前に、私が生まれて一〇カ月位の時病死している。

沖縄本島南部の真壁《まかべ》新垣《あらかき》、国吉《くによし》、米須《こめす》、志多伯《したはく》、喜屋武《きゃん》をさまよった私は、飛行機からの機銃掃射にも慣れてきて逃げ方が上手くなった。飛行機から撃ち落される弾が斜めであることに気づき、斜めに逃げたら弾に当たるが飛行機に正面から向かって行けば弾に当たらないと分かり、思い切って飛行機に正面から向かって行った。

機関銃や迫撃砲[32]が雨あられのように降り注ぐ中、怪我して

図25　迫撃砲　沖縄県公文書館所蔵

歩けなくなった父の勝昌《かつしょう》をおぶって三日間歩き回った。死体も踏んで歩いた。あと何分生きられるか分からないような状況であった。

それを見た知らないオジーとオバーが「イェー　カンター[33]　フドゥヤカ　マギサル　チュウーファッシ。イャーヤ　イクチェー　ナイガ。クヌ　ワラベー　チャーガ　スラヤー（ねえ、あんた自分より大きい人を負ぶっているけどあんたは何歳になるの?この子はどうしたものかね）」といって気の毒がっていた。お父さんは「自分を置いて逃げなさい。そしてヤンバルに疎開しているオバーとヤスモリ、チヨ、キクを探しなさい」と言ったが、お父さんを捨ててはいけないと思った。

けがをしたお父さんの顔に太陽があたらないように自分の顔でカタカシテ（陰になるように覆《おお》って）あげた。また油が浮いている水たまりの水も「こんな物でも体の薬になるから飲めェ」といって飲ました（飲ませた）。

沖縄本島南部では爆弾で足も手も失って石敢當[34]のように四角になった人が「助けてください、助けてください」と一時間半位泣き叫んでいた。でも誰も助けることはできなかった。だんだん、こんなところで犬みたいに死ぬわけにはいかないと思った。どうせ死ぬのだったら自分のシマ（故郷、ここでは西原《にしはら》）に戻って死にたいと思った。

それで西原に向かって歩き始めた。その後西原に戻る途中で捕虜になった。喜屋武だったかと思う。だけど、ケガをしていた父は車にのせられ私は歩いて別々の収容所に収容された。その後の父のことは分からない。

当時一七歳であった比嘉トヨは、自分一人でも危うい状況の中、負傷した父親を背負い南部をさまよった。「沖縄に落とされた全部の弾は沖縄本島南部の数か所の集落に集中して落とされた。弾は雨あられのように落とされた。迫撃砲がサクサクと落ちる中を生き残れたのは奇跡だった」と比嘉トヨは自身が生き残れたことを奇跡だったと語った。

比嘉トヨは捕虜になった後、馬天《ばてん》から船に乗せられて北部の収容所に連れて行かれた。「途中、船から自分で海に落ちていく人々もいた」と比嘉トヨは語る。

第四節　中城村（津覇・奥間）に留まった人々

（新垣トヨ、大城為一、玉那覇千代子、仲田文、比嘉千代、比嘉ハツ子の証言）

津覇では食糧や身の回りの品物を各自で準備できるほどの経済的な余裕がない人たちは、沖縄本島北部への疎開をあきらめなければならなかった。

沖縄本島南部への避難が多いのは津覇国民学校に駐屯していた日本軍の指示によるものであった。しかし、老人や子供がいる家族、または女性だけの家族などは沖縄本島南部への避難もできず、津覇の近くの壕や墓に身をかくす以外に方法がなかった。

津覇近辺に残っていた男性は老人と子供だけであった。津覇近辺に残った戦争体験者はその時のことを「経済的に貧しくて沖縄本島北部へ疎開するための準備ができなかった」「沖縄本島南部へ避難するにしても年寄りと女子供だけで逃げることもできなかった」という意味のことを口々に語る。また、「どうせ死ぬのだからせめて　ウヤ　ファーフジヌ　メンセール　トゥクル　ウティ死ニブサン（ご先祖様のおられる墓か地元で死にたい）と考えてもいた」との声が聞かれる。

1　奥間に向かう山の中腹にある壕にいた人々

これまで津覇の住民たちが沖縄戦の体験を語ることが少なかったため[35]、その様子はあまり知られて来なかったが、激戦となった他地域で起こっていた集団での自殺行為を計画していたことが、津覇にもあったことが証言されている。

（1）　新垣トヨの場合

新垣トヨは家族のことと戦闘が始まる前のことを次のように証言した。

私の一番上の兄さんの奉徳《ほうとく》（大正七年生まれ）は大阪の軍需工場で働き、次男兄さんの奉榮《ほうえい》（大正九年生まれ）[36]は招集されて外地ブーゲンビル島に、姉さんの光子（大正一四年生まれ）は大阪の紡績工場へ働きに出ていた。残された私とお母さんは空爆で家を焼かれたため、お母さんの実家（屋号八丸《はちまる》）に身を寄せていた。

昭和二〇年三月二三日、区長さんが山に逃げるように言ってきた。「艦砲ヌ　チューンドォーヘーク山ンカイ　ヒンギレー」と言っていた。その日は朝からスーチカー（正月に豚をつぶして塩漬けにした豚肉）で肉汁を料理していた。そして肉汁のナベを持って家々のシマダケ（細めの竹）の垣根の間をくぐり抜けて山の壕を目ざした。

このようにして当時区長であった呉屋常来《ごやじょうき》さんの呼びかけ[37]で津覇の隣の奥間《おくま》集落に面した壕に私たちの家族はみんな七人で避難した。[38]

はじめは屋号新屋《みーやー》の壕に入った。そのあと屋号八丸の壕に移った。暗くなってから壕の入り口に置いてあったナベを取りにいったら肉汁はすっかりくさっていた。昼間は空爆があるので壕の中にかくれ、夜になると家に戻って料理するなどしていた。壕での生活は非常に窮屈で厳しく、持参してきた黒糖をかじったり近くを流れるシージュ小《ぐゎー》（溝《みぞ》）の水をすすったりして暮らした。

新垣トヨの証言、山に逃げだした日は朝から張り切って肉汁を料理していたということからは、住民にとってはありふれた日常が展開される中で、突然空襲や艦砲射撃が始まったという状況が分かる。さらにトヨは続ける。

壕での生活はきびしく、八丸の伯父さん（斎喜《さいき》・六〇歳くらい・トヨの母親の長兄）は「墓を開けてきようね（こようね）」と言って先祖代々の墓を開けに出かけたまま帰って来なかった。墓を開けるということは、そこでみんな一緒に死ぬということであった。[39]

集団での自殺を考えていた者たちが中城村字津覇にもあったことを示す証言である。墓を開けに行った八丸の伯父・斎喜がすぐに戻っていれば、トヨらはそこで家族そろって自殺していたものとも考えられる。少しの差でトヨらは生きのびることとなった。因みに斎喜は先に捕虜になっていて泡瀬《あわせ》の収容所で再会を果たしている。

2　津覇国民学校裏の山で隠れていた人々

大城為一および玉那覇千代子らは津覇国民学校（現在の津覇小学校）西側の山の中腹に壕を掘りそこに潜んでいた。為一の場合、父・為真《ためしん》（大正三年生まれ、戦死）は防衛隊に入隊し、母タケ（大正五年生まれ）は賀谷部隊所属の炊事婦として軍と行動を共にしており不在であった（その後母のタケは浦添《うらそえ》の前田《まえだ》で戦死している）。為一は祖父母、妹と一緒に富里《ふさと》の拝所近くの壕に隠れていた。次の図26は為一らが隠れていた壕付近の図である。

3　米軍の上陸

昭和二〇年四月一日、米軍は沖縄本島中部の西海岸に

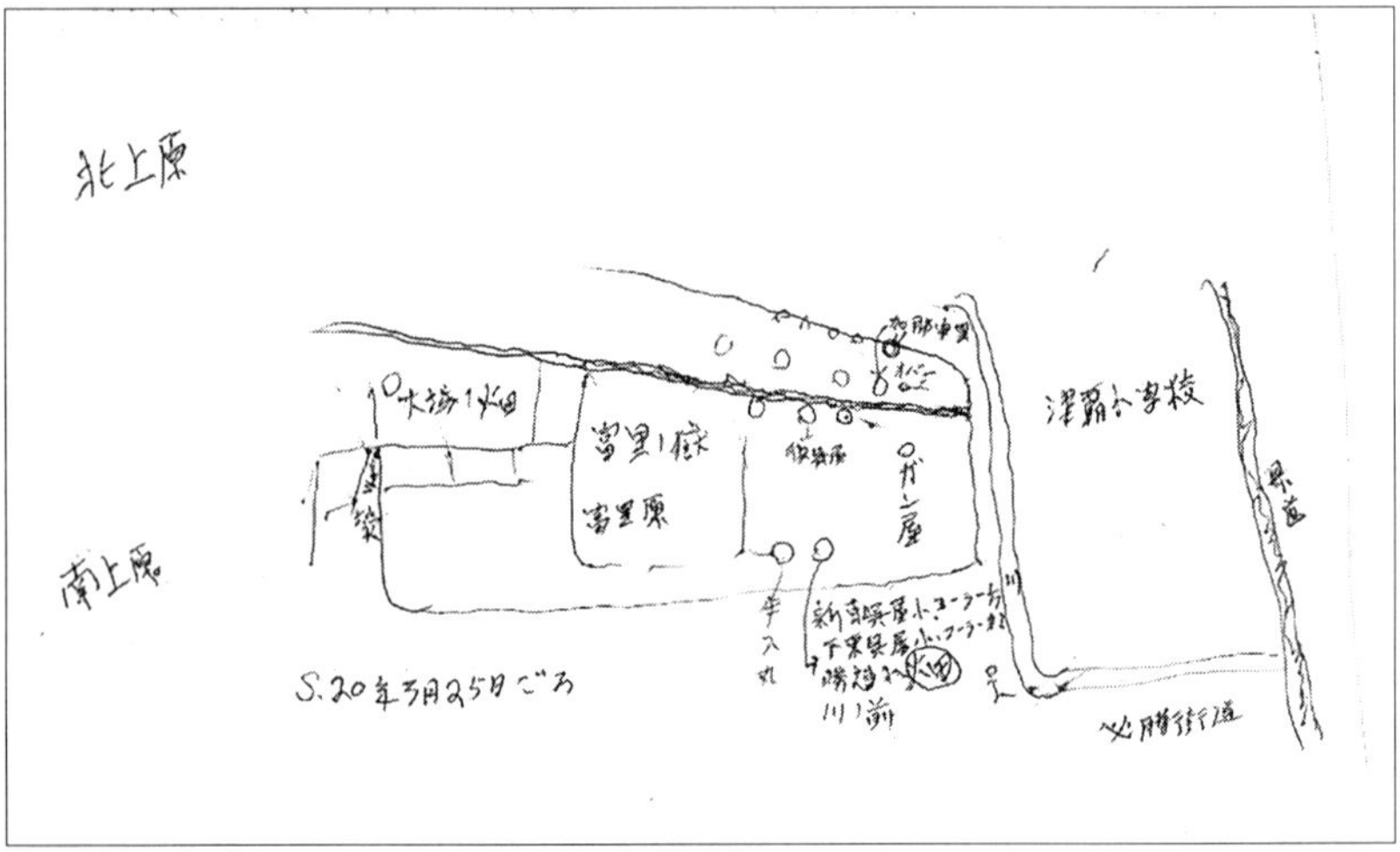

図26　大城為一作図　2019年7月25日作図・昭和20年（1945）3月、為一らが潜んでいた壕の附近の図

位置する嘉手納《かでな》海岸から上陸した。しかし日本軍は米軍の陽動作戦により、主上陸は沖縄本島の東海岸に位置する具志頭港川《みなとがわ》から上陸する可能性があると考えていた。[40]さらに米軍上陸に際し、水際作戦を取るのではなく上陸を許した後に持久戦で迎え撃つという作戦を立てていた。[41]

だが、米軍と実際に交戦した部隊のうち石部隊の賀谷部隊長は西海岸から米軍が上陸すると判断し[42]一月三一日には、越来村《ごえくむら》に移動し、その後転々とした。その後は独立歩兵第14大隊等が津覇国民学校に駐屯した。

賀谷部隊が津覇国民学校に最初に駐屯していた時には民家も兵士の宿泊場所になっていた。そのため賀谷部隊と住民とは気持ちの上で絆のようなものが生まれ、良好な関係を築いていたことが住民の証言から分かる。

4　投降を呼びかける米兵たち

昭和二〇年四月四日、五日になると、新垣トヨらが隠れていた奥間集落近くの壕には、米兵たちが壕に隠れていた住民を収容するためにやってきた。「カマーン、カマーン」と呼びかけられるがこわくて誰も壕から出ることはなかった。その声についてトヨは次のように証言する。

英語を習ったことがなく知らないから英語の「カマーン」を名前の「カマー」とかんちがいし奥間の人たちはカマーさんが多いんだなと思った。

新垣トヨの証言から、それまで英語を全く聞いたことがなかったこと、聞こえてきた「カマーン、カマーン」という英語の発音を、自分たちが知っている音に置きかえて理解しようとしていた様子がみえる。

そして、先に壕から出て助かった者たちは近くの壕にいた八丸のトヨらにも呼びかけた。先に壕から出た人々の「ハチマルシンカヌチャー　ウンジュナーターン　ヘーク　ンジミソーリヨ（八丸の皆さんも早く出てきてくださいよ）」という声にはげまされてトヨらは壕から出た。

以下はトヨの証言である。

壕から出るのがこわいから一番年寄りのオバーを先頭にゆっくり出た。米兵たちが「カマーン　カマーン」とせかすように呼びかける中、オバーは津覇言葉で[43]「ンジーサ　ヒャー（出るってばよ）」と大声を出した。オバーが怒っているのが分かったのか米兵たちもいきり立って銃をかまえていた。

出てみるとそこには五〇〜六〇人くらいがいて、米兵たちが銃を構えて見張っていた。そうやって私たちも捕虜になった。

トヨらが米軍に収容され捕虜になった時期は、中城村、北上原の161．8高地[44]や南上原の155高地[45]（糸蒲の日本軍の壕）での米軍と日本軍との激戦があった時期と重なる。そのような時期であったことから生きていられるという保証はなく恐怖と戦いながらの投降であった。

先に壕から出た人々が次々と呼びかけて壕から出た。普段からよく知っていて親しい仲であった信頼関係が、恐怖の中にも壕から出ることを決心させたものと考えられる。

さらにトヨらがかくれていた壕には日本兵が一人もいなかったということも壕から安全に出ることにつながった要因であろう。このことは南部へ避難した人々の証言から推しはかることができる。[46]

ところで、奥間に向かう山の中腹の壕にいた人々が、壕から出ていくきっかけを作ったのは津覇の屋号仲門《なかじょう》の珍良《ちんりょう》オジーというタバコ好きなオジーであった。そのオジーのことは津覇ではよく知られている。なんでもアメリカ兵たちが二度目に「デテコイ、デテコイ」と壕から出るように呼びかけた時、アメリカ兵たちは口笛を吹きながら、タバコも吸いながら呼びかけていたということであった。そのタバコの煙は壕の中にも入ってきた。珍良オジーはそのタバコの煙にタバコを吸いたいという気持ちがわいてきて「イーヌ死ぬシルヤル。ナー　チュケーン　タバク小フチカラ死ぬシルマシ（どうせ死ぬのだからあと一回タバコを吸ってから死んだ方がいい）」と思い、フジョウ小（キセルなどが入ったタバコを吸うための道具）をもってアメリカ兵の前に出ていった。するとアメリカ兵はオジーを殺すどころかタバコをくれた。それでオジーは人々を壕から出すのに協力をして壕の一つひとつを訪ねては壕から出るように促した。そして次々に呼びかけて壕から出ることになり、その結果、奥間に向かう山の壕にいた

図27　新垣良盛（昭和19年7月10日生）珍良オジーの孫、2021年撮影（久志）

人々は捕虜となり、命をつなぐことが出来たのであった。

さて、筆者は珍良オジーの人物像をもっとよく知りたいと思い、珍良オジーの遺族のもとを訪ねた。珍良オジーの孫息子、新垣良盛《りょうせい》の妻勝子は「地域の人からオジーが戦争中にタバコを吸いたいと思ってアメリカ兵の前に出て行って、その結果奥間の壕にいたみんなを無事に助けてくれたということを何度も聞いたよ」と話してくれた。

図27の良盛は珍良オジーの孫である。良盛の父の珍盛《ちんせい》は良盛が生まれたときは召集されていた。珍盛は生まれた息子の顔を見るために一旦は家に帰るもすぐ部隊に戻りその後南部で戦死している。珍盛の写真は一枚もなく良盛は父の顔を知らない。また、残念ながら珍良オジーの写真も一枚もない。

当時は出征前に急いで結婚して跡継ぎを産むということが多かったのだが、珍盛もまたその例にもれず急いで結婚し息子をもうけていた。珍盛の妻は戦後もそのまま嫁ぎ先に残り、夫の忘れ形見の良盛を立派に育て上げたとのことであった。

5　大城為一の場合

津覇国民学校の西側の山の中腹にいた大城為一《おおしろためいち》や玉那覇千代子《たまなはちよこ》らは津覇の今でいう有志幹部[47]の人たちの呼びかけで壕から出て捕虜になり命をつなぐことができた。以下は為一の証言である。

自分たちがいた壕とその近くの人たちはほとんど無傷で捕虜になった。ただ屋号加那安里《かなーさとう》のオバーは龕屋《がんや》の前に倒れていてすでに死んでいた。オジーは腕にケガをしていて、傷のところがくさりハエがたかっていてくさかった。そのあと死んでしまったはず。自分たちは、津覇の、今でいう有志幹部の皆さんが「壕から出てくるように」と回ってきて呼びかけたから壕から出て捕虜になった。

図28　龕屋、写真は津覇小校裏の龕屋、2018年6月撮影（久志）

このように為一と近くの壕にいた人々は五月ごろ無事に捕虜となった。ここでもやはり地域の人の呼びかけが捕虜となる決心をさせた要因であることが伺える。為一によれば「まだ南部では戦闘が続いており砲弾の火はまるで花火のように見えた。そして戦闘の音が収容所のある（現在の沖縄市の）古謝《こじゃ》まで聞こえていた」と言う。また、161．8高地および155高地からトヨらの壕、為一と千代子らの壕まで距離にして約1km以内の範囲である。ほんの少しの距離の違いで生死が分かれるということを示している。

以下は新垣トヨ達が捕虜になった後、米軍の大型トラックに乗せられ運ばれた時の証言である。

はじめは全員まとめて殺されるかと思い怖かった。大型の軍用トラックに乗せられて泡瀬に行く途中、安里川《あさとがわ》（現在ラポール保育園があるところの川）で降ろされた。その川は水が干上がっていた。「そこでまとめて殺されるのか」と怖くなった。

泡瀬に到着してからもまだ恐怖心はおさまらず、海に流して殺されるのだろうと気が気でならなかった。

捕虜になりはしたものの、不安や恐怖心が続いた様子がみえる。新垣トヨらが捕虜になり泡瀬の収容所にいた頃、北上原《きたうえばる》、南上原《みなみうえばる》では厳しい戦闘が繰り広げられている最中であった。

以下は新垣トヨの証言である。

米軍の軍艦で海が真っ黒になるくらいのところへ日本軍の特攻隊の飛行機が米軍の軍艦をめざして飛んでくる。だけど米軍の軍艦はサーッと離れて日本軍の飛行機がただ海に落ちていくのを見た。

日本兵の死体が泡瀬の海に浮いているのを見てせめて陸に上げて埋葬したいと思っても、米軍の兵士が銃を構えて見張っているためそれはできないことであった。さらに二度殺しをするのかと思ってとても怖かった。

以上の光景に一五歳の少女であった新垣トヨは、死体を見ても埋葬すらできないことに心を痛め、残酷な光景に恐怖を覚えた様子が分かる。

6　捕虜になった日本兵に声掛けをする老婆たち、「命どぅ宝」

新垣トヨは捕虜になった時、アメリカ兵に連れて行かれる日本兵に声を掛ける老婆たちをみた。以下はトヨの証言である。

オバーたちは日本兵に「イクサヤ　マキタシガ　カンナジ　ヤーンカイ　ケーユンドー　ヌチドゥ　タカラドー（戦は負けたけど、必ず家にかえるんだよ、命こそが宝だよ）」と声をかけていた。日本兵たちはウチナー口が分からないから「このおばあさんは何を言ってるのか？」と聞くので、「戦争には負けたけど、必ず家に帰りなさいよ。命こそが宝だよ。」と言っていると教えてあげた。

オバーたちは日本兵たちが戦争に負けたことを気にして自殺するのではないかと心配したのだと思う。実際サトウキビ畑で死んでいる日本兵もいたから。

この証言は日本兵の行く末を案じた老婆たちの思いやりを感じさせる事例である。太平洋戦争前の天皇を頂点とする教育勅語体制下の教育を受けた当時の若者たちと違い、同教育を受けてない高齢者の間にはギャップがあったのであろう。

すなわち軍部の論理により国のために尽くすことがよいことで、捕虜になるくらいなら死を選ぶという考え方であった若者らとはちがって、高齢者は命を大事に思う昔からの生き方に関する考えを持ち続けていたということだ。

老婆たちは敗戦でがっかりしている日本兵に対し「ヌチヌ　アティル　ヌーン　ナユン（命あっ

てこそ何でもできる)」という言葉を掛けて無事に故郷に帰ることをすすめたのである。

また、「ヌチドゥ宝」というフレーズは戦後になって使われるようになったと言われるが、新垣トヨの証言から戦前のオバーたちはごく自然に使っていたことが明らかになった。

7　玉那覇千代子の場合

玉那覇千代子(昭和八年生まれ)は現在の津覇小学校の西側の山の中腹にある壕に親戚と一緒に隠れていた。そこにアメリカ軍が投降を呼びかけてきたとき、千代子たちは怖くて出るのをためらっていた。しかし千代子たちは壕から出る決心を固めた。その時のいきさつを次のように語った。


壕にいたら津覇の当時の有志であった人々が投降の呼びかけをした。それで壕から出ることになった。一緒にいた近所のチヨ姉さんがアメリカ兵に「壕の奥から服を持ってきていいですか、このままだと汚いからお願いします」と手ぶりで言ったけど「ノー、ノー」と大声で断られた。

私は壕に来る前、家にいた時に、破片が太ももに当たっ

図29　玉那覇千代子(昭和8年生まれ、当時12歳)2021年撮影(久志)

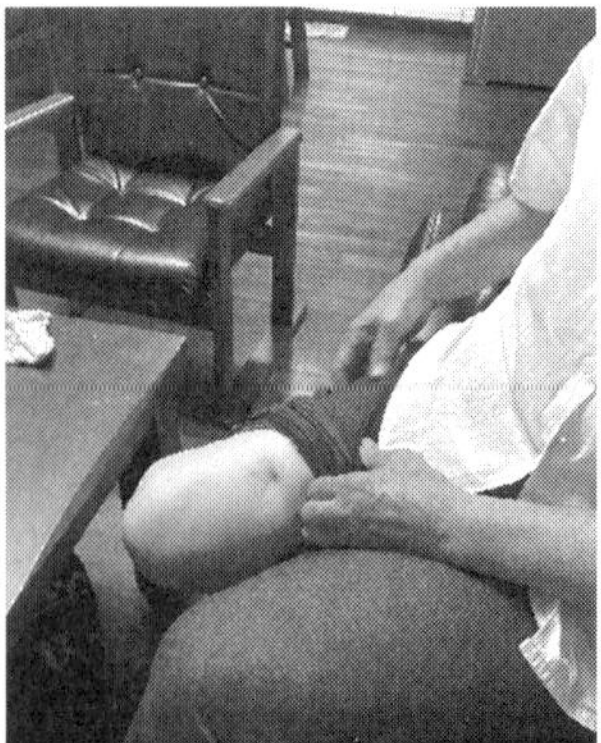

図30　玉那覇千代子のけがの跡

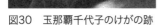

て抜けていった。

家でケガをして動けなくなっていたとき、区長の呉屋常来さんが私を負ぶって壕まで運んでくれた。

私はけがをしていたから捕虜になったあとで胡屋《ごや》（沖縄市）の病院に連れていかれた。そこには津覇の大城千代さんなどもいた。同じテントの中のベッドに寝かされていた。

千代子は壕から出ることになったいきさつを右のように語った。壕をでるのにカギになることは地域の有志の人々が声をかけたことが大きかったことを示すものである。

図30は千代子が破片を受けた際にできた傷を映した写真である。右太ももから入りそのまま出ていったとのことである。破片が体の中にとどまらなかったのが幸いした。

8　仲田文の体験例

仲田文は当初祖父、祖母と三人で親戚の者たちと一緒に南部へと避難を始めていた。母親と妹は文たちとは別に逃げていた。

ワッターヤ　ハジメーテ　三月に南部ンカイ　ヒンギーンディ　ソータンヨ。ヤシガ　アメリカが上陸ソーンディィル情報ヌ　アタクトゥヨ「ナー　ナランムン　ウヤファーフジヌ　メンセール　シマンカイ　ムドゥティ　ウマウティ　ンーナサーニ　死ナヤーンディチ

イェーカトゥ　マジョーン　チュトゥクル　ナカ　アチマトーカヤー」ンディチ　津覇ヌウヤファーフジヌ　墓ンカイ　クマトータンヨ。アンサクトゥヨ　ムラヌ　幹部ヌチャーガヨ「ウンジュナーターン　ンジティ　キミソーリヨ」ンディ　ユタクトゥ　墓からンジティ捕虜ナタル　バアテー。

（うちらは最初はさ、三月に南部に避難するといって歩きだしていたよ。だけどアメリカが上陸してきたとの情報があったからさ「もうだめだ、助からない。こうなったらご先祖様のおられる墓でみんな一緒に死のう。」といって津覇に戻り「親戚みんなで一緒に集まっておこう」といってご先祖さまの墓に籠っていたよ。そしたら津覇の幹部の皆さんが「あなた方も出てきてくださいよ」と言ってきたから墓から出て捕虜になったわけさ。）

仲田文の証言から津覇でも集団で自殺することを計画していた者たちが存在していたことを示している。そして思いとどまって墓から出て捕虜となることになったのは、同じ津覇集落の幹部たちの呼びかけがきっかけであることがわかった。

第五節　捕虜になってから収容所での生活

捕虜になった場所や性別、負傷していたか否か等によって捕虜になった後の収容所が分けられた。以下に南部へ避難した人々と中城村に留まった人々の収容所を整理した。

①［新垣隆永のグループ］
知念山里《ちねんやまざと》の民家・サーター屋・龕屋《がんや》⇓中城村字当間の海岸近くのテント屋（テント村）⇓津覇国民学校⇓現在の津覇の構造改善センターのテント⇓各家庭

②［比嘉キクの家族］
喜屋武の手前の伊敷《いしき》で捕虜⇓宜野湾の野嵩《のだけ》地区⇓希望して北部ヤンバル⇓現在の津覇の構造改善センター（和宇慶には一九五九年まで西原飛行場・与那原《よなばる》飛行場があったため立ち入り禁止となっていた。）

③［比嘉トヨ］
南部（喜屋武）⇓辺野古《へのこ》の収容所⇓嘉陽《かよう》⇓久志《くし》⇓二見《ふたみ》⇓宜野座《ぎのざ》⇓惣慶《すうき》[48]、漢那《かんな》
（比嘉トヨの父・比嘉勝昌《かつしょう》は負傷していたため野戦病院へ送られその後死亡したと思われるが遺骨は今も見つかっていない）

④［中城村に留まっていた人々］
泡瀬《あわせ》の一時収容所
新垣トヨ：現在のうるま市中塩屋《なかまーすやー》の民家⇓津覇の現在の構造改善センターのテント⇓各家庭。
大城為一・玉那覇千代子：現在の古謝《こじゃ》の民家⇓現在の津覇の構造改善センターのテント⇓各家庭。

以上のことを次の第1項でもう少し詳しく述べる。

1　新垣隆永のグループ

南部へ避難した新垣隆永のグループはシチャカンチャ（志喜屋《しきや》）で捕虜になった。その時のことを直子は次のように証言する。

シチャカンチャの岩山の中腹のガマに隠れていたら山の上から「殺すことはありませーん」「どうぞ出てきてくださーい」と二世が大きな声で話してきた。スー（主、隆由）が降参の印として右手を挙げて「ワンガ　クルサリーネー　イッターン　サリーシガ　マジヤ覚悟シ　ウーティ　クーヨーヤ（わしが殺されたらみんなもやられると思うが、まず覚悟してついてきなさい）」といってガマから出ていった。出ていったら何もされなかった。

このように隆永たちは捕虜になって山里のムラ（集落）に行き、焼け残ったサーター屋や龕屋に入った。新屋敷はサーター屋に喜友名小は龕屋に入って過ごした。ここでの生活で一番こわかったのはハブであった。ハブが屋根から落ちてくることもあった。

しばらくしたら中城の人たちは中城の当間の下のヤードゥイのテント屋（当間の東側にある屋取りのテント村）に移動した。津覇に一時収容所ができるまでの間、当間のテント屋で暮らした。図31は現在の志喜屋近辺の様子であり、図32は現在の山里公民館の写真である。

図33は知念半島に開設された収容所の地図であり、図34は中城村字当間《とうま》に開設されたテント村の位置関係を示したものである。また、図35は新垣隆永のグループが戦後を過ごした中城村当間のテント屋の様子を示したものである。

２　比嘉キクの事例

比嘉キクは捕虜になってからのことを次のように語る。

自分たちは喜屋武の手前の伊敷《いしき》で捕虜になった。最初米軍の水陸両用の車に乗せられて北谷《ちゃたん》に着いた。そのあと宜野湾の野嵩《のだけ》の収容所に連れて行かれた。だけど「ヤンバルにはシマンチュ（ここでは和宇慶の人）がいっぱいいるらしい。シマヌチュヌチャーンカイ　イチャイガ　ヤンバル　カイ　イカナ（故郷の和宇慶の人に会いに北部へ行こうよ）」と大人たちが言うので北部の方へ希望して行った。だけど、ヤンバルには食べ物もないし家もなかった。木の枝で柱と屋根をふいて床には木の葉を敷きつめて過ごした。「ウヮーヌ　グゥトゥシ（まるで豚みたいに）」。そのまま宜野湾の野嵩にい

図31　シチャカンチャ
2018年6月撮影（久志）

図32　旧知念村山里
2018年6月撮影（久志）

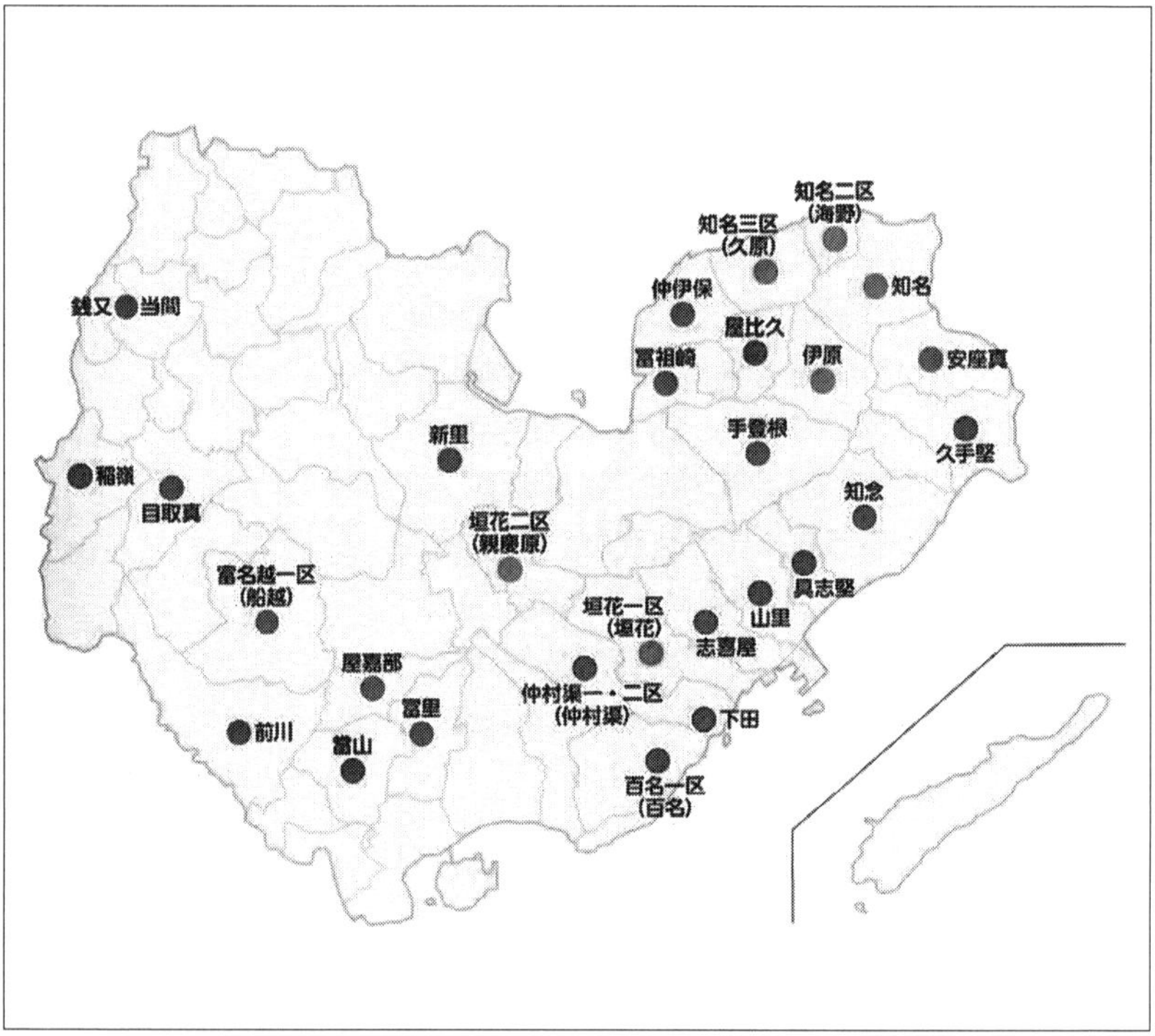

図33　知念半島に開設された収容所　南城市教育委員会『南城市の沖縄戦』資料編2020年640頁より転載。

図35　中城村字当間のテント屋の図『中城村史』第４巻戦争体験編404頁より転載。

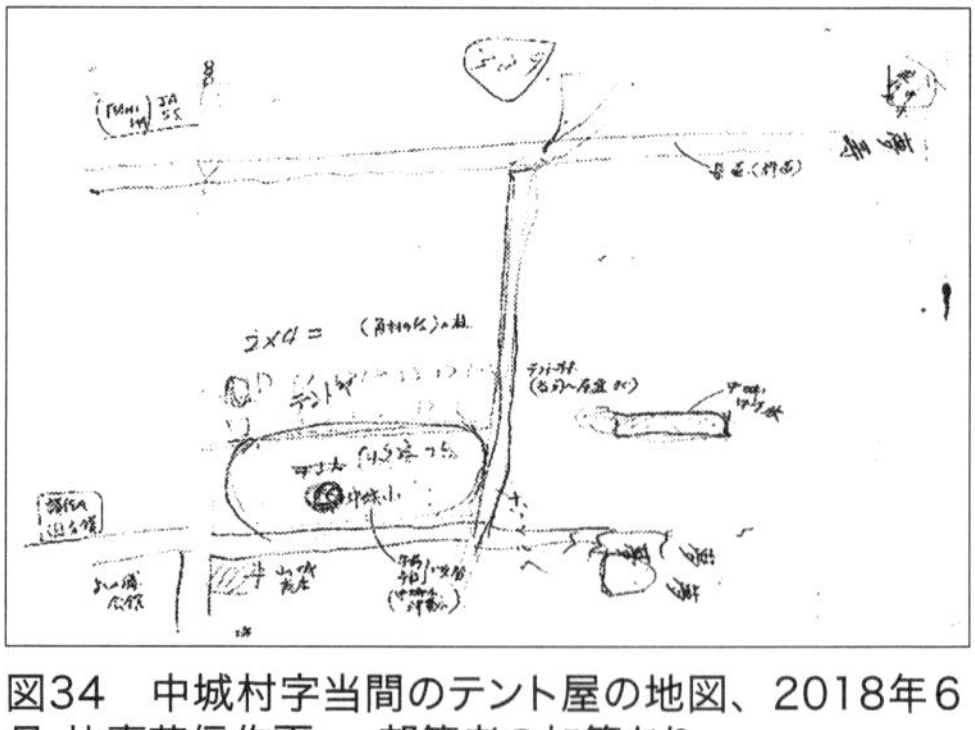

図34　中城村字当間のテント屋の地図、2018年６月、比嘉英信作画、一部筆者の加筆あり

たらクヮッチーしたのに（たらふく食べたはずなのに）。

以上のようにキクは回想する。ここでも入り混じる情報の中でどの情報を選ぶかでその後が左右されたことが分かる。しかし、その当時は何がいいのかは分からないのが実情であった。

捕虜になってからの生活では特に北部の収容所での食べ物や住居には困っていた状況が分かる。

３　比嘉トヨの例、比嘉キクと比較して

比嘉トヨは食べ物のことで次のように語る。「北部での食べ物で一番ダメなのは海の藻だった。臭くて食べられるものではなかった。」と。それに対してキクは食べ物に関してつぎの通りに語った。「ワッターヤ（うちらは）藻までは食べなかった。うちのオトーが宜野座《ぎのざ》の人の畑を借りて芋を植えてカンダバー（芋の蔓）を食べたよ。」

比嘉トヨは南部で捕虜になるときに、ケガをしていた父とは別々に収容されたのに対し、キクは父親を含む家族が一緒で避難生活の条件が良かった。キクの父親はもともと指物大工だったので、カンジャーヤー（鍛治屋）で働くようになり材料をもらってきて屋根や床を葺いて人並に暮らした。

一方で比嘉トヨは南部で捕虜になったあと馬天《ばてん》から船に乗せられ北部の収容所（辺野古）に連れていかれた。比嘉トヨは捕虜になって馬天からヤンバル（北部）に連れていかれたときのことを以下の通りに証言した。すなわち、

戦闘が始まる前に北部へ疎開していた祖母や弟、妹に会うため情報を集めていた。そして漢那《かんな》という集落の収容所にいるらしいとの情報を入手したが収容所から出ていくことは禁じられていた。そこで知恵をしぼって漢那までCP（民間の警察官、沖縄人）の目を盗みながらたどり着いた。CPに「お前どこの者か」と問われたら「辺野古の者です」とか「二見《ふたみ》の者です」などその地域の者であるかのように言い訳しながらやっとのことで漢那にたどり着いた。

漢那で配給所を探して「比嘉カマー、ヤスモリ、キク、チヨはどこですか」とたずねたところすぐに見つけることができた。

オバーは私を見て「イヤーヤ　キクルヤンナー（あんたはキクなのか?）」というので「ワンヤ　トヨル　ヤンドー（私はトヨだよ）」と答えた。キクは途中ではぐれたようであった。

オバーは海の潮水を汲んできて缶詰の空き缶で塩を作っている最中であった。南部でオトーはケガして別々に収容されたことなどをオバーに話して聞かせた。

比嘉トヨの証言で分かるが、いくつかの偶然が生と死とを分けたのである。祖母とはぐれた比嘉トヨの妹のキクと、負傷していたため比嘉トヨとは別に車に乗せられた父親のその後のことは不明である。

4　中城村に留まった人々

（1）新垣トヨの例

新垣トヨの証言によると次の通りである。

　私たちは、現在のうるま市の中塩屋《なかまーすや》の民家一軒に三家族で暮らした。そこはハシル（戸板）で仕切られただけの仮住まいであった。一番座に私たち八丸のチネー（家族）八人、二番座に下東比嘉《すむあがりひじゃ》のチネー、下《すむ》には別の地域の人たちがいた。

　瓦葺《かわらぶ》き家《や》で庭に井戸もあった。家主は北部へ疎開したか南部へ避難したか生きているのかどうかも分からなかった。[49] 二年くらいその家で暮らした。

　そのうち基地内でのランドリーで洗濯やアイロンがけをして生計をたてた。伯父の斎喜は掃除の作業に出かけた。現金の支給はなかったが二人分の米の支給があった。それで普通のご飯を炊いて食べることができた。他の人はおかゆを食べていた。

このように収容所での食べ物に関しても、一人ひとり経験が異なる。中部の収容所では食糧事情は良好であったようだ。

以下は新垣トヨの証言である。

　アメリカの兵隊たちは食べ物を簡単に捨てるから、ヤンバルから食べ物を拾いに来る人たちがいた。米軍は食べ物を少しだけ食べて捨てたり、箱ごと開けもしないで捨てたりすることがあったからヤンバルからゴミ箱の食べものを漁《あさ》りに来る人たちがいた。

新垣トヨが証言したことは、第四章のハウスメイドの話の箇所で後述する比嘉キクの証言と一致している。すなわち北部ヤンバルの収容所に収容された人々が、中部のアメリカ軍のチリ捨て場に食べ物を拾いに来たことを示すものである。[50]

図36の網掛け部分は、新垣トヨのグループが住んでいた地域である。民家の家主が北部へ避難し空き家になっていたのを収容所として使用していた。泡瀬の収容所からトゥールガマ[51]と言われるところを通って、現在のうるま市中塩屋《なかしおや》に移動した。そこの空き家となっていた民家に三家族で約二年間暮らした。

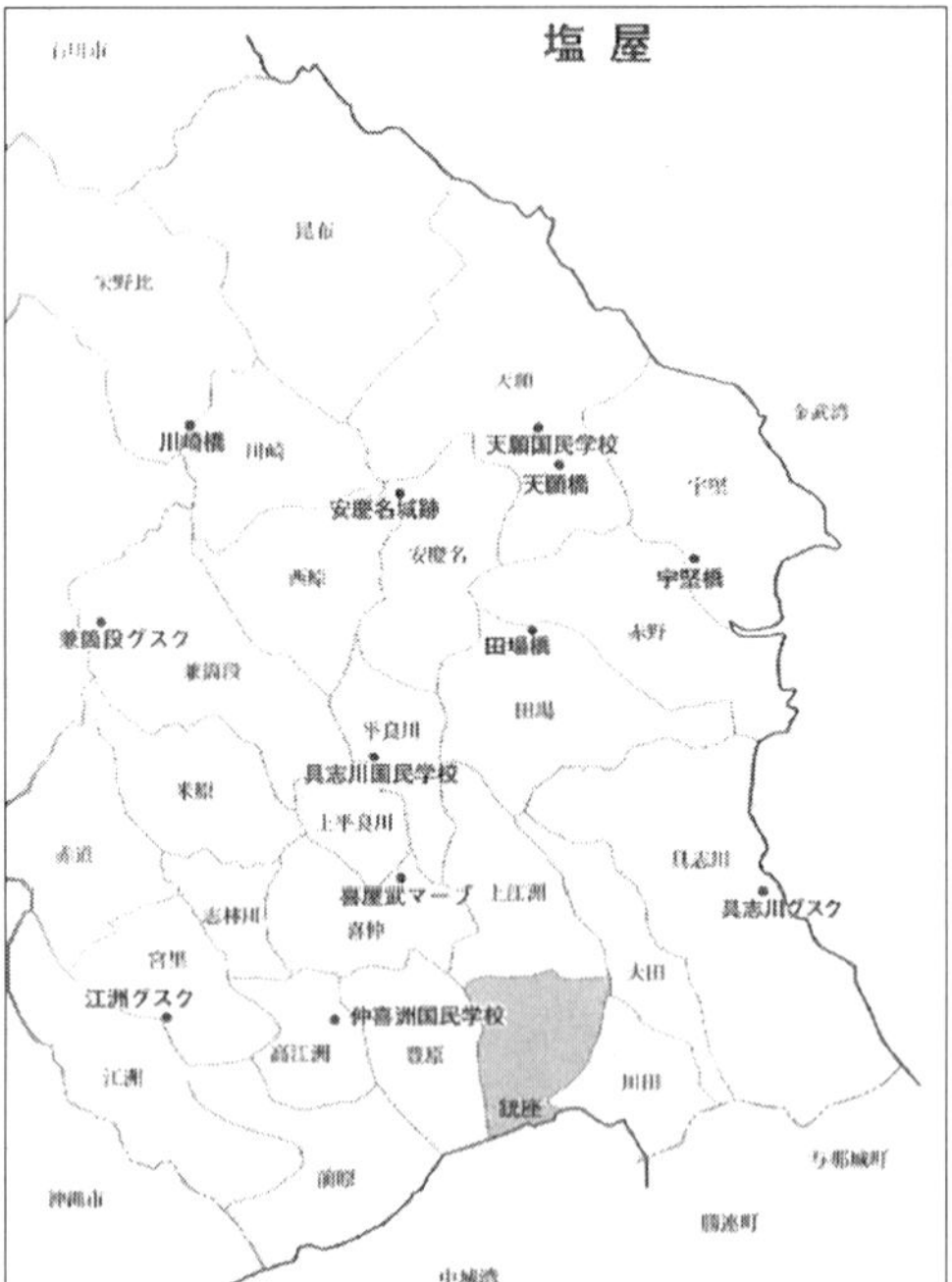

図36　塩屋、現在のうるま市。網掛けの部分が塩屋
『具志川市史』第5巻戦争編戦時体験Ⅰより転載

図37はトゥールガマの写真、図38は新垣トヨと姉の比嘉光子の戦前の姿である。戦後、アルゼンチンに出移民していた光子が保管していて再渡航の際に持って来た。トヨにとって戦前の写真で残っている唯一の写真である。

中塩屋での新垣トヨの経験であるが、「芋を掘りに芋畑に出かけた時、畑の中に布団が敷いてあり、家族のように見える四人が寝ているように見えた。よく見ると死んでいたのであった。南部ではまだ戦闘が続いている時期のことである。」中部でも何らかの理由で家族が死を選ばなければならなかった人々がいたことを示す証言である。

新垣トヨは、前にも述べたようにアメリカ軍の基地内にあるランドリーの仕事についた。アメリカ兵の軍服や靴下、シーツなどを洗濯してアイロンがけをするまでが仕事であった。仕事場には、中塩屋の民家から約一キロメートル離れた高江洲《たかえす》国民学校（現在のうるま市立高江洲中学校）に歩いて行き、そこで集合してローバーと呼ばれる車に乗せられて出かけた。

トヨの仕事場は北中城《きたなかぐすく》村石平《いしんだ》、瑞慶覧《ずけらん》を通って、北谷《ちゃたん》町、嘉手納《かでな》町、読谷《よみたん》村などにあるアメリカ軍の基地の中のランドリーであった。

以下は新垣トヨがその様子を証言したことである。

一緒に働いていた人の中に北中城村安谷屋《きたなかぐすくそんあだにや》のオバサン（親戚ではないが親世代の女性をそう呼

図37　トゥールガマー近景（うるま市前原）2019年２月撮影（久志）

図38　戦前（昭和14年頃カ）のトヨと姉の光子（大正14年1925生まれ）、光子の卒業式、津覇尋常小学校にて、新垣トヨ提供

ぶ）がいて親しくお話をしながら楽しく働いた。アメリカ軍の兵士たちは私（トヨ）とそのオバサンには良くしてくれて、菓子などの食べ物を一番先に与えてくれた。

アメリカ兵の中でも新兵たちは私達に国に残した家族のことをよく話してくれた。英語は習ってないが何度も話している内におよその意味は分かるようになった。アメリカ兵は「自分もベイビーもマーマー（妻のこと）も国において来た」と言い涙を浮かべることがあった。私はそんな米兵をみて「戦争は勝った国も負けた国もなく、みんな同じようにナンギ（苦労）しているのだな。」と思った。アメリカ兵の中にはそのあとどこかへ行き戻ってくることがない者も多かった。

トヨは国に残してきた妻と子供のことを、なつかしそうに涙ながらに話すアメリカ兵を見て、戦争は戦勝国も敗戦国も同じように若者を苦しめるものなのだと知った。アメリカ兵たちは沖縄から朝鮮半島の戦場にでかけたものと思われる。戦いに出かける兵士の胸のうちはどうだろうかと思うと複雑な思いになる。

(2) 大城為一の例

以下は泡瀬のテント村から今の沖縄市古謝にある民家に連れて行かれた大城為一の証言である。

五月ごろ捕虜になった。古謝で四～五家族が焼け残った一つのカーラ屋（瓦葺きの家）の空き家に収容された。箱で区切られただけであった。その家の人は北部へ疎開したのだと思う。食べ物は芋もあるしKレーション[52]といってアメリカの兵隊の缶詰もあってひもじい思いはしなかった。時には野生化した豚や山羊をアメリカ兵がとってきて食べさせてくれた。

アメリカ兵が一線で着るＨＢＴ[53]という緑色の服を使ってパンツを作った。男も女も同じようなパンツを作った。「アメリカ下《さが》イ（アメリカ軍の戦闘服の払い下げ）」といって戦闘服をそのまま着ることもあった。あとからはアメリカの事務員が着ける薄茶色のカーキー（カーキ）の服もあった。

古謝から具志川の赤道《あかみち》（現在のうるま市の中部病院近辺）あたりまで布団や服、着物などを探しに歩いて行った。そのあと先発隊が先に津覇に戻りテント村を作ってくれたのでそこに入り、あとから標準屋《ひょうじゅんや》といって自分たちで家を作った。

捕虜になった後、中部の収容所に収容された人々は食べ物も着る物もあり比較的余裕のある生活であったことが分

図39　左HBTを着て農作業をする為一（為一提供）

図40　ＨＢＴを加工して作った半ズボンを持つ為一　2022年10月28日撮影（久志）

かる。

捕虜として各収容所に送られた先の状況はそれぞれ異なっていた。中部の収容所に送られた人々は食糧も豊かだとは言えないまでも、ある程度飢えないほどではあった。中部では現金の支給こそはないが、軍作業といって米軍の基地内での作業があり米、タバコ、缶詰などの支給があった。

一方で北部の収容所は食糧事情が厳しく、草の葉や海の藻、ソテツまで食べたという。特にソテツは処理の方法を誤ると中毒死してしまう場合もあった。また北部から中部の収容所や米軍のゴミ捨て場に捨てられた缶詰や食べ残しなどを探しにくるなどの困難な状況があった。宜野湾の野嵩の収容所を出て北部の収容所に移った比嘉キクは後悔にさいなまれた。収容所生活も様々であった。

第六節　従軍した看護要員、炊事婦、学徒出陣

従軍した看護要員（呉屋博子、新垣ヨシ子）、炊事婦（玉那覇春）、「学徒出陣」（與儀繁）

1　従軍した看護要員

1．呉屋博子の証言より

呉屋博子（当時一七歳）は同じ津覇出身の吉田米子・新垣ミネ姉妹、仲村スヱ、仲村ツル子らと共に、津覇国民学校に駐屯していた石部隊の従軍の看護要員に応募した。博子

図41　呉屋博子（昭和３年生、当時17歳）銃を向けるアメリカ兵の様子をまねる　2018年撮影（久志）

は聞き取りをした時点（二〇一九年）では、高齢のため多くを語ることはできなくなっていたが、山の小さな道を通って南部まで日本軍と共に移動したことを話してくれた。以下は呉屋博子の証言である。

米軍が日本兵、住民、大人、子供、老人など区別なしに銃で撃ってきたことは今も忘れられない。「伏せ」しないで立っていた人はみんな撃たれて死んでしまった。雨降りでぬかるんだ道でも「伏せ」をした。

また壕の中にいたらアメリカーが入って来て、そこにいた人はみんな撃たれた。でも私たちは見つからないように隠れて壕から逃げて助かった。

解散命令があって家に帰るように言われたが、どこをどう歩いたか奇跡的に家に帰ることができた。家に帰り着いたとき天地の神様に「ありがとう」と言った。

呉屋博子の証言からは、アメリカ兵が住民も含めて動くものは何でも攻撃の対象として無差別攻撃をしたことが分かる。

２．新垣ミネの娘による証言

新垣ミネ（昭和三年生まれ、当時一六歳）は看護要員として日本軍と共に行動していた。ミネは現在健在ではあるが病を得て口からの食事がとれなくてチューブで栄養を取り、寝たきりで話すこともできない状態である。ミネの娘の川下恵美子（一九五六年生まれ、筆者の幼馴染）が母親から看護要員として経験していたことを聞きおぼえていたので次のように語ってくれた。（但し、ミネの娘の証言とミネ自身が『津覇誌』（二〇〇八年）に寄せた体験記とを総合して記述する。）

お母さんは看護要員として日本軍と一緒に行動していた。呉屋博子さんたちと一緒だった。お母さんの父親は「家族がみんな一緒に逃げたら一家全滅の心配があるから二つに分かれて逃げよう。日本軍と一緒だったら助けてもらえるから安全だろう。娘のヨネ子とミネを看護要員に応募させたら生き残れるかも知れない。」と考えて看護要員になるように勧めたんだって。

でも実際は大変だったらしい。特に終戦が近くなったころ解散命令があってからは大変だったらしい。でも奇跡的に助かった。その時お母さんたちと一緒だった人で小学校の先生であった松田さんという方がいい人で「必ず生きていこう」と言ってくれた。

最後だからと言って人の畑に残っていたキャベツと残っていた少しの米を炊いてみんなで食べた。壕で偶然出会った母校の瀬名波校長先生に言われていたように壕から出るときには「きれいなままだったら何されるか分からないからわざと汚い恰好をしよう。」と言って、髪の毛も治療用のはさみでザンバラに切って、顔にはナービヌヒング（鍋の底の煤）を塗って汚くした。

松田さんはその時身ごもっていたから、アメリカ兵のところに行き「ベイビー、ベイビー」

と言ってお腹を指さした。するとアメリカ兵はもうすぐ産まれるのかと勘違いして担架を持ってきて松田さんを乗せてくれた。松田さんはアメリカ兵が食べものをくれた時も自分で毒見をして安心だとみんなに分からせてくれた。

お母さんたちは松田さんのおかげで死なずに済んだ。「だけど死んでしまった人たちもいるから生き残るきっかけを作ってくれた松田さんには、今でも恩を感じる」と言っていた。

お母さんはハサミなどが入った衛生箱を最近まで大切に持っていた。だけど今はもう処分してしまっている。

解散命令の前にお母さんがいた壕に小さい子供を二人連れた女の人がいたけど、一人の子供は激しく泣くので一緒にいた日本兵に何か言われたようであった。そしてその女の人は子供を連れて壕の外に出ていった。しばらくして戻ってきたときには連れている子供は一人だけであった。おとなしい方の子供だけを連れて戻ってきた。そのことについて、ものを言う人は誰もいなかったという。

また、お母さんはテレビで皇室のことが出ると、急に声にならない声で「天皇陛下万歳」という。もう話すこともできないのにこんな風に反応するなんて、よっぽど当時のことが忘れられないのだなと思うよ。

ミネの娘の川下恵美子ははじめ、筆者が本書にこの証言を書くのを拒んでいた。しかし、母親が経験したことを少しでも文字に残しておくことの意味を考えて筆者に「書いてもいいよ」と言ってくれた。二〇二二年六月二四日に放映されたテレビ番組[54]で大城為一、呉屋博子らの様子を見たことで気が変わったようである。

　その時所属していたグループのリーダーの考え次第で、命をつなぐことができるか否かがかかっているということを世間に知らせていきたいと考えてくれたのだと筆者は理解している。

　図42は新垣ミネ、図43は新垣ヨシ子である。

3. 新垣ヨシ子の体験

　同じく看護要員として日本軍に従軍していた南上原出身の新垣ヨシ子（昭和元年生まれ、二〇二〇年三月の聞き取り時は数え九五歳）は当時のことをはっきりと覚えていた。

　ヨシ子は昭和二〇年、首里高等女学校に在籍する学生で卒業間際の時期であった。学校は昭和一六年入学だがその当時は女子工芸学校という校名であった。昭和一八年頃に校名の変更があり首里高等女学校となった。その理由は工芸学校という校名ではその後の進学に不利になるからということであった。

　以下は新垣ヨシ子の戦争体験のあらましである。

図42　新垣ミネ（当時16歳）、86歳の誕生日、デイケアにての撮影　撮影は2014年頃、川下恵美子提供

図43　新垣ヨシ子（当時19歳）2021年５月撮影(久志)

①　延期された卒業式

卒業の年を迎えたが、卒業式はなかなか行われなかった。ようやく三月二十三日に行われたが小川のほとりでの卒業式であった。四年間も頑張ったのにそんな卒業式であった。卒業と同時に動員されて、看護要員として軍と共に行動することになっていた。私は卒業証書を親に見せたかった。昼に歩いたら爆撃が怖いから安全な夜に首里から中城の南上原まで歩いて戻った。学生の中には首里を出発したまま戻って来ない人もいた。

②　看護要員として従軍する

学校に戻ったらすぐに従軍する看護要員として編成された。七人編成の第一班であった。第一班は首里の近くのナゲーラ[55]というところにあった壕の野戦病院の第1病棟に配属された。班には中城出身五人と西原出身二人が組まれていた。正式の看護婦ではないから治療ではなく、飯上げといって兵隊さんたちに食事の配膳、「水を飲みたい」という方に水をくんであげるなどのお世話係だった。他の班と違ってうちの班には重症のケガ人はいなかった。

③　着替えもない暮らし

三月から六月までの四カ月間、着のみ着のまま、パンツもモンペも着た時のまま着替えもしなかった。顔も洗ったことなくて、汚いけど汚いとも思わなかった。着物にはシラミがいっぱいついてきたないけど気にするひまもなかった。

④ 栄養不良でメンスもなく

栄養不良のままで四カ月を過ごしてメンスもなかったが気にも留めなかった。捕虜に取られてから気がついた。戦後になって友人と出会ったときに思い出し「そういえばなかったね。気にもしなかったね。」と話した。壕で寝る時にも敷物はなく、ただ床でごろ寝したけど苦しいとは思わなかった。今の人と違って知恵もなかった。よくも反抗しないでいられたね。

⑤ 解散命令

五月の中旬ごろ五人ずつ防空頭巾を被って雑嚢（ななめ掛けの小さい鞄、肩から下げるものに包帯だけ入っていた）を持って壕から出された。四～五メーターくらい行ったら「やられたー」と誰かが言ったけれど、夜だから真っ暗で誰か分からない。「伏せ」しながら「次は自分がやられるのか」とだけ思った。高射砲のおびみたいな光が頭の上を通っていった。

⑥ 山の中をさまよう

山の中に差し掛かって、暗い中を上まで行ってどこか分からないが一人でただ歩いていた。木の傍に座っていたら誰かが隣でしゃべっている声が聞こえた。疲れて山の中で寝てしまっていた。

朝八時になったら米軍の出動時間だったのか爆弾が落ちてきた。米軍の空爆は夕方五時には終わり一旦ひきあげるが、夜は軍艦から艦砲射撃があった。ビューッポンという音だった。ビューッとだけ鳴ったら遠くに落ちたものだから安全だと教えられていた。

そして、どこの壕だか分からないがある壕に辿《たど》り着いた。女学生だと知られてそこで手伝いをすることになった。治療とかやったことないけど、傷を負った兵隊さんを消毒してあげた。だけど「痛い、痛い、顔を見たら優しい顔をしているのにもう少し優しくしてほしい」と言うのでよく見たらそれは消毒液のオキシドールではなくクレゾールであった。八時になったらまた空爆が始まるので（消毒を）急いだ。

また、ある曹長らしい兵隊が「衛生兵殿が化膿止め注射をしてくれたが手足がしびれてきた」と言っていた。「あ、モルヒネを打たれたな」とすぐに気づきはしたが本当のことは言えなくて「もうすぐ良くなりますよ」とだけ言ってあげた。日本兵が捕虜になったらスパイになると思われてモルヒネを打たれたのだと分かった。

それで「ここにいては大変だ」と逃げ出した。日本兵が脱ぎ捨てた靴をもらおうと探しながらテクテクテクと歩いた。

⑦　ヤンバルへ

現在のひめゆりの塔近くの自然壕に行くと女学生だということでご飯が貰えた。自然壕では傷ついている人の中に兵隊も女学生もいた。ある日本兵が「与那原《よなばる》は静かだからそこを通ってヤンバルに行く」と言うので、「連れて行ってほしい」と頼んだが「女学生はうるさいからダメだ」と断られた。「いいえ、うるさくしないからどうぞ連れて行ってください」と頼み込んで一緒に連れて行ってもらえた。だけど夜だから何も見えない。すると照明弾が落ちて「伏せ」していたら、もうその兵隊はどこに行ったのかも分からない。一緒にいた女学生もいなくなっていた。もう疲れて眠ってしまった。

⑧　年寄りに見えたアメリカー、二世とのやり取り

翌日になって目を覚ましたらアメリカーと二世がいた。これまでアメリカーを一度も見たことがなかった。髪も白くまつげも白いからそのアメリカーが年寄りに見えた。「こんなオジーが闘いにきているのだからもう少しで勝てるかも知れない」と思った。

こうして捕虜になった。女学生だけど泣いてしまった。すると二世が「ユー、小学生? 看護婦さん?」と聞くから何も言わなかったけど「こっちおいで」と言われてついて行った。自分では分からなかったが夜に歩いていたところは、アメリカーの機関銃が一〇丁位あるところだった。米須の小学校の近くだと思う。島尻は行ったこともないからどこの山だかも分からない。

⑨　五歳と思われて

二世に連れて行かれたらそこは避難民がいっぱいいた。翌日は佐敷《さしき》というムラに連れて行

かれた。そこに二週間くらいいいた。私は何も持っていないから誰かがごはんを作って食べさせてくれた。

　その後で与那原から船に乗せられてヤンバルに連れて行かれた。二世が「ユー、八歳?」というから私は手ぶりで答えた。すると五歳だと思われて大事にされた。


　ヨシ子の記憶はしっかりとしていて当時の女学生がどのようにして看護要員として過ごすことになったか等がよく分る。今なら疑問を持ちそうなことでも当時は疑問を持つことなく軍にいわれるがままに行動する姿が分かる。また、食糧が乏しくメンスも止まり、一九歳のヨシ子がまるで五歳児くらいに見えるほどの状況だったことから当時の窮状がうかがえる。さらには日本軍がどのようにして負傷した兵隊を処遇していたかも明らかになった。

　ヨシ子はアメリカ兵についての知識がなく、まつげも白いので老人が闘いに来ていると勘違いし「ひょっとしたらこの戦争はもうすぐ日本軍が勝つのではないかと思った」と言う。そのことからは女学校を卒業したという、沖縄では高学歴である者でも何の知識も与えられてなかったということが分かる。

2　炊事婦

(1)　玉那覇春の体験

①　沖縄県援護課の記録

玉那覇春の体験を述べる前に沖縄県援護課の資料をもとに玉那覇春ら炊事婦の行動を振り返る。

図44は沖縄県援護課がまとめた日本軍に従軍した者たちの証言集の表紙である。その中には炊事婦や看護婦として従軍した者たちの行動、戦死した場所や時期等について記載される沖縄戦関係の史料である。

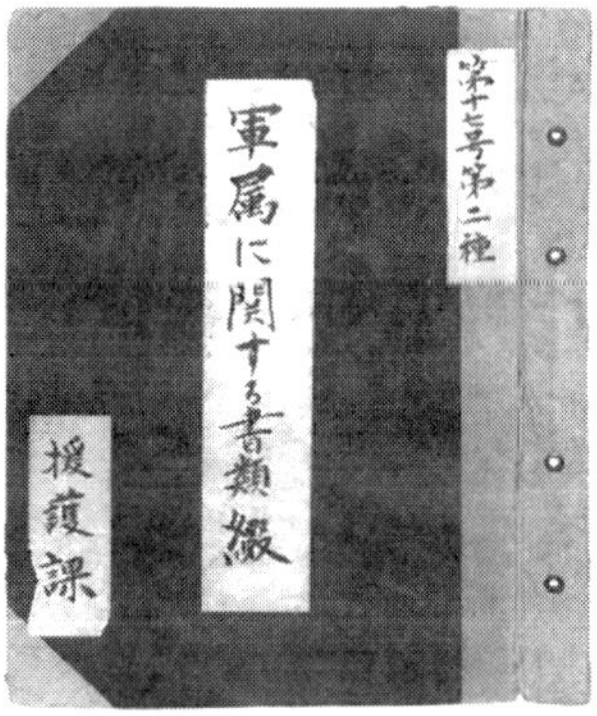

図44『第17号第２種、軍属に関する書類綴』沖縄県援護課、沖縄県公文書館所蔵

これまで個人情報保護の考え方から当資料は部外秘扱いとされていたが、沖縄県公文書館のご好意によって本書に掲載が許可された。当資料の調査研究は沖縄戦の実相を知るために大きな前進になるであろう。

以下にその一部を引用する。[56]

独立歩兵第12大隊炊事婦採用に関する部分の引用

一　採用時の経緯　昭和一九年一〇月二〇日頃に中城村津波《ママ》国民学校に駐屯する賀谷部隊長より当時の婦人会会長、神谷ウサに対し炊事婦四名を勤務せしめるやうに命令があって左の者が選ばれて一〇月二十九日より勤務する玉那覇春（生存）（新垣ヨシ子、新垣カナシ、大城タケ）（戦死）

二　勤務の状況　1、毎日朝は四時から夜は八時頃まで勤務する。（中略）2、給料は二月まで受領したと思ってゐます。額は二十円位であって宇井主計少尉が直接本人に手渡してゐました。

三　昭和二〇年一月以降の状況　１、翌二〇年一月末頃に同大隊は普天間国民学校に移動したが宇井主計少尉の命令で四名共部隊と一処に移動し同校にて住込みで勤務する。（中略）

四　戦闘時の状況　１、四月一日夜一〇時ごろ本部と共に喜舎場を出発して西原村幸地に転進し暫くしてから棚原に移動す。当時も「サカナシ」軍曹の指揮で砲弾の少ない時期を選び炊事に従事した。２、四月一五日頃に西原村棚原にて□□□□は戦死。３、四月二〇日頃に浦添村前田附近に転進した四月二五日頃大城タケが同地で戦死してゐます。４、其の時に私も（玉那覇春）下半身を受傷したので新垣カナシに助けられ首里の野戦病院に入院しました。（中略）６、五月一六日頃に水汲みの途中新垣カナシは砲弾で戦死してゐます。（中略）７、五月下旬に私は部隊と共に喜屋武村に転進し六月二五日頃米須海岸にて米軍に収容せられました。（以下省略）

この資料から炊事婦として雇われた人たちは賀谷部隊長の命令であったこと、そして当時の婦人会の会長を通して四人に命令されたことが分かる。すなわち軍の命令は当時の字の組織に則って行われたということである。それに、昭和一九年一〇月という早い時期から従軍したことが伺える。また、複数の地名から軍と一緒に各地を転々としていたことが分かる。

住民の生命は日本軍の兵隊たちより軽く見られていたということと同じ意味だと思われる。給料も昭和二〇年二月までしか支給されていないことが伺える。炊事は砲弾の少ない時期を選んで行われたとあるがかなり厳しい状況だったと推測される。玉那覇春と大城タケを含む津覇の女性計四人は賀谷部隊長の命令で炊事婦として従軍した。

賀谷部隊の大隊本部には炊事班の兵隊もいるが、危険な作業である水汲みや飯上げといった食事の配給は春やタケ、その他の計四人が当たった。そのため彼女らは戦闘の中で次々と戦死していった。彼女らは軍属としての扱いであるが日本軍の中でその地位や生命の尊さは日本本土出身の兵隊のそれよりも軽んじられたと考えられる。沖縄の住民に対する差別が軍隊の中でも認められる一例であろう。

当資料は一九五七年頃の聞き取りによる証言を基に記録されたものであるが、玉那覇春の記憶がはっきりしていたことが分かる。

援護課の資料は、沖縄戦で軍属として従軍した人々の行動や死亡の時期、場所等が詳しく記載されており、個人情報保護の観点からその調査研究はそれなりの慎重さと膨大な時間を要すると思われるが、沖縄戦研究に大きな成果をもたらすものと考えられる。

ところで、本書の聞き取り対象者の一人である大城為一の母・タケは、この春による証言が明らかにされるまで死亡の時期や場所が不明であった。そのため為一は長年心に強いわだかまりを感じてきた。

為一は日本軍と一緒に中城を離れていった母親のことを知りたいと

図45　大城タケの息子為一の希望で玉那覇春との再会が実現して喜ぶ為一の姿、2019年９月撮影（久志）

長い間考えていた。いきさつを知っていると思われる春に会いたいと思いつつも、きっかけがなくて会えずにいた。筆者による聞き取りをきっかけとして春と会うことが出来た。春の証言と当資料のおかげで母親の死亡の時期や場所を知ることができ、心の重荷を下ろしたことだろう。

その日の為一の安堵の気持ちに満ち足りた姿に、筆者は聞き取りをすることとの持つ、今まで気付かなかった一面を知ることになった。図45はその時の為一と春である。本研究の思わぬ展開に喜びを感じた次第である。

図46　松木謙治郎『阪神タイガース松木一等兵の沖縄捕虜記』恒文社、昭和49年（1974）口絵より転載。（写真は昭和32年1957の撮影とある）。

また、話は前後するが一九五七年、春のところに戦時中に共に賀谷部隊の大隊本部の炊事を担当していた松木謙治郎氏が訪ねてきた。図46は戦後に玉那覇春と元賀谷部隊、大隊本部の炊事担当兵であった松木謙治郎氏が再会した際の写真である。[57]

この写真からは松木と春が親しくしていた様子が見て取れる。沖縄戦で共に兵隊たちの食事の世話をした時の話をしたのだろうか。

②　二〇一九年七月一一日の聞き取り

ア．　玉那覇春の証言

（私は今）九八歳になった。大正一〇年三月二五日生まれ。炊事はやりましたよ。炊事は戦争の中で、ごはん炊いたり作って持って行ったり、弁当にしたり。炊事する人は亡くなった。三人よ。戦闘ではない。戦場給養[58]から始まった。わたしひとりしか生き残っていない。おばさんも生きていたけど、おばさんもまたご飯を一緒に炊こうとして、首里で炊事をやっているけど弾が真ん中に落ちた。このおばさんは亡くなって、私も首をやられて。あれは亡くなって私は生きている。新垣カナシさんとはこのおばさん。三歳位シージャ（年上）。

タケさん、大城タケさん。タケさんはシージャ。三歳位シージャ。また、クラニーのトゥダースーター[59]の新垣ヨシ子さん（もいた）。その時、私は二三歳。

戦争の場合服装は軍服姿だった。私は足をやられた。それで兵隊の靴を借りようと言って借りた。軍服はどうもなかった。敵に向かってご飯炊くから怖い。でもこれやらないといけないから一生懸命頑張りました。あのときよ、イクサの準備といって仕事をやった。この石部隊の人は「あんたがたがいなかったら誰がご飯炊くの、こんなに上手に炊くのに。炊事をやりなさい。うちには帰らないで、イクサが来るときも頑張りなさいよ。」といった。そう言われたから頑張ったわけ。

この部隊長（賀谷部隊長）は「みんな兵隊は亡くなって、自分一人生き残った」。（部隊長は）戦争部隊長だから敵はどこか

図47　独立歩兵第12大隊長賀谷與吉中佐
防衛庁防衛研究所戦史室『沖縄方面陸軍作戦』　朝雲新聞社、昭和43年（1968）278頁より転載。

ら来るというて分りますからね、部隊長一人は生き残っているわけ。喜屋武岬《きゃんみさき》に行って「私は生き残るのはなんだから私はこっちで自殺する」と言って向こうに自殺しにいったわけ。喜屋武岬で。私も一緒にいたから「（自殺は）やらないでください。」といっても、「こんなに私が隊長になって、私一人生き残るのは大変迷惑だから」といって亡くなったわけ。「先生[60]がもやらないのに、イクサは起こしてないのに死ぬんですか」といっても、「むこうからイクサはきているのに死なないでください」といっても。

部隊長はどこからイクサが来るかはみな分りよった。また危ないところもよくわかっている。こんなして私は生き残っている。

私の首にはまだ弾が入っている。破片が。部隊長は「あんたは教会に行っているからこんなにして生き残っているよ。神様が助けているんだよ。」とおっしゃっていた。

私ははじめから（戦前から）教会には行っていた。前ヌ《めーぬ》安里小《あさとぐゎー》のオバーたちと一緒だった。アラカチ小も一緒に。タンナハ小で。イエス様信じるのは、教会はタンナハ小であった。タケさんは前田で亡くなった。首里では二人やられて、私も首やられて、真ん中でやられてあれはなくなり私は生き残った。

イ．娘の○○恵美子の証言

百名で捕虜になってからヤンバルにみんな連れていかれようとしているところワッター（うちの）おばさんと津覇の誰だったかが「アレー（あの人は）春じゃないか」といってから「イッター

（あんたとこの）春じゃないか」「アイ　ヤッサー（あ、そうだよ。）」といってから引き取ったみたい。すごくやせてから分からなかったみたい。「みんな春を探してよ」といって自分たちも身内でさがしていて。おばさんも春を探してよといっていたけどすぐには分らなかったみたい。おばさんと言ってもお母さんのお姉さんさ。ヒデ。長女おばさん。おばさんの子はみんな亡くなった。三人とも。

③　二〇二一年八月六日、二〇二二年二月一七日、娘〇〇恵美子からの聞き取り

春は戦時中、足とあと二ヵ所けがをして前田の壕にいたが、そこが危なくなったということで別の壕に移動することになった。「賀谷隊長」が「春さんを先に運び出せ」と言って兵隊二人と賀谷隊長とで担架に乗せて移動しているときに壕の入り口付近で大城タケさん（大城為一の母）が弾に当たって死んでいるのを見た。タケさんが死んだ場所は首里か前田かと今は迷っているが春がまだ若くて記憶がしっかりしていた時は「タケさんは前田で亡くなっている」と話していた。

その壕を移動したすぐあと、二〇分か三〇分あとにその壕に爆弾が落ちて、そこにいた負傷兵たちは皆死亡した。

小満芒種《すーまんぼーすー》（梅雨）のころだから六月だと思うけど、春は足を負傷していて歩けないので「賀谷隊長」に連れられて、手を引かれたり背負われたりして南部の喜屋武岬まで避難民みたいにして逃げていた。津覇出身の炊事婦四人の中で三人が戦死したため、春だけが残ったので

気の毒に思ったからじゃないかと思うが最後まで一緒に逃げてくれた。「賀谷隊長」は「あんたは教会に行っていたから生き残っているのだね」と言っていた。

「賀谷隊長」は音だけで弾がどこに落ちるのかということも分かっていた。あるとき、丘の上にいたとき空襲があってその時にも賀谷隊長が「坂からころがれー」とみんなに言って坂からころがって助かったこともあった。ころがるのが遅かった兵隊たちは弾に当たって死んでしまった。それは六月の一〇日くらいだった。

また、そのときは爆撃が激しいので「賀谷隊長」が「ドブに入れ」といって春もドブに入り体をかがめていたため、弾に当たることなく無事だったこともある。そのドブに入った兵隊たちも数人は助かったが、ドブに間に合わなかった兵隊たちは皆戦死した。

喜屋武岬まで来たとき「賀谷隊長」は「あんたは必ず生きなさいよ。」と言って自分の褌を外して春に渡して「これで降参旗を作りなさい」と言った。

「賀谷隊長」はその後自決すると言っていた。春は何度も「この戦争は先生が始めたことじゃないのに、死なないでください」と言ったが「部下がみんな死んでしまった今、隊長である自分が生きていては迷惑だ、責任があるから自決する」と言っていた。「賀谷隊長」は手榴弾のピンを歯で抜き手榴弾を抱えて崖から飛び降りていった。六月の二三日か二四日だった。春はそれを見届けてから「賀谷隊長」の褌で降参旗を作って知念、玉城を目指して歩いた。知念、玉城は安全だと言われていたから。春は知念、玉城に向かう途中で捕虜になった。賀谷隊長が自決して次の日くらいの六月二五日くらいであった。そして仲村渠《なかんだかり》か百名《ひゃくな》の収容所に連れていかれた。ヤンバルに連れていかれることになり列に並んで歩いていた。

先に春の姉、ヒデが収容所にいたようであった。津覇の人が春を見つけヒデに「アレー　イッター　春ヤアランナー（あの人はあんたたちの春さんじゃないか）」と言い、ヨーガリティ（痩せこけて）顔形も違っていたが春だと確認したヒデに引き取られてヤンバルにはいかなくてよかった。

戦後、仲村渠の人たちにお世話になったからと言って私（〇〇恵美子）を連れて行ってくれた。

春と娘は聞き取りを重ねるうちに当時のことを詳しく思い出すことができた。特に「賀谷隊長」とのやり取りは何度も話してくれた。炊事婦のみんなが一人ひとり戦死していく中で春だけが生き残ったのを「春さんはイエス様を信じているから助かっているだろう。」といってくれた。

また、首里が陥落したのちに、春をそのまま1人にすれば助からないだろうと気の毒に思ったのか、南部まで一緒に連れて逃げてくれた。

賀谷部隊長の最期はこれまで詳しいことは知られていなかった。今回春の証言だけで裏付けになる記録や文書等はないのだが賀谷部隊長の最期が明らかになったと言えるのではないだろうか。

３「学徒出陣」

④　與儀繁の証言

與儀繁は聞き取りをした二〇一九年九月現在、高齢のため多くを語ることはできなかったが、一五歳で日本軍に希望して加わったときのことを、以前に繁から聞いていた妻のヨシが次のように証言した。

県立一中で勉強していた。二年生の時、先生方から「高学年の生徒は学徒出陣するが君たち低学年の者は家に帰り地域の日本軍に合流して協力しなさい」と言われた。それで一旦家に戻ってから、同じ集落の工業学校の生徒や青年たちと共に四人で伊集の西側の山にあった砲兵隊[61]に入隊を希望した。

寸法のあう靴も服もなく、学生服と一中の帽子をかぶった小さな変な兵隊であった。与えられた仕事は弾をみがいたり運んだりすることであった。軍隊生活はとてもみじめな生活であった。部隊の人からは「このイクサは勝つ見込みはない。自決するならこの手榴弾で自決しなさい。」と言われた。また、「もし、家にまだ親がいたら、島尻に行くように説得しなさい。もし、行かないのだったら、アメリカ軍の捕虜にならないように手榴弾で自決しなさいと言ってこれを持たせなさい」とも言われた。それで父親の蒲戸がまだ家にいたのでそのように手榴弾を五、六個持たせた。

母や小さい弟たちは他の家族と一緒に南部に避難していた。「南部ンカイ　メンソーランダラー　ムシカ　アメリカーヌ　捕虜ナイラー　クリシ　自決シミソーレー（南部に行かないでもしアメリカ軍の捕虜になるのならこれで自決なさりなさい）と言うように教わった」と父に言った。

父は「どうせなら自分のシマ（ここでは伊集）で死にたい」と言っていたのを説得して南部

へ逃げるようにさせた。父は、同じ伊集の人と二人で隠れていた。その人は僕と一緒に砲兵隊に希望して入隊していた新垣盛秀《せいしゅう》さんの父親だった。その人は足をけがしていたので南部へは逃げないで伊集に留まり無事に捕虜になって生き延びた。

僕は父を今のハートライフ病院のがじまる薬局のところまで見送った。父は南部で死んだと思う。遺骨は今も見つからない。自分が殺したようなものだ。ずっと後悔している。そして、伊集に残って生き残ることになった盛秀さんの父親が戦後毎日のように訪ねてきては「自分の息子はどこで死んだか教えてくれ、一緒にいただろう」と聞きにきたけど僕は本当に知らないからとても困った。

繁は父に手榴弾を持たせて南部へ避難させたことを、戦後結婚した妻のヨシにだけに打ち明けていた。そして繁が父の死に関して手榴弾を渡したことを公表したのは今回が初めてであるという。どんなに悔やんでも悔やみきれないことであっただろう。「自分が部隊の人に言われた通りに父を説得しなければ、父は地元ですぐに捕虜になって死なずに済んだのに」と後悔し続けた。日本兵が住民に対して捕虜になってはいけないと自殺を指示していたことがこの繁の事例からも伺える。

また、繁は一中の生徒でありながら砲兵隊に入隊したいきさつを次のように書いている。それによるとその時々に知り合った日本兵にいろいろな人がいることを示す記述をしている。長くなるが以下に引用する。

「下級生は各自の集落に帰り、近くの軍に協力せよ」当時、沖縄県立第一中学校二年生であった私は、同じ集落出身の工業学校の生徒と青年二人の四名で、中城村伊集の西側の山に陣地を構築していた砲兵隊に入隊を申し入れた。（中略）寸法の合う靴も服もなく学生服と一中の帽子をかぶった、身体の小さい変な兵隊が誕生した。（中略）砲兵小隊の隊員は、火薬の箱に手榴弾を差し込んだ急造爆雷で戦車に向かって攻撃したとの事である。（中略）野々田《ののだ》曹長は私達を呼び集めた。「吾々兵隊は戦うためにここに来た。だから吾々は最後まで戦わなければいけない。君達は若い、死に急ぐことはない。今晩中隊本部に撤退しろ」。曹長は私達に吉田と中倉《なかくら》一等兵をつけ、大城城跡への後退を命令した。（中略）六月二二日頃。米軍の舟艇が岸から百米以内に接近してきた。拡声器で、今朝一一時までには沖縄は完全に占領されるから、戦闘行為を中止して米軍が来るまでそのまま待っておけ、と放送した。また、泳いで来い、助けてやるとも言った。それを聞いた日本兵三名が海に飛び込んだ。泳いでいく三名を見た同じ日本兵が陸から射撃した。二人は死に、一人は肩を射たれ、岸に戻って来た。それを陸にいた日本兵が動物か何かのように銃底で殴り殺した。弾に当たって死んだほうがよかったのに。それを舟艇の上で見ていた米兵が、何百発もの機銃弾を殺した連中のいる附近に叩き込んだ。死んだ三名の仇討ちを米兵がやってくれた変な場面だった。拡声器で言ったとおり11時頃米軍が接近して来た。将

図48　在りし日の與儀繁と妻のヨシ
2019年9月5日撮影（久志）

校や下士官で軍刀を岬から海に投げ捨てるのが沢山いた。また、多数の日本兵が手榴弾で自決した。その破片で住民が傷を負う場面もあった。私は捕虜となったが直ぐ住民と一緒にされ、糸満から那覇を通り遠く久志《くし》の病院に収容された。久志には多数の県民が収容されていた。食糧難におちいり、はなはだしい場合は、栄養失調で生命を失う人も続出した。[62]

以上のように繁が出会った日本兵にはさまざまな人たちがいた。命を大切にするようにと言っていた日本兵、海に飛び込んで米軍の方へ泳いでいく日本兵を同じ日本兵が撃ち殺すなど、ひとくくりにできないということを示している。

筆者が繁を取材した日の約半年のち二〇二〇年三月に繁は長い人生を閉じた。享年《きょうねん》九一歳であった。父の死に自分がかかわっていることを悔やみながらの長い戦後に終止符を打った。心から冥福を祈る。

第七節　外地・テニアンでの戦争体験との比較

1　新垣光子の証言

新垣光子は昭和九年にテニアンで生まれ、そこで戦争を体験している。戦後、テニアンから祖父の郷里の辺野古へ引き上げ、その後津覇の男性と結婚し津覇に住んでいる。沖縄とテニアン、両地の戦争の共通点と差異を確認するために聞き取りを行った。

(1)　日本兵との関係

新垣光子は戦時中のことを以下のようにはなした。

私の祖父が大規模なサトウキビ農場を経営していた関係で大きな家に住み、そこに三〇人の日本軍の工兵隊が兵舎として暮らしていた。日本兵の食事がご飯に芋を混ぜたものであったのを見て、祖父がそれを引き取って豚のエサとし、かわりに米だけで炊いた白いご飯や豚肉を日本兵に提供していた。そのため日本兵との関係は良好であった。他の民家に泊まっていた兵隊たちは「宮里《みやざと》（光子の旧姓）さんのところの兵隊はいいなあ」とうらやましがっていたそうだ。

アメリカ軍の上陸が近づくと日本兵が学校へ送迎をしてくれるほど良好な関係の中で恵まれた生活を送っていた。日本兵は私の家族に良くしてくれて「米軍が上陸しても戦車の前には行くな、戦車のあとに付いて行けば弾は落ちないから安全だ」と教えられた。

図49　新垣光子（当時11歳）
2021年５月撮影（久志）

光子はこのように正しい情報をくれた日本兵に感謝を込めて語った。戦闘が始まる前に親しくしていた日本兵からもたらされた情報は命をつなぐことになった情報であった。

(2) アメリカ軍の上陸

一九四四年六月のアメリカ軍の上陸後、山の洞窟に家族で入った。大きなガマで一〇〇人くらいは入れるガマだった。そこへ日本軍の三人の炊事班のうちの一人の兵隊が、私たちの家族が避難するガマまで食事を運んでくれるなど特別な待遇を受けていた。

そして、私たちの家族は運ばれた食事を周りの人たちにも分け与え感謝された。でも、その食事を運んでくれた杉本さんという日本兵が途中で弾に当たって死んでからは、食事にも困り家族で逃げ回ることとなった。

(3) 死を決意して断崖に

光子はさらに続けて次のように証言した。

アメリカ軍の戦車が通った後の轍にはたくさんの死体があり、顔もつぶされていて見ても怖いくらいであった。死体には銀バエがたかっていた。するとおばあさんが「こんな風に殺されてつぶされてしまうより海に身を投げて死んでしまおう」と言い出した。そこで家族みんなで海に飛び込むつもりで崖っぷちまで行った。

だけど見るとその海には死体がたくさん浮いていた。私は怖くなり「怖い、海に飛び込むのは嫌だ」と叫んで山の方に逃げだした。そこで家族は「みっちゃん、みっちゃん」と私を追いかけた。そのため家族みんなは死なずに済んだ。

この時の光子の「怖い、海に飛び込むのは嫌だ」という叫びこそ、屋嘉比収《やかひおさむ》（二〇〇九）で指摘される「他者の声[63]」そのものであろう。さらに光子は続けて証言した。

収容所で出会った海人のNさんという人の話は気の毒だった。その人は「宮里さんたちは家族がそろっていていいな。自分は家族を海に投げ入れて死なせてしまった。自分も死ぬつもりで海に飛び込んだが、自分は泳げるため死ぬことはできなかった。三度も海に飛び込んだ。だけど死ぬことができなかった。はじめに子供、次に妻を海に投げた。人はアメリカーにやられたが自分の家族は自分が死なせてしまった。」と泣いていた。

光子は当時、子供ではあったが家族を心ならずも海に投げ入れて死なせてしまったNさんのことを忘れられず、七〇数年たった現在でもまるできのうのことのように覚えている。

⑷　光子の家族が捕虜となる

光子の家族が捕虜になった時のいきさつは以下の通りであった。

> 私の家族は海に飛び込み、死んでしまおうと考えていたけど、海の上に浮いている死体をみて怖くなり飛び込むのをやめた。そして思い直してまた山の洞窟に戻った。
> ある時、父が水を求めて洞窟を出た際に米兵に見つかり捕虜となり、家族全部を呼び出して無事に家族全員で捕虜となり生き残ることができた。その時祖父はクサフリヤー[64]という病気で動けなかったが「まだ壕に残っている人はいるか」と二世に言われて「いる」と答えたところ、祖父も無事に捕虜となった。「デテコーイ　デテコーイ」という米兵の声は今でも耳に残っている。

一度は海に飛び込んで死んでしまおうと思っていたけれど、怖さが先に立ってしまい死ぬことができなくなった光子の家族は生き残ることができた。頭では死ぬことを肯定したとしても死体が浮いている海をみた時の光子の恐怖心は、死ぬことを実行させないほどの強烈な「生」の力を持っていたのだといえる。

(5)　スパイとして処刑された人

光子は米軍が上陸する前に、ある人がスパイ容疑で日本兵に処刑される場面を目撃している。

> 私はスパイだということで銃殺された人のことを覚えている。ソンソンという町のどこかの学校の校長であったらしいが、「懐中電灯やナイフなどを持っていたというだけの理由でス

パイと見なされた」という噂があった。

私たちは銃殺される、その様子を遠くから見ていた。その人は木の棒に後ろ手でしばられて、そこに向かって日本兵が銃を構えて撃った。するとその人はすぐに首を垂れた。後ろから見たので表情までは見えなかった。

光子の証言では、テニアンでもスパイ疑惑で殺される人がいたことを示している。

(6) 収容所に建てられた学校で起きたケンカのエピソード

光子は収容所に設置された学校での朝鮮人たちとのいさかいを今でも忘れないという。

収容所に学校ができたが、敷地は日本人学校と朝鮮人学校に分けられていた。ある時それぞれの上級生同士が石を投げ合うケンカが始まった。きっかけについては、私は分からなかった。でも私は血気盛んな女子であったため私も石投げ合戦に参加した。

朝鮮人の生徒たちの言い分は「朝鮮一等国、アメリカ二等国、日本三等国」であった。戦前は朝鮮人と日本人の子供は同じ学校で学んでいたけど、終戦を境に別々になった。今になって考えると朝鮮人たちはそれまでしいたげられ差別されてきたことへのうらみが発端になったかと思われる。このケンカは、間もなくそれぞれの校長らが相談し終わったが、私の心の痛みは今も消えないままである。

私は子供だったからそれまで自分が日本人だという意識はなかった。でも朝鮮人との石投げの時初めて自分は日本人なんだなと思った。

テニアンで生まれた光子は子供だったからか自分が日本人だとの意識はなかった。ところが、朝鮮人の子供たちとの石を投げ合うケンカの経験を通して、図らずも日本人として意識し始めた。人生とは分からないものである。

光子は終戦の二年後に沖縄に引き揚げてきた。中城村字久場《くば》の北側の久場崎《くばさき》海岸に引き揚げ船を受け入れる港がアメリカ軍によって建設され、そこに光子の家族は引き揚げてきた。その後現在の沖縄市のインヌミヤードゥイに連れていかれた。そして、最終的には祖父の故郷の名護市安部に行った。

筆者は沖縄戦中の住民の行動を本島北部への疎開、南部への避難、津覇に留まった者、軍と共に行動した看護要員、炊事婦、「学徒出陣」した者、外地テニアンでの戦争体験者と区分して検討してきた。置かれた居場所や立場で受けた様々な苦労や危険な事例の数々は、

図50　久場崎の引き上げ船受け入れ港の記念碑　2018年6月撮影

図51　インヌミの収容所　沖縄市総務部総務課市史編集担当『沖縄市史』第5巻資料篇4　冊子編、2019年、249頁より転載。

沖縄戦が一言では言い表せない、一括りにできないものであり沖縄戦の体験は人の数だけ多様であるということを確認した。

第三章　注

1　前掲『中城村史』第四巻、七五—七六頁。

2　前掲『中城村史』第四巻、七二—七三頁。

3　その潜水艦は対馬丸が中国から石部隊を沖縄まで運んだのを中国の上海から出発した時から追尾していた。前掲松木謙治郎『阪神タイガース松木一等兵の沖縄捕虜記』一六頁に次のようにある。「わたしたちのおりた津島《ママ》丸はそのあとすぐ学童をのせて九州に向かい、途中奄美大島を過ぎたあと米潜水艦の攻撃にあい沈没したのである。」

また、公益財団法人対馬丸記念会学芸部編『対馬丸記念館公式ガイドブック』公益財団対馬丸記念会発行、二〇一五年の一〇頁には「日本軍の記録によると、昭和一九年八月一六日上海の呉淞《ごしょう》から第六十二師団(通称石部隊)の兵隊を乗せて沖縄へ向けて出航、八月一九日に那覇港に着いていたことがわかります。兵隊を下ろして空になった船に、今度は疎開者を乗せて本土へ運んだのでした。」とある。さらに一六頁には「対馬丸は出港して二七時間三〇分後、アメリカの潜水艦ボーフィン号によって撃沈されました。(中略)対馬丸が上海を出発し那覇港に入る直前から攻撃の対象としてとらえ、この日も早朝から追跡を再開していました。」と記述されている。

4　前掲『中城村史』第四巻戦争体験編三二六—三三四頁。

5　前掲『中城村史』第四巻、七三―七四頁。
6　前掲『沖縄県史』各論編六沖縄戦、二〇一七年、三九二頁。
7　前掲『中城村史』第四巻、七四頁には次のように記述されている。すなわち「中城村民の中には、中城方面が戦場になると判断して直ちに北部疎開を決行したのもいるが、多数の幼児をかかえて食糧の乏しい国頭に行けば、餓死するほかないなどの理由で、当初は迷いためらったのもいたが、三月下旬、艦砲射撃が開始されてからは北部への避難者がふえた。ところが米軍の本島上陸は予想以上に早く、四月以降の北部疎開は不可能な状態になった。／したがって、中城村民の北部疎開者の数は割合少なく、取り残された村民の一部（特に老人や病人）は壕や墓の中に避難し他の多くは激戦地となった南部へ避難せざるを得なくなった。」とある。
8　ここでいう「二世」とはハワイの日系移民二世のことである。
9　新垣之庸は病気療養中のところ二〇二〇年一二月一二日に急逝した。享年八一歳であった。心から冥福を祈る。
10　前掲『中城村史』第四巻、七五―七六頁参照。
11　前掲『沖縄県史』各論編第六巻沖縄戦、二九五―二九六頁。（石原昌家）
12　渡邊欣雄・岡野宣勝・佐藤壮広・塩月亮子・宮下克也編『沖縄民俗辞典』吉川弘文館、二〇〇八、一頁、に「祖先崇拝に根差した沖縄独特の聖地巡拝習俗。東廻りとも書く。沖縄本島南部の東海岸は、沖縄の始祖発祥の地と信じられており、始祖や琉球王朝成立ゆかりの御嶽や拝所、古い泉水を巡拝する行事を東廻り）と称している。与那原親井・テダ大井・斎場御嶽・知念大井・仲村渠樋川・受水走水・ミントン・玉城城跡などが主な巡拝地となっている。」とある。

13　前掲『玉城村史』第六巻、戦時記録編、二九二頁参照。喜良原《きらばる》近辺の地域。

14　隆永は身長が一七二センチメートルくらいで沖縄人としては大柄であった。隆由も亀もまた当時の沖縄人としては大柄であった。

15　現在の西原町の幸地近くの小さい屋取集落。そのオバーは四人の子供を産婆の世話にならずに一人で生んだ経験があって「ダー　アンセー　クヌクヮヤ　ワンガ　フスヤ　チジュサ（どれ、この子のへその緒は私が切ってあげよう）」と言って勝子のへその緒を切ってくれた。

16　前掲『沖縄民俗辞典』二三三頁には次の通り説明がある。「サンジンソウ（三世相）、沖縄で易や暦などの書物や筮竹などの道具に拠って、人々の吉凶判断や日選びを職業とする易者のこと。（中略）三世相はスムチ（書物）・ムヌシリ（物知り）・トックなどとも呼ばれ、ほとんどが男性である。彼らは『高島易断暦書』や伝統的な暦書で、依頼人の運勢・移転・旅立などの吉凶判断、さらには婚姻・葬式・造墓・家屋新築などの日取り判定を行う。」とある。

17　前掲『沖縄県史』各論編第六巻沖縄戦、二九七―二九九頁（石原昌家）を参照されたい。

18　前掲『沖縄方面陸軍作戦』五三三頁上「軍司令官喜屋武半島後退を決心（中略）二二日夕牛島司令官は、喜屋武半島に後退することを決心し、第一線の後退は五月二九日ころと予定し、傷者及び軍需品の後送を直ちに開始するよう命令した」と記述している。

19　前掲『沖縄方面陸軍作戦』九一頁下「上陸時団下将兵ニ与フル訓示（中略）６自給自足ヲ図ルト共ニ地方民心ノ戦意昂揚ニハ懇切ニ指導スヘシ」この訓示を基に、兵士たちは食糧を住民から得るのを当たり前と考える向きもあったのではないかと筆者は考える。

20　前掲『沖縄方面陸軍作戦』八五頁上、「第7防諜ニ厳ニ注意スベシ」とあり、牛島軍司令官は最初から沖縄の住民を防諜上の課題としていたことが分かる。また、隆永の証言によると「日本兵たちはスパイ容疑をかけられた人々の名前を書いた帳面をもって字の中を捜索して回っていた。それで名前を変える人が多かった。特に女性たちは改名する人が多く複数の名前をもつ人がいて、本当の名前が分からなくなった人もある」ということであった。

21　前掲『沖縄県史』各論編第六巻、四八四―五一五頁、石原昌家。

22　「フウ」とは「強運がある」とか「ついている」などの意味。

23　前掲『沖縄方面陸軍作戦』六二〇頁「このころ南部地区は後退して来る軍及び住民が各所に混雑を呈していた。（中略）席上軍から住民を知念半島方面へ立ち退かせるようにとの要望があった。（中略）挺身隊の今後の任務は住民とともに軍の指定した知念、玉城方面に下って、住民を保護することにある旨を指示した。」とある。軍が住民を知念、玉城へ避難誘導を指示していたことが分かる。

24　前掲『中城村史』第四巻、一〇六―一〇七頁。

25　浦崎純『消えた沖縄県』沖縄遺族連合青年部、沖縄時事出版社、一九六五年、一六四―一八〇頁。時期的には五月半ばの後退作戦案（喜屋武半島防衛計画）を立てたころだと推測される。前掲『沖縄方面陸軍作戦』六二〇頁参照。

26　前掲『沖縄決戦・高級参謀の手記』三六九―三七〇頁。

27　戦後隆由は孫である筆者によくこういっていた。「何かを決める時は人の意見を聞くのも大事だが、最終的には自分でよく考えて決断することが大事だ。そして、その結果起こったことには自分で責任を取らなければならない。普段からそのように考える習慣が大事だ」と。戦時中、どこに避難するかとか難しい決断をする際に、思考停止にならないようにしていたことを示唆するものである。

28　シチャカンチャとは地名で志喜屋のこと。岩山の土地で上志喜屋と下志喜屋をまとめてシチャカンチャという。

29　隆永は日本兵M准尉が終戦間近に捕虜になっていることで、日本兵M准尉の名誉が汚されたり日本兵M准尉の家族まで不名誉になったりしてはいけないとの配慮から日本兵M准尉の名をふせてほしいと願ったのでイニシャルで示した。当時捕虜になることは不名誉とされた。石部隊の所属で体格のいいよく働く兵隊で三〇歳代くらいであった。

30　格護とは、ウチナー口で「守る、保護する」といった意味を持つ。

31　自分の両親と同じ年配の男性のことをオトーと呼称した。女性の場合はオバサンという。

32　迫撃砲とは、上に撃ち上げ砲弾が放物線を描きながら敵陣に落下し爆発するもので、トーチカなどの遮蔽物に隠れていないと殺傷されてしまう砲である。図25を参照。

33　「カンター」とはウチナー口で長い髪の毛を結ったりせず整えられてない頭髪であることを表わす。ザンバラ頭。

34　前掲『沖縄民俗辞典』二三―二四頁。「石敢當」とは、次の通り。「路傍に立てられ、石敢《ママ》と刻された石。一般にイシガントウと称され、日本では沖縄県に一番多く所在する（中略）T字路や三叉路の片隅が多く、道の突き当りが一般的である。」「手も足も失って石敢當のように四角になって」とは「手足が爆弾で吹き飛んで四角になっている」という意味。

35 沖縄戦の体験を語るのが少なかったことの理由としては、思い出すのも話すのも怖いということがあげられる。

36 トヨの次兄の奉榮はブーゲンビル島の戦闘で戦死している。

37 区長の常来《じょうき》は責任感の強い人で、津覇の集落を一軒一軒回って「艦砲ヌ チューンドォー ヘーク山ンカイ ヒンギレー」と呼びかけ住民を山に避難させた。その区長がどこでどのように亡くなったかは誰も知らないという。

38 現在その跡地には沖縄県営中城団地がある。壕があったところは擁壁となっており壕の面影はない。

39 墓を開ける目的が集団での自殺であったことを、トヨは実の娘である筆者にも打ち明けることはこれまでなかった。二〇一九年の二月にNHK国際放送局World News部の記者の橋本拓大、ディレクターの矢野豊と協力して行った聞き取りで初めて打ち明けてくれた。トヨはとても怖くて本当のことを言う勇気がなかったとのことである。

40 アメリカ陸軍省戦史局 喜納健勇訳『沖縄戦・第二次世界大戦最後の戦い』Mugen、二〇一一年、四二―四三頁、「第十軍の参謀たちは渡具知のちょうど南北にあたる沖縄島西海岸に最初に強襲上陸する計画を提起し、それを支持した。そこは最も補給がしやすく、太平洋方面最高司令官の要求と戦術的にも一致していた（中略）島の東海岸に上陸するかのような陽動作戦をターナー海軍中将が提案し、その作戦には第二海兵師団が選ばれた。」とあるように米軍の陽動作戦により、日本軍は米軍が東海岸から上陸するものと判断した。日本軍は東海岸をも守るべく兵士を東海岸に配備した。

41　前掲『沖縄決戦・高級参謀の手記』一七一頁。「敵の続々嘉手納沿岸に上陸中の、四月一日の時点における牛島中将以下軍首脳部は戦略持久の方針にいささかも疑念を抱かず、動揺はなかった。昨年一一月下旬、軍の作戦方針を樹立するに当たり、敵が嘉手納に上陸する場合は、南上原東西の堅古な陣地帯に拠り、これをえ討つ、すなわち戦略持久する方針に決まった。爾来四カ月余、この線に従い、鋭意全軍作戦を準備してきたのである。」とある。また、米国陸軍省・外間正四郎訳『沖縄』潮書房光人社、二〇〇六年、一一三頁には次のようにある。「第32軍砲兵隊は、進攻艦隊や上陸する米軍に発砲してはならぬという命令を受けた。（中略）また、各部隊は、米軍が海岸に上陸したあと、いまさら海に退くこともできない状況になるまでは、絶対に上陸を阻止する行動に出てはいけない。と指示された。（中略）一方、南部から米軍が進攻してきたら、これを海岸線で迎えうつ計画であった。したがって米軍がどこから上陸しようと、結局は首里の防衛線で激しい主力戦を展開せざるをえなかったのである。」とある。

42　前掲『阪神タイガース松木一等兵の沖縄捕虜記』二二頁に次のように記されている。「本島で大部隊が上陸できる地点は、東南端の港川か、中西部の嘉手納の二カ所の砂浜だけで、あとは断崖が多く上陸は不可能である。司令部では南端の港川に米軍が上陸するものとして作戦を立てたのに対し、賀谷隊長は中部の嘉手納上陸を主張した。（中略）石部隊は、各大隊に機関銃一個中隊、歩兵砲一個中隊と、歩兵五個中隊から編成されている大陸用の部隊で、米軍と戦えるような装備ではない。一説には、長参謀長が賀谷隊長の中部上陸説に立腹して、『あくまで嘉手納上陸を主張するなら、賀谷部隊で上陸点を守備せよ』と急に移動命令をだしたともいわれる。」と記している。

43　津覇は現在でもそうだが「津覇言葉《ちふぁくぅとぅば》」といって言葉遣いが特別に荒いと言われている。

44 前掲『ガイドブック中城村の戦争遺跡―沖縄戦の記憶と痕跡を歩く―』九八頁に「米軍はその地形から「ザ・ピナクル（尖峰）」と呼びました。頂上には自然の岩石を模した戦闘指揮所が造られ、その下には地下壕が掘られ、機関銃や鉄条網などが設置され、丘全体が陣地化されていました。（中略）一九四五年四月五～六日、この丘をめぐり日米両軍で激しい戦闘が行われ6日夜の戦闘終了まで多数の戦死者を出しました。」とある。その後米軍は無差別攻撃をするようになったとの声も聞かれる。

45 前掲『ガイドブック中城村の戦争遺跡―沖縄戦の記憶と痕跡を歩く―』一〇八頁。「一五五高地陣地は現在の糸蒲公園一帯にあった日本軍陣地です。米軍は「トゥームヒル（墓の丘）」と呼んでいました。」とある。新垣トヨらはその壕を掘る日本兵の手伝いをし、掘ったあとに出る土を運び出した。

46 前掲『沖縄県史』各論編第六巻、四八四―五一五頁。（石原昌家）

47 今でいう自治会の評議員や農業委員等のことを「有志幹部」という。主だった人々のこと。

48 「惣慶《そけい》」はウチナー口では「スウキ」と読む。証言者の言い方を尊重してその読み方で表現した。

49 うるま市の図書館の職員によると、当時の具志川村の人々は現在の国頭郡東村《くにがみぐんひがしそん》の有銘《あるめ》に疎開していた。家主たちが疎開から戻ってみたら南部あたりで捕虜になった見知らぬ人々が家に住んでいて、家主たちは居場所がなく、仕方なく豚小屋で寝起きしたとのことであった。

50 具志川市史編さん委員会（編）『具志川市史』第五巻戦争編戦時体験Ⅰ、具志川市教育委員会、二〇〇六年、八四二頁より転載。

51 うるま市前原にある。図37 参照。

52 琉球新報社編『ことばに見る沖縄戦後史』① ニライ社、一九九二年、五五頁。米兵の携帯用食品のこと。

53　前掲『ことばに見る沖縄戦後史』①四九―五五。ＨＢＴとは米兵の作業服（正式にはユティリティー・クローズ）という。

54　二〇二二年六月二四日放映のテレビ番組、本土復帰五〇年うちなー名作選ＢＳ１スペシャル『戦場に消えた住民～沖縄戦 知られざる従軍記録～』。ＮＨＫ国際放送局の記者橋本拓大記者、矢野豊ディレクターが取材・制作した番組で、筆者もリサーチャーとして協力した。

55　南風原村新川の壕。前掲『沖縄県史』、第六巻、五七〇―五七一頁に「第62師団野戦病院は、五月二一日に本院の壕（南風原村、ナゲーラ壕）から撤退した際と、六月上旬に武富の壕を出る際に、衛生兵が重症患者を注射で殺害している。（中略）モルヒネかクレゾール（消毒液）を使っていた。」とありヨシ子の証言とほぼ一致する。

56　『第一七号第二種、軍属に関する書類綴』沖縄県援護課　沖縄県公文書館所蔵、資料一九三一―一九五頁。

57　前掲『松木一等兵の沖縄捕虜記』四九頁。

58　給養とは軍隊で人馬に衣食等を供給すること。

59　「クラニーのトゥダースー」とはクラニーと呼ばれる家のトゥダースーという人の家族であることを示す。

60　春は賀谷隊長のことを「先生」とも呼んでいた。また「〇〇がも」という表現は沖縄独特の言い回し。「〇〇が」ということを強調した表現。

61　重砲兵第七連隊第三中隊野々田小隊。

62　前出『中城村史』第四巻戦争体験編、八一―八六頁引用。

63　屋嘉比収『沖縄戦、米軍占領史を学びなおす　記憶をいかに継承するか』世織書房、二〇〇九年、四四

—四九頁。「他者の声」とは共同体と個が合一化した「自己（共同体）の声」に対して、それとは異なる声をさす。」とある。言い換えれば集団で自殺すると決めた際に死ぬのをやめるきっかけとなった言葉のことと筆者は理解している。

64 前掲『沖縄民俗辞典』四四六頁a.「フィラリア。蚊が媒介する原虫によって発生する慢性的な寄生虫病。（中略）沖縄ではクサまたはクサフルイと呼ばれ、古くから住民を悩ませていた。」同、四四九—四五〇頁b.「風土病。琉球列島の各地で感染率が高い疾病であった。」と紹介されている。

コラム④「賀谷與吉」という軍人

玉那覇春さんが行動を共にし最期を見届けた賀谷與吉大隊長とはどんな軍人だったのか。

一八九九年に山口県の現防府市に生まれ陸軍広島幼年学校から陸軍士官学校（三三期）卒業後中国戦線で一九四四年（昭和一九年）一月独立歩兵第12大隊長を拝命（陸軍中佐）する。

一九四四年八月に独立歩兵第12大隊は中城村津覇の津覇国民学校を大隊本部として配備される。沖縄戦が始まったとき独立歩兵第12大隊は一部の海軍部隊も指揮し「賀谷支隊」として、上陸したアメリカ軍部隊を第32軍の前進陣地の161.8高地陣地や嘉数から南上原を第一線とする日本軍の主陣地帯に、進撃を遅らせながらおびきよせるという役割を与えられた。防衛省防衛研究所戦史研究センターの齋藤達志二等陸佐によればアメリカ軍をおびきよせる警戒部隊の指揮はいわゆる「戦上手」でないと務まらず、第32軍内部で優秀な戦闘指揮官としての信頼が厚かったと言えるということである。

また独立歩兵第12大隊で炊事兵だった松木謙治郎によれば、ほかの兵士なら怒られるような場面でも、賀谷大隊長は見逃してくれたり、話しかけられたりすることもあったと話している。玉那覇春さんをおぶって逃げたり、自分のふんどしを降伏用に使うようにはからってくれるなど、厳しいだけではなく優しさも持ち合わせていた部隊指揮官だったのではないだろうか。（もっとも女性を中心に地元の人達を看護婦・炊事婦などとして多数自分の指揮する部隊に動員しているのだが）

賀谷興吉は一九四五年六月一〇日に大佐に昇任、戦死後少将に特進した。享年四六歳であった。

齋藤達志二佐によれば賀谷大隊長が戦死した場所や詳しい様子は記録に残っておらず、新たな証言だとして注目しているとのことだ。

また防衛大学校卒業後、陸上自衛官として八重瀬町と糸満市にまたがる陸上自衛隊南与座分屯地司令を務めたことのある賀谷眞悟元一等陸佐は「司令時代、賀谷興吉は喜屋武岬のサンゴ園近くで亡くなったという話を聞いたものの、亡くなったときの状況などはまったくわからなかった。、今回の証言で亡くなった場所は一致していると思う」と話し、玉那覇春さんの証言が正しいのではないかと話している。

賀谷眞悟元一等陸佐とは自身が賀谷隊長の親戚ではないかと現在調査している男性である。

第四章　戦後を生きる

第一節　沖縄戦終戦直後の生活

沖縄戦直後の生活は生きていくために、様々な工夫をして生活を立て直す努力をしたことが体験者の証言から窺い知れる。

沖縄戦直後、収容所で暮らしていた人々は長い間自宅のある村に戻ることができない状況が続いた。中城においては、はじめに「当間の下」（現在の吉の浦会館、護佐丸陸上競技場、農産物の集出荷場の近く）に収容所としてテント村が作られ、後に津覇、奥間、伊舎堂、添石にも収容所が作られていった。津覇の収容所には津覇の他に北浜、南浜の住民と和宇慶の住民が収容された。北浜、南浜および和宇慶に西原飛行場[1]（与那原飛行場）があったため住民はふるさとに帰ることができなかったからである。余談になるが、戦後に津覇と和宇慶の人とが結婚するようになったのはこの収容所での共同生活があったからだとキクは話す。

図52は西原・与那原飛行場である。日本軍が建設したが戦後はアメリカ軍が使用した。（昭和三四年に返還された。）

奥間の収容所には伊集の住民も収容された。久場に引揚の港とコンセット[2]があったため、久場の住民は久場に戻れなくて伊舎堂と添石

図52　与那原・西原飛行場
沖縄県公文書館所蔵

の収容所で暮らした。その後は標準屋と言われたトゥーバイフォー（2×4）という材木を使って茅葺家を作って暮らした。

そんな生活の中で衣食を賄うことが最優先された。終戦直後の生活に関して聞き取ったことを記述していく。

１　メリケン粉の袋で作った下着

以下は比嘉キクの証言である。

捕虜になっても着る物はなかった。パンツがなくてノーパンツ（パンツなし）するわけにもいかない。見られるさね。それでチリ捨て場に行って米軍が捨てたメリケン粉の袋を探してきれいに洗いそれでパンツを作った。針と糸があったのが不思議ではあったが、どうにかして針と糸を探して縫った。中にはそれができなくノーパンツしてマーイ（尻）が見える人もいたよ。

このように手に入るもので工夫して下着をこしらえる逞しい住民だったことが分かる。また、米軍の軍服を仕立て直してスカートに、毛布を使ってオーバーコートに仕立て直す人もいた。そのオーバーコートは筆者がまだ幼かった昭和三〇年代まで実家に残されていた。それはていねいな手ぬいであった。その他、落下傘の薄い生地はスリップ（洋装用の下着）を作るのに最適だったようである。

２　戦果アギヤー

戦果アギヤー（戦果をあげる者）とは、米軍基地から物資や食糧などを窃盗する者たちを意味する。生活が困窮していた時代の住民たちにとって「戦果アギヤー」は、むしろ勇者とされていて、尊敬されたりもしたようだ。平常時では考えられないほど生活に困窮した時代であった。

戦果アギヤーに関して戦後に広く言われていた逸話に次のような話がある。

あるとき戦果を挙げようとしていた男性がその現場をアメリカ兵に見られるという事態になることがあった。その時その男性はその場をごまかすため「ワタ　ヤムン」といった。意味は「お腹が痛い」というウチナー口である。ところがアメリカ兵は「What time ?（何時か?）」と聞き違えた。「九時半だよ」という意味で「Nine three.（ナイン　トゥリー）」と答えた。すると男性にはその返事は「ナーヒン　トゥレー（もっと取れ）」と聞こえた。そのあと男性は大いに喜んだという。

この話のおかしさを理解できる人はおそらく沖縄の人でも年齢が六〇歳後半以上の人だと思われる。本書を読んでいるあなたは果たして笑うことができるだろうか。

3　チリ捨て場の宝物

チリ捨て場には缶詰や瓶詰のほか皮が付いたままの果物など、まだ食べられそうな食べ物が捨てられていた。チリ捨て場にはそういった宝物がたくさん落ちていた。

井口恭雄は「ピーナツバターは、半分は食べられていたけど、とてもおいしくうれしかった。」と話した。食べ物以外では紙類（裏が白紙のまま）も多く、子供たちが拾ってノート代わりに勉強に使った。もちろん鉛筆もあった。

津覇の海岸にも「森山」という名で呼ばれていたチリ捨て場があり、少し直せば使えそうなものがたくさん廃棄されていた。大人も子供も通ったそのチリ捨て場は、昭和三〇年代まで残っていた。筆者も中学校に通い出す頃まで、そこに宝物をひろいによく出かけたものである。

４　手作り校舎の学校

学校は早い時期から再開された。テニアンから引揚げてきた新垣光子は北部で戦後を過ごした。光子は嘉陽の学校に通った。以下は光子の証言である。

　テニアン育ちで標準語が得意だった。そのため学校では先生に頼まれてリトルティーチャーのような役割を担うことになり、他の生徒たちに標準語を教えてあげた。
　また、教科書が生徒全員分はなかったので祖母にも手伝ってもらって教科書を裏紙に書き写してクラスの者にくばった。だけど女子の分だけで男子の分は作らなかった。なぜなら男子はしょっちゅう女子に嫌がらせをしたからである。
　校舎は自分たちも手伝って作ったコンセットの教室であった。海岸から石を拾ってきて床に敷いた。私たちは教育改革と言って六・三・三制の第一期生であった。

同様に、井口恭雄にも学校の思い出がある。井口も光子同様、六・三・三制の第一期生であった。以下は恭雄の話である。

中城で学校が再開した。屋宜の小学校と当間の下のテント村に中城中学校ができた。生徒は校舎を建てるため、かやを刈ってきたりして協力した。中学校には津覇小学校から来た生徒もいた。優秀な人たちがたくさんいた。

運動会や学芸会があり、学芸会では護佐丸のことを劇にした。その予行演習もしたが、本番になったら米軍から中止命令があった。理由はよくは分からないが護佐丸と阿麻和利のことで闘いがテーマだから許してもらえなかったのだろうと思った。

沖縄戦が終わって学校教育も六・三・三制となり戦前とは異なった教育制度となった。光子の例からは工夫をして勉強する様子がうかがえる。

恭雄の話からは、学芸会での戦いを主題とした劇が中止になるなどアメリカの意向が学校にも反映されていたことが伺える。仇討ちを扱った劇の上演は、沖縄の人々のアメリカへの反発心を煽るものとアメリカ軍政府に判断されたかと推察される。

5　賃金が払われない軍作業

軍作業と言ってアメリカ軍の基地内での作業があった。掃除や洗濯等の軽作業もあり、水道工事や道の工事などの肉体労働もあった。その他近くの畑で芋を掘る作業などもあった。それらの作業に賃金が払われるわけではなくタバコや缶詰、メリケン粉、米などが配給されただけであった。人々はそれを住民同士で物々交換し生活物資を手に入れていた。

6　護岸工事

津覇に戻って後の一九四九年に公共工事としてまず護岸工事があった。護岸工事は字直営で行われ工期は一二〇日であった。[3] 大城為一はまだ子供だったがこの護岸工事に参加した。以下は為一の証言である。

　両親とも戦死し自分と妹は祖父母に世話されていた。まだ子供だったが学校には行かなかった。一九四九年に祖父母も亡くなってしまい孤児となってしまった。

　そして一三歳からは戸主として妹と二人の生活を支える必要があったため護岸工事に参加した。護岸工事には大人たちは一週間交代だが僕は子供だから「毎日来なさい」と言われた。子供だからヒマしたら不良になるかも知れないといって毎日来なさいということだった。今考えると配慮されていたのだと思う。

　玉那覇春さんや新垣隆永さんも一緒だった。みんなに良くしてもらった。日当は三〇円だった。今の三〇〇〇円くらいで大人はもっと高かったと思う。森田のオジーや上義間のオトーたちの石細工の職人さんたちは日当八〇～一〇〇円くらいで、監督さんたちは七〇円だった。監督は今でいう有志幹部の人で、仲玉那覇《なかたなは》のオジー、東《あがり》のオトー、前西玉那覇《めーいりたなは》のオジー、区長の瀬名波さんが当たっていた。

以上のように各字の護岸工事による緊急雇用は、住民たちの生活を支えた。

7　建設業

戦後は建設業での仕事があり、為一は一四、五歳から働いた。日本本土資本の浅沼組や納富建設では嘉手納飛行場の整地作業、松村組建設ではブロックを積む作業、山工務店では米軍基地の建設、飛行場建設、米軍の家族部隊（米軍の居住エリア）の建設の作業をした。新垣隆永とも同じ現場で働いていた。

当時の沖縄の住民にとって米軍基地やその家族部隊のための施設を建設することは、当面の生活のためだったのである。

8　家族経営のサーターヤー（小規模の黒糖製糖業）

一九四六年に新垣隆永の父・隆由は自分で黒糖製造を始めた。[4] 作業は基本的に家族だけで行った。動力は馬でサーター車（キビの搾汁機）を回してサトウキビの汁を絞り、米軍の戦闘機のジュラルミンを使って造られた大鍋で汁を煮詰めた。戦前は数人のグループで共同経営していたが、戦後は参加する人がいなくて個人経営となった。家族経営のサーターヤーは一九六二年に西原製糖株式会社に権利を売却するまで続いた。

９　農地改革

「農地改革」[5]といって戦後農地の所有権が認められなくなるといううわさが農家に広まったことがある。以下は隆永の証言である。

　マッカーサーが農地の所有権を取りあげる「農地改革」のうわさが広まったことがあった。だけど父の隆由は「農地の所有権を取り上げるようなことはない」とかたく信じていた。実際には農地の所有権がうばわれるということはなかった。途中から軍作業に賃金が払われるようになり、[6]多くの人が農業より軍作業がいいといって軍作業に就職するようになった。

　それから自分は農業に熱が入るようになった。その頃からやっと戦争が終わったという実感がした。とは言っても農業だけでは暮らせないから日中は建設業に行き朝と夕方だけ畑の手入れをした。

　社会制度が変わるたびに人々はふりまわされることは昔からあることだろう。農業に従事する者としては、自分の畑の所有権が認められなくなるということはどのような意味を持っていたのだろうか。この場合の隆永らは「農地改革」の意味を誤解して捉えていたのだが、中には落胆して農地を売り払う人々や、外国へ移民として移住した例は多かった。

筆者の父・隆永の三番目の姉のハルの家族はブラジルに出移民した。ハルのことは第六章で詳しく述べる。また沖縄戦中に島尻で捕虜になるまで共に行動した喜友名小の亀の家族はアルゼンチンへ出移民した。さらに筆者の母のトヨの姉の比嘉光子の家族もアルゼンチンへ出移民した。

「農地改革」だけがその要因ではないにせよ、アメリカの統治下となった沖縄にいつくことを嫌ってのことではないだろうか。逆に沖縄にそのまま留まることを決めた人々は、外国への渡航資金を作るために畑や屋敷を売る人から土地を比較的安く手に入れることができた。

人々は生きること、生活することを最優先して一生懸命に命を支えるために生きてきたと言える。農業、軍作業、建設業、土木作業、ハウスメイド等、それぞれ自分のできることで生計を立てた。いずれにしても自分で決めた方法で生きるしかなかった。

どのような現実であっても自分に責任を持って受け入れなければならないのだ。戦争を生きぬいた人々は、戦後も生きていくために自分で決めた方法で生きぬいたのだろう。

1　アメリカ軍の西原・与那原飛行場である。旧日本軍が建設したものであるが戦後はアメリカ軍が使用した。その後アメリカ軍が爆撃機としてＢ52を採用したため長い滑走路を必要とし、飛行場は現普天間飛行場に移転し、西原・与那原飛行場は一九五九年に返還された。

2　かまぼこ兵舎と呼ばれる簡易的な作業小屋。図51の写真の左側の建造物。

3　前掲『津覇誌―五百年の歴史を刻む―』八五頁参照。

4　前掲『津覇誌―五百年の歴史を刻む―』八四―八六頁参照。

5　来間泰雄『沖縄の農業』日本経済評論社、一九七九年、六四頁において、来間は「農地改革はなされなかった―戦後アメリカ軍の占領支配下にあった本土においては、農地改革がなされ、その成果を維持するために農地法が制定施行されたが、沖縄においてはそれがなかった。」と指摘している。もちろん当時農地の所有権がなくなると言われたことは誤解であって農地改革のもつ意味は隆永らの認識とは異なるものであった。詳しくは来間泰雄『沖縄の農業』をお読みいただきたい。

6　鳥山淳「復興への邁進―軍作業をめぐる人々の動き」『戦後をたどる―「アメリカ世」から「ヤマトの世」へ―那覇市史』通史編第三巻（現代史）改題、琉球新報社、二〇〇七年、九二頁、中の段。「一九四六年五月に貨幣経済が復活し、Ｂ円によって賃金が支払われるようになり、（中略）現金収入を得るための職場として軍作業が拡大していく」とあり、農業より軍作業を職業として選択する人が多くなった。

第二節　戦後にハウスメイドをしていた女性たちの座談会の記録

聞き取り調査では津覇の女性を数人集めて座談会をする機会を数回持った。その話し合いの中で、女性たちはその時初めて他者の体験を聞くことができたようだ。同じ津覇出身の住民同士であっても普段は沖縄戦について語り合う機会がなかったことから、お互いの体験を知り一様に驚きと共感で盛り上がる場面があった。

自分の体験と他者のそれとの共通点と差異点とが女性たちに新たな気持ちを生じさせ、苦しかったのは自分だけではないという安堵に似た共感をもたらしたであろう。そして互いにカタルシス効果（心の浄化作用）を感じたに違いない。このような機会を今後も開いて欲しいと口々に話していた。

1　メイドの経験のある女性たちの座談会（2回目）

以下は二〇二〇年二月二〇日の聞き取りである。長くなるがその状況を表すためその一部を記述する。会は二回行ったが紙面の都合で二回目の会（二〇二一年二〇日）の分を記述する。

＊途中で「オーケー」という言葉をきっかけにして戦争当時の話に変わっていく。

聞き手、譜久山《ふくやま》ミッシェル[1]、久志隆子

参加者

・比嘉トヨ（昭和三年一二月八日生まれ）

・比嘉ハツ子（昭和六年九月五日生まれ）

・比嘉キク（昭和六年一二月一〇日生まれ）
・（新垣光子昭和九年六月二五日生まれ、特別参加）

(1)　戦後におけるメイドの経験

①　メイドの仕事をするきっかけはなにか？

ミッシェル：メイドの仕事をどうやって知ったのですか。この情報はどうやって手に入れたのですか。

キク：これしか仕事はなかった。労働者（の口）もあったしランドリーとかもあった。でも人数（制限）が何名とあった。それに入れなかったからメイドに行った。

光子：この辺にも何かあったという。いっぱいアメリカーがいたという。終戦後は。

トヨ：こっちはよ。崎原小《さちばるぐゎー》。ハートライフ病院のところ。あの辺は海軍が（駐屯していた）。

キク：あの辺にアタンヤ（あったね）。

トヨ：海軍とメスホール（食堂）はあった。総合《そうごう》メスホール（食堂）に終戦後働いてはいたけど、こっちが引きあげていた（私はそこをやめた）。あとはメイドしかなかった。

キク：北谷《ちゃたん》、瑞慶覧《ずけらん》とか。ライカムとか。軍作業に。

トヨ：泡瀬《あわせ》。

キク：泡瀬部隊。家庭。渡口《とぐち》の上にもあった。泡瀬は家族部隊。[2] イオンまで行かんまで。渡口とイオンライカムの間くらい。

トヨ：ＰＸ、ライカムのところ。ここら辺は全部部隊（家族部隊）があった。オーミスカンパン（カンパンとは兵舎のこと）とか、女だけの部隊などたくさんあった。
光子：あの辺に学校もあったでしょう。アメリカの学校。ＰＸの向かい。
キク：久場崎《くばさき》は学校、ハイスクール。
トヨ：（職業）安定所があった。労務所。安定所にいってどこそこに空《あ》いているから行きなさいと。友達の紹介で行ったこともある。いろいろ。いいところを紹介されて。

② メイドをしていてびっくりしたことはなにか？

ミッシェル：仕事をして一番びっくりしたことは何か覚えていますか。
トヨ：びっくりしたのは、何かの仕事をやっていてコップでも何でも割ったら怖くて心配した。買って返済（弁償）しないといけないね、と思っているところを奥さんがいい奥さんだったから「これはたくさんあるからこんなに心配しなくてもいいよ」とおっしゃっていました。買わないでよかった。こういう時に似ている物はないし、軍からの物はみんな上等ですから困った。このことには驚きました。割ってしまって。
キク：優しいよ。優しかった。奥さんたちは。
トヨ：ウン。ウン。外人さんはいい方ですね、みんな。はじめは怖かったんですけど。
キク：言葉があんまり通じなかった。ティーヨーシ（手ぶりで、ジェスチャーで伝えた）

ミッシェル：言葉が通じなかったらどうしましたか。
キク：なんでも悪くないかねと、メイドだから、いつも怖がっていた。ひやひやソークゥトゥ（ひやひやしていたから）。
トヨ：一回は、「家庭」のパパさんが私の肩からこうして（サイズ）を測って。「何でこんなするかね」と思っていた。したら（そしたら）、奥さんは隣の家のメイドを連れてきた。隣のメイドさんはとても通訳できるくらいに英語が分る、英語を知っておりましたから。この人が通訳して「あんたの年頃の娘さんがいるって、年齢が近いからあんたに洋服をあげるって。（サイズが）どのくらいあるか、寸法を測っているのよ。」と教えてくれた。
　こんな、こんなするから「ヌースガヤー（何をするのかな）」と驚きました。やっぱり言葉が分からないからもう追い込まれて。英語があんまりアレだから、また自分は敵愾心が強かったわけ。自分の親もきょうだいも（沖縄戦で）やられているから「アンネーヌ　ヤナ　アメリカー（このにっくきアメリカ人め）」といつもアレしてるから、こんなにして「ナー　ハーゴーサヌ（もう、いやらしい）」と思って。
　隣の家のメイドは「あんたにあげるというてだのに、なんであんたはこんなにアレするの」と通訳してくれた。「ああ、そうですか、どうもすみません、ありがとうございます」といった。通訳の方に通訳させた。あの時はとても心配だった。やっぱり言葉がわからんと大変ですね。お互いにね。だから私はほとんどジャパニー奥さんのところに行きました。シベリアン（シビリアン、民間人あるいは軍属）でね。旦那は民間人、シベリアン。イッペー（とても）偉い方だと思う。

③ 言葉が通じなかった時のコミュニケーションはどうとったか？

ミッシェル：日本人の奥さんだったら何となくコミュニケーションとれると感じましたか？

ミッシェル：もしアメリカ人の奥さんがいてコミュニケーションの問題があったらどうしましたか？

ミッシェル：どうやってコミュニケーション取りましたか？

光子：どんなにして対応したかって。ジェスチャーじゃない？そんなとき。

トヨ：そうね、分らない時はジェスチャーで。

トヨ：あんたはジャパニー奥さんのところに行ってないでしょう。みんなアメリカ。イギリス人、ドイツ人でしょう。

キク：（その人たちが使っている）言葉で分るから。アッター（彼ら）が言うのを聞いているから分かるのさ、イギリス人、ドイツ人がいた。イタリヤ人はアタラン（イタリア人は担当しなかった）。アメリカ人とミッチャイ　アタトーサ（三家族を担当した）。家族部隊。（メイドは）遅くから行ったんですよ。若いときはね、親の手伝いするといってみんな畑。畑ばっかししていた。畑ばっかりさせられてね、一九、二〇歳までは。二〇歳からル軍作業ンチンジトークトゥ（軍作業にいったのは二〇歳からだった）。ウリンチョーン　労働者（それも労働作業として）、労働者ウヒ小ソーンテ（労働作業は少しやったよ）。北谷ウティ、水道ヌ穴フヤーナ（北谷で水道工事の穴掘りさ）。イッペー　ウホーク　津覇からンジョータンヨ（津覇の人もいっぱい行っていたよ）。手が足りないから行こうンジ　ウングトール労働者ンシミラットォール（人手が足りないから行こうといってこんな労働作業をさせられた）。北谷。ライカム　ンディ　イータンヤ（北谷、ライカムって言ってたよね）。

④　メイドをしたのはいつごろからか？

キク：同級生はみんな軍作業歩いているけど、ワンネー二〇カラルンジトール（同級生はみんな軍作業にいっているけど、私は二〇歳からしか行ってない）。数え二〇歳カラル軍作業ンチ　イッチョール（軍作業には数え二〇からしか行っていない）。

きょうだいが小さくて、親に言いつけられて一緒に育てるといってね、おうちの仕事をしたり畑にいったりしてね、数え一九歳までド（きょうだいが小さくて、親に頼まれて親と一緒に育てると言って家事をしたり畑に行ったりしてね、数え一九歳まではね）。

オトーがニッカカラ　カンナジ男《いきが》ナスンディチ　ミッチャイ　ナチネーラン　グナー小ターマジュンシ　フドゥウァースンディチ。戦後ナティカラ　オッカー　トゥメーティ、一緒に仕事サネーナラン。（笑）

（お父さんが遅くから男の子を生んでもらいたいと三人を生んでもらっていた。この小さい子たちを一緒に育てるといって。（お父さんが）戦後に奥さんをめとって。親と一緒に家の仕事をしなければならなかった。おうちで家事していた。）

トヨ：後妻が（いたのね）。

キク：義理のきょうだいの面倒見た。二、三名いる。

キク：ンカセー　カンナジ　イキガ　産《な》スンディィイチテ、アンシまたイナグルヤッサー。ンカセーヨ　イキガナスンディ　若オッカー　トゥメーティ。ナマー　イナグ　ナチン　スグそのままヤッセー。ナー　若オッカートゥメーティ　ミッチャイナチェークゥトゥ　アワリシ。（昔は必ず男の子を産むといって、それで（次女である私は）また女の子さ、それで若い嫁をめとって。今だったら女の子を産んでもそのままさね。（お父さんは）もう、若い嫁をめとって三人も産んでいるから苦労した）

トヨ：（私は）結婚する前はメスホール（食堂）で働いていた。結婚して子供もできてから。旦那はまた「男が女を食わしきれないから女まで働くんですか」といってね、夫の太郎はもう絶対（働きに）行かさんていって私は逃げるようにして働きに行った。（私の旦那は）とても厳しい。

みんなが行くから私も行くよ、といって。また、お姉さん、小姑のハル子オバサンと一緒に、はじめは嘘ついて那覇に買い物に行くからというて。仕事はすぐあしたから（仕事は次の日から）行ってあとはもう許してくれた。（夫は）「自分はチャーこれだから男の面目だから女まで働かせて食うか」と。だからンーナ出ているのになんで（みんな働きに出ているのに、なんで私は働きに行けないかと思って）。だから私は逃げるようにして働きに行った。

また、いい「家庭」にも恵まれてね。クリスマスパーティーがありますよね、その時、私は前もって話してあったわけ。「私の旦那は（日本軍の）海軍志願で、兵隊志願だった。志願で行っ

ているからとても厳しい。うちの旦那はこういう人です。私は子供も三人いますよ。」という
て働いていた。だからクリスマスパーティーで旦那にはバンド、私の物はへびの革のハンドバッ
グと、それに財布を入れて、こんなにしてクリスマスパーティーにはプレゼントだったんです
よ。とてもいい「家庭」、私は恵まれていますよ。
　あとからはね、言葉が通じないから、ジャパニー奥さんのところに行ったよ。あっちでは話
し合いもできた。やっぱり言葉が通じないとほんとに困るね。

⑤　メイドからみたアメリカ人の印象は？

キク：アンシ　アメリカ人ノー　エンダー小ヤテールムンナー。チャー　シカシカシ　ヤタンヤ。
（あんなにアメリカ人は穏やかだったもんだねと思った。でも私はいつもびくびくしていた。）

トヨ：はじめ、私は敵愾心が強かった。自分の親きょうだいがみんな戦争でやられているから「あ
んたがたには負けないよ、戦争は負けたけどこっちも上等だよ、絶対負けないよ」というて。「も
うこうしてやったよ。」というてね。まねして。はじめはそうだった。でもあとからは、もうわかっ
ているから。私も分かりますから。はじめはとても残念で、戦争も日本が負けたのかと思って。
堪忍袋の緒が切れたね、と。こんなにして思っていた。とてもチャー（ずっと）国のためと思っ
て、こんなふうにして何もかもやっていました。でもあとはもう、戦争も負けて。負けたけど
外人、アメリカ人がいい人だったから。やっぱり共に暮らしてみてありがたいねと思った。

⑥　メイドの仕事のルーティンは？

ミッシェル：メイドさんのとき何しましたか？一日で。
トヨ：一応掃除、キッチンの。
キク：洗濯をしてから掃除して。

ミッシェル：メイドの仕事する前に日本の掃除とアメリカの掃除と違っていたりするでしょう。
キク：教えよった。奥さんがみんな教えよった。こうしてこうしてといって。優しかったよ。とても。ワンネーいいトゥクゥマ　アタトーテールムン。（私はいつもいいところで働いていた。）
ミッシェル：毎日同じようですか？
キク：大体はよ、「家庭」の仕事だから。朝は、洗濯はしてから掃除して、またキッチンの道具洗ったりして。午後からはアイロン掛け。

久志：料理は？
キク：料理はたまに奥さんがアレ（料理）したら一緒にしよった。みんな教えよった。一緒にしよった。いい奥さんヤイネー　ムル　マジョーン　ヤタンドー。（奥さんがいい人だったらいつも一緒だったよ。）一緒に食事は食べた。
トヨ：言葉が分からないから。洋皿にご飯をたくさんカレーみたいに入れてあるから。言葉が通じないもんだから「これは大好きよ」と「こんなご飯好きよ」というた。毎日、毎日これをくれた。この奥さんが「トヨさんはこれが好きというからいつもこれあげようね」というて。「これを食べてからこうして私も元気でストロング小林[3]になっているよ」と外人さんがおっしゃった。もう私が、これが好きというたから毎日これを作ってもらった。

キク：あとから、日本人が好きな米、ご飯、アレが箱小に入っているものをカムソリー（コミサリー[4]）から買ってきて、「こっちの食事がおいしくなかったらこれを炊いて食べてね」といって買ってきてくれた。自分で炊いて食べよった。お昼ご飯、米ヨ、買ってきてくれた。箱小ナカ　イッチョータン（箱に食材が入っていた。）箱に入っていた（食材は）奥さんがみんな買ってきてくれた。

⑦　食事はどうか？

ミッシェル：大体「家族」と一緒に食べましたか？メイド一人で食べましたか？

トヨ：みんな一緒。

ミッシェル：大体、準備された料理が好きじゃない場合は自分で炊いて食べる？

キク：たまには自分で炊いた。奥さんに用事があったり仕事だったりしたらお昼は自分一人だから、お昼は自分で炊いて食べた。

トヨ：私たちは全部奥さんが。

キク：仕事ヤシンウタセー奥さんが（奥さんが仕事についているところもあったさ）。一番は泡瀬ンカイ　ンジョータセー奥さんは（一番多かったのは泡瀬に勤めていたさ、奥さんが）。北谷ヌ郵便局とか。

⑧ メイドをして嫌だったことはなにか？

ミッシェル：いやな点もありましたか？メイドさんも嫌なことがありましたか？

トヨ：メイドが嫌なこと？

ミッシェル：自分が仕事した時に嫌とか。

トヨ：ううん、ん。こんなのはない。とても理解なさって、奥さんが。理解なさっているからね。旦那さんもやっぱりいい旦那さんなんで。とてもいい「家庭」、「教育（熱心な）家庭」で。（沈黙）

⑨ メイドの給料はいくらだったか？

ミッシェル：給料はいくらくらいになりましたか？

トヨ：給料は。

キク：はじめは一〇万、あ、一〇ドルくらいルヤタルハジド。コック　シーネー二〇ドルチャッサガヤランディユタンヨ。

（給料は一〇ドルくらいだったよ、料理もしたら二〇ドルいくらかだったさ）

トヨ：コック　シーネー高いよ（料理もしたら給料は高いよ）。

キク：アンシ　ワッターヤ　アトゥカラ　奥さんからナラーチ　コック　スタルバアイテ、ウニネー　二五ドルグレー　トゥラチェータン。たくさんヤ　サンタンテー。アトゥカラドー　アトゥカラ。
（私の場合は後から奥さんが料理を教えてくれて料理することもあったよ。そんな時は二五ドルくらいくれてあった。でもなんどもしたわけではない）。
はじめは一〇ドルから二五ドルグレー（最初は一〇ドルから二五ドルくらい）。はじめは一〇ドルから。言葉も知らないし何もできないから。一〇ドルグレーヤタン。（一〇ドルくらいだった）。
（お金のレートは）三六〇倍ルヤタンヤ（三六〇倍だったよね）。ドルと日本円と。
ナマヤ　ウヒ小ナトーセ。一ドルシ　一〇〇円。一〇〇円ンアランテ。（今は少しになっている。1ドルが一〇〇円。一〇〇円でもないか）

光子：（復帰の時の両替は）三〇五円なっていた。（復帰前は）お金替える時は三六〇円だけど復帰なってから三〇五円だった。

キク：三六〇倍。

光子：（復帰前は）三六〇円。復帰してからは（一ドルが）三〇五円なった。

キク：あ、サガトータンヤ（あ、レートは下がっていたね）。

⑩　勤め先の「家族」からお土産はもらったか？

ミッシェル：「家族」からお土産ももらったりしましたか？たとえばコミサリーから何か買ってもらっていましたか？

トヨ：買い物？

キク：たまには奥さんと一緒にカムソリー（コミサリー）に行ったり。
光子：（お土産を）もらったかって。おうちにお土産もらったね？って。
トヨ：（コミサリーで）買って来たら、「旦那にあげなさいね」といってタバコとかね。
光子：うちの親戚がハウスメイドしに行って、遠い親戚だけどこかの外人の主人と一緒になって
奥さんは（追い）出して。アメリカに行ったけどこのあとは分からない。
トヨ：たまにはね、チキン、まるままむこうが買ってきてお土産（を）カミソールから買ってきてこれも持たされたよ。総合メスホールにも連れて行きよった。奥さんが。
キク：ウエノヤ　ンカイウイネーテ　夜は「あんたひとり残るか？」ンチ　北谷の野球がアタサ、アメリカの野球場があったさ、あっちに連れていきよった。夜から。一緒に。ユーソーティイチュタンド
「あんた一人（で）さびしいのに行こう」ンディイヤーニ。子供は二人だったけど男二人。主人が帰ってきて。サージュン級ルヤシガテー　マスタサージュン　ルヤタガヤ　上と下ヤ、上も下も三つ。マスタサージュン　ルヤタガヤー、ヌーナトーガ。ワシトーサ。忘れている。（笑）
（那覇の上之屋《うえのや》にいたときに、夜は「あんたひとり残るね？」といって、北谷の野球場があったさね、アメリカの野球場があったさね、あっちに連れていってくれた。夜から。一緒に度々連れて行ってくれた。「あんた一人さびしいでしょう、一緒に行こう。」と言って。子供は二人だったけど男二人。主人が帰ってきて。主人はサージュン級だけどね、マスタサージュンだったかな？上と下は、上も下も三つ。マスタサージュンだったかな？　何だったかな？　忘れているさ。）

トヨ：サージュン　ヤ　将校？（サージュンとは将校のこと？）

⑪　夫婦げんかの末に離婚してアメリカ本国に帰っていった奥さんの思い出

トヨ：スペーナス（スパニッシュ、ラテン系アメリカ人のことでトヨの造語）の奥さんだったけど、この奥さんは柔道やっている。柔道の三段持っている。もう体格もドンピシャリテ、（奥さんは体格もよくて）。してメスホールに連れて行ってくれた。そしたら、あっちからもこっちからもみんな「ユー　デンス？ユー　デンス？」というて「デンスするね」というて、こんなして来るわけよ。あっちからもこっちからも。私もう言葉も通じないから、接待で働いている女たちがいるさね、この人たちに「イエェ　ヌウディ　イヤァギーガ　ヌーディガラ　イヤァギーンド（ねえ、なんと言っているね、何か言っているよ）」というてね、この人がね「イヤァ　デンスサンナー　ディル　イヤァギンドー（あんたダンスしないね、踊らんね、と言っているよ）」「ユーデンス？ユー　デンス？」というて。

私は怖いから嘘ついて、「歯がいたい」というた。人は「なんでこの人、笑いもしないでこんなしているの」というていた。私は「歯が痛いからできないよ」というて「あんたがいうて」と、このメスホールの沖縄（人）のこの働いておるウェイトレスに通訳させてよ、（ウェイトレスの人達に訳させてよ）「あ、そうですか」ンディ　イヤーニ（と言って）「歯が痛い」というた。「なんでスマール　ンディ　イヤギガヤー（なぜスマイルって言うかな）と思った。それは笑いなさいという意味だった。

もう私は初めに言うたわけよ、「私の旦那は日本軍の海軍志願で子供も三名いますよ。うちに帰れば立派な奥さんよ」というて。しても、あっちからもこっちからも「ユー　デンス、ユーデンス」いうてくるから。シーン、ナー　ヒッチー（いやだ、もう、しょっちゅう）。「笑いもしないでなんでこうして座っているの」という。私はもう、話もしなかったわけ。怖かったのに。

（奥さんは）舞台の上にあがって。将校メスホール、安谷屋《あだにや》から行ってすぐの瑞慶覧《ずけらん》、石平《いしんだ》から行った将校メスホールだった。食堂、ご飯食べるところ。そっちに連れられて行って。ワッター奥さんは向こうで（ダンス）やっている。私は自分一人座っている。（そ）したら、また他の兵隊さんが「ユー　デンス、ユー　デンス?」いうてくる。「あんたダンスやらないね」という意味。「ユー　デンス?」「ユー　デンス?」といってくる。私は一人で座っていて、奥さんは向こうで踊っている。私はここでただ座っている。また他の兵隊が「ユー　デンス?」いうてくるわけよ。私はできないというて。だから笑いもできない。私、怖くてよ。

キク：ムルアメリカ人ヤクトゥ（みんなアメリカ人ばっかりだからね）。

トヨ：うん。私、ヒッパラレナイかな（さらわれないかな）と思って。夜だから。奥さんはもう向こうでダンスしている。

奥さんの旦那はベトナムに行っているわけよ。

（旦那さんが）あっち（ベトナム）から帰って来たら、この奥さんのボタン、オーバー（コート）のボタンがなかった、一つ切れて。（そ）してこの旦那さんは嫉妬した。「あんたは浮気したね」

という意味でしょう。ケンカが始まってこのスペーナスの奥さんは離婚して（アメリカ本国に）帰りましたよ。私は、飛行場まで見送り行った。私に二〇ドルはくれてあった。ちょっとケンカしたら、旦那が起きてきたら「グー　モーニー」と奥さんが言うても、ただこんなして新聞ばかり見てもう奥さんと何も話ししない。これからあとはケンカ。奥さんはこっちにはおれないというて本国に帰ったわけよ。スペーナスの。体格も大きくてね。夜にライカムに行くときに私も連れて行って。おうちまで奥さんが送ってくれて。

ナー　スグ　リンチオーエーシテ（もう、すぐに痴話げんかして。嫉妬してから。）こんなアレもありました。かわいそうだったよ。旦那さんは新聞ばかり見ている。人が挨拶しても。鼻が高くて、こうして自分ばかり理想が高いという意味でしょうね。こんなにして旦那は。

まあ、この奥さんも自分が悪いけど、（旦那が）いない時に遊びにいって。私は車の中に。（奥さんは）メスホールからビーチに行っているわけよ。奥さんたちは遊んできて。だからその時このボタンが無くなってよ。こっちかこっちかの（袖の）ボタンだったよ。無くなっていたから。これからすぐケンカして。もういろいろありましたよ。

⑫　「家族」は何年位沖縄にいたか？

トヨ：ほかにシベリアンの人はいい人だったよ。

キク：シビリアンといったら兵隊ヤアラン。軍ヌ兵隊ヤレー、長くて二か年、一か年いる場合もあった。六か月くらいでゴーホームする場合もあった。

（シビリアンというのは兵隊ではない。軍の兵隊だったら、長くて二か年、一か年しかいない場合もあった。六か月くらいでアメリカ本国へ帰国する場合もあった。）

　那覇軍港から船だったらマギーヤタルバアイテ、ウチンカイ　イッチャクトゥヤ、ヤーヌグトゥルアル。連れて行ってあった。サインして行ってさ。みんな案内して部屋ヤ　ムル　間違いガスランディチ。大きいさね。今のあのダイヤモンドヌ船、アングトール船ヤタルバアイテ。

（那覇軍港での船は大きかったわけさ。船は大きくて中に入ってみたら家のようだった。サインして手続きして入って部屋は迷子にならないかなと心配して全部案内してくれた。今のあの、クルーズ船ダイヤモンド号[5]みたいに大きい船だったわけさ。）

　スポーツするトゥクマン　アタンヨ。ヌーンキーン　マールマールシ　ミシテータン奥さんが。

（スポーツするところもあったよ。どこもかもぐるぐるまわって奥さんが見せてあった）。

　ワラバーターン　シーティヨ。ウニーネー　アリヤタン。アッターヤ　カーノー階級ヤティン。瑞慶覧にコーイムン　シーニ行くときね。連れて行ってあった。

（子供たちも一緒にヨ、そのとき旦那さんはカーノー階級だった。瑞慶覧に買い物しに行く時ね、連れて行ってくれた。）

トヨ：キクさん長いこと働いていたからね。

キク：大体二年位、長くて二か年。兵隊は。短くて一か年ヤタン。アッターヤ　道具ンウチハイクトゥテ、ワッターオッカーターヤ　よかったはず。

（大体二年位、兵隊は長くても二か年くらい沖縄に滞在していた。短くて一か年だった。彼らは帰国するときには家財道具はおいていくのでね、それをもらい受けたから、うちのお義母さんたちはうれしかったはず）

⑬　アメリカ人の子供の言葉遣いはどうだったか？

久志：例えば、イエスというべき時にオーケー　オーケーとしたらもう一回言ってみなさいって叱る？

キク：サージュン　泡瀬。ウマー　テーゲー　サージュン級ヤシガテー　瑞慶覧《ずけらん》はみんな将校級だった。カーノーからメージャー、カーノー階級ヤタン。上の階級の人は厳しかった。言葉がよ。イナグには「イエッスメーン」ディル　イヤギーサ。お父さんには「イエッシュー」ディガヤラヤタンドー。だからワッターヤ　チカイーサンクトゥ、ウトゥルサヌ。怖かったよ。

（サージュン、泡瀬。そこは大体サージュン級だけどさ、瑞慶覧ではみん将校級だった。カーノーからメージャー、カーノー階級だった。上の階級の人は言葉が厳しかった。女には「イエッスメーン」と言っていた。お父さんには「イエッシュー」とかだったよ。私は英語の敬語が使えないから怖かったよ。）

はじめは、サージュン級から。将校級にイチーネー　サージュン級から。カーノー　メージャーに入るさね。言葉が違うから。子供たちも、敬語使いよった。

（最初はサージュン級から始まって、将校級の家庭に行くときは、サージュン級から。カーノー、メジャーに入るさね。使う言葉が違うから。子供たちも敬語を使っていた。）

トヨ：オーケーは普通のただ一般の兵隊の戦争の、イクサ場で使う言葉みたいだからね。

（オーケーというのは一般の兵隊が戦争の時に使う、戦場で使う言葉みたいなものだからね。）

2　「オーケー」という言葉が引き戻した沖縄戦の記憶

＊この「オーケー」という言葉がきっかけで話は戦時中に体験したことに変っていってしまった。

①　急に思い出した沖縄戦当時の体験、捕虜になった時の話

キク：オーケー　オーケー　サギーサヤ。ワッターガ捕虜取られたときにね、山ヌハタームル小銃ムッチ　アメリカの兵隊がウタルバーイテー　アンサーニ　アッター「オーケー　オッケー」ディ　イヤギールバアイテー。ワッター　和宇慶《わうけ》ンチュ（和宇慶の人）ヤセーヤ、「オーケー」を「ウヲーキンチュ」ンチ。ワカイガスラヤー「オーケー、ディ　イヤギンドー」アンシ　フトゥフトゥール　ソークトゥヤ　カチミラッティ。ターン　ワレールチュン　ウラン。アンシ　捕虜トゥラッティ　言葉《くとぅば》分カティカラル　物《むぬ》イチ笑《わら》タンドー。アンシ「カマーウン　カマーウン」ディイヤギーセーヤ　「カマー　カマーサギーンドー、和宇慶、和宇慶カマー」ンディ　イヤギーンドー。ンチ。アトゥカラテー　ウビーンジャチ笑トーンドー。言葉ガ分ランセー　ウニーネーナー　フトゥフトゥルソークトゥ。「オーケー」は和宇慶と聞こえるわけ。（爆笑）

（アメリカ兵は「オーケー、オーケー」といっているさ、うちらが捕虜になった時さ、山のところで小銃を持ってアメリカ兵がいたわけさ、それであれたちは「オーケー、オーケー」って言っているわけさ。うちらは和宇慶の人さね、「オーケー」は「和宇慶の人」と思ったわけさ。うちらが和宇慶人と分かるのかね、と。「和宇慶の人と言ってるよ」それでガタガタと震えた、捕まったときは。その時は誰も笑う人はいないさ。捕虜になって言葉がわかるようになってからあれこれ言って笑ったわけさ。（アメリカ兵は）「カマーン、カマーン」と言っているわけさ。それを「カマー、カマー、和宇慶のカマー」と言っているさ、といって。

　あとから思い出して笑ったわけさ。捕虜なったときは言葉が分からないから、ただふるえていたから。「オーケー」は「和宇慶」と聞こえたわけさ。）

キク：捕虜取られて連れていかれたところは海のところだったわけ。アマカラ戦車が何台もグヮラ　グヮラ　グヮラーシ　チャーギーンヨ。　ワッター　ウヌ海ンカイ　捨《し》ティーンチル　ヤンテーヒャー　ヤタン。アマンカイ　ハイギーン、ワッター殺《くる》スンチェーアランヤー　ディチヤタン。

（あちらから戦車が何台もグヮラグヮラグヮラーして来よるわけ、うちらを海に捨てるってだはずヨ[6]、と思った。あっちに行きよる、うちらを殺すつもりじゃないみたいだねと思っていた。）

キク：捕虜取られたのは伊敷《いしき》、喜屋武ザチヤ　見ーユタンドー。喜屋武のこっちだった。伊敷ンディィ　イヤギータルバアイテー　ウフッチュヌ　イーシ　チチョーンドー。　ワッターワラビルヤクトゥ。一二歳、一三歳ヤタガヤー。喜屋武岬まで行かなかった。

（捕虜になったところは伊敷、喜屋武岬も見えよったよ。喜屋武の手前だった。伊敷って大人たちが言っていたのを聞いていただけ。うちらは子供だからね。一二歳、一三歳だったかな。喜屋武岬までは行かなかった。）

アラン　あっちに行っている人はさ、小銃がピョーピョー　ンチ　イチャギールバア。ウマー弾ァー　クーンムヌ。アマー上陸サギークゥトゥ　ワッター弾ァ　クーンタルバアテー。「アマンカイ行《い》カンケー　行カンケー　アマンカイ　ハイギーンドーヒャー　ウマー弾ァ　クーンムヌ　ウマンカイ　ウトーケー」　ディチサクトゥ　ウマウティ捕虜取ラットーシガ。
（いやいや、あっちに行っている人はさ、小銃がピョーピョーして行きよるわけさ。ここには弾は来ない。あっちは上陸しているのに。うちらのところには弾は来なかったわけさ。「あっちには行かないで、あっちにアメリカは行きよるよ。ここは、弾は来ないからこっちにいておこう」としていたらここで捕虜になったわけさ。）

喜屋武岬までンジャーニテ　マジョン　ンジャーニテ、「アレー　死ヌタンドーヒャー、弾ンカイ撃タッティ、ワッター　ヒンギティ　チャセー」ンチ戻《むどぅ》ティ　チャーギータル　ムヌン　ウタルバアテー。アンシ「アマンカイヤ　イカンケー　ウマンカイ　ウトーケー」シチャクトゥ　ウヌ兵隊ターガ（アメリカー）が「カモーン、カモーン」ディチ　サクトゥ　ンナ歩《ぁ》ッチヨー　荷物《にむち》ン　カミヤーサギティ。宣伝ビラ　ンディイチ　アリ　グーシ　トゥメーヤーニ　チチヌチャーイ「降参」ディチ捕虜トゥラッタン（爆笑）ウングゥトゥシ　ワッターヤ　ンジョーサ。

（ある人が喜屋武岬まで行ってさ、（別のある人と）一緒に行ってさ、（その人のことを）「あの人は死んじまったんだよ、弾に撃たれて。うちらは逃げてきたさ。」と言って戻ってくる人もいた。それで「あっちには行かないで、こっちにいておこう。」としていたら、アメリカの兵隊が「カモーン、カモーン」と言っていたからみんな歩いて荷物も担いで、宣伝ビラ見て、竹を探し出して、あれを竹の先に突き刺して「降参」と言って捕虜になった。こんなして捕虜になっていった。（爆笑。）

トヨ：「戦争は終わったー、戦争は終わったー。」と言うてね、宣伝ビラがあった。また、第二世からこうして。みんな飛行機から宣伝ビラまいていた。
（「戦争は終わった、戦争は終わった」と言ってね。宣伝ビラがまかれていた。二世が飛行機から宣伝ビラをまいていた。）

キク：飛行機から日本語でしゃべりよった。「男はさ、パンツ一つかけてください。女は（服を）かけたままそのまま出てください。」ディチテ。すぐジートゥビしてよ、ダテーン　アビータン。「何もしないから早く出てください。早く出てください」ディチ、飛行機ヤ　チャー飛ビヤタン。
（飛行機から日本語で話しかけてきた。「男はパンツだけ着けて出てきてください。女性は服を着たまま、そのまま出てきてください。」といって、飛行機が低空飛行して、すごい大声でどなっていた。「何もしないから早く出てきてください。」と言って飛行機はずっと低空飛行を続けていた。）

トヨ：第二世[7]がついているから。このアメリカ兵隊はこうして（小銃を）構えているからね。もう「戦争は負けた、戦争は負けた。早く出てください」チィヨ。「出ないと手榴弾撃つよ」というて。だからみんなこうして出て。

（二世がついていて、アメリカ兵はこうして小銃を構えている。「戦争は負けた、戦争は負けた。早く出てきてください」とね「出てこないと手榴弾を撃つよ」と言って。だからみんなこうして出てきた。）

キク：手《てぃ》 アギティ ンジティ チューータン。（笑）ワッターヤ 壕カラヤ ンジラン スグ木ーヌ シチャ ヤタシガテー ウマカラ スグ ウホーク シマンチョー 一二ガヤラ 一〇名ぐらいマジョーン ナティテー チュトゥクマンカイ ナヤーイテー 「トー イーヌシマヤマジョーン ナトーケー」ディチ 「イーヌシニルヤル ディッカ シマンカイ ンジャーニシナヤー」ディチ ウフッチュヌ イヤギーシ チチョールバアイテ。

アンシ ウフッチュ ウゥティ、大人について チャーウゥイ ヤタルバアテ。アンサーニヤマヌミー ウティ ウッターガ（アメリカーが）「カマーン カマーン」サギータル バアイテ。

（住民は手をあげて出てきた。うちらは壕からは出ない。すぐ木の下だったけどさ、そこからたくさんの人がいて、和宇慶の人は一二くらいか一〇人くらいの人が一緒になって、ひとところにいてね「同じシマの者は一か所にかたまっておけ。」「さあ、どうせ死ぬのだから、ふるさとにもどって行って死のう」って大人たちが言っていたのを聞いていたわけさ。それで大人たちについて行ったわけさ。そうやっているとき山のところでアメリカーが「カマーン、カマーン」しよったわけさ。）

② 戦闘が激しかった南部の話

トヨ：ウゥードゥ、クミシというてよ。

（小渡《おど》、米須《こめす》といってね。）

キク：小渡、米須ってもあるさね、ワッターヤ　アマンカイン　ンジャシガテー。マーあっちは厳しい。厳しかった。ヒッチーマールマール　ヤタサ。

（小渡、米須ってあるさね、うちらはあっちにも行ったけどさ、まあ、あそこは戦闘が激しい。しょっちゅうぐるぐると回って。）

トヨ：こんなにしてよ、またこうして真壁《まかべ》新垣《あらかき》[9]、あっちもこっちもみんな激しい。また逆にこうして。パンパンパン。もう迫撃砲の弾はね、雨嵐のようにして今の雪が降るように、ああいう風に、バラバラバラ、またサクサクサクして。また飛行機からドラム缶みたいな榴散弾というてね、ナントゥー（餅菓子）みたいようにしてやわらかく落ちよったわけ。照明弾ではないドラム缶みたいなの。榴散弾。照明弾はみんなどこに何がいるか。

（真壁新垣では攻撃が激しい。どこもかも激しい。迫撃砲の弾は雨嵐のように降ってきた。バラバラバラ、サクサクサクと落ちてきた。飛行機からドラム缶みたいな榴散弾といって餅菓子みたいにしてやわらかいのが落ちてきた。照明弾ではなくてドラム缶みたいなもの。榴散弾。照明弾は人がどこにいるか分かるものだよ。）

キク：照明弾だとすぐ昼みたいになる。昼ルナイタンド、照明弾。ポッポッポッポッポーシ　ウティティ　チューターン。夜。すぐワッター　アッチャギーネーテ　荷物ン持っているからすぐ「伏せ」しよった。

（照明弾だとすぐ昼みたいになる。昼みたいになったよ。照明弾がポッポッポッポーと落ちてきたよ。うちらは歩いていたけどね、荷物も持っていたけどすぐ「伏せ」しよった。）

トヨ：大変だったよ。話はできない。話以上に怖い。弾がこわくてね、みんなこうして（手で頭を抱えて）こっちでしゃがんでアレして。こっちにいる人は頭切られてこうして「アーン」。またこっちにいた人はこっち切られて「アーン」。四名いたから真壁新垣。こっちの壕の側にね、木の下でこうして。私はこうして。こんなにしているから私は無傷。四名から。

（大変だったよ。話にできない。話以上に怖い。弾が怖くてね、みんなこっちでしゃがんでこんな風に。ある人は頭が切られて「アーン」という、またこっちの人はこっちを切られて「アーン」。私は真壁新垣では4名でいたけど、こっちの壕のそばにね、木の下でこうして、四名の中で私だけ無傷で。）

　ユーフルーアンマーはガマク　サッティ、マサヒコ、ヒランメースーン　ウラン。ワンチュイ小、イチチョールバアテー。またユーフルーチヨヌ　おんぶしてるこのワラビン　ヒットゥラッティ、アレー助カトーンド。イナグングヮチヨー。

（ユーフルーおばさん[10]は腰をやられて、マサヒコ、ヒランメーオジイは死んだ。私だけ生きているわけさ。ユーフルーの娘のチヨがおんぶしている子供は吹っ飛んで、彼女は助かっているさ。娘のチヨは。）

トヨ：もう真壁新垣、糸満《いとまん》とか照屋《てるや》、もうあっちはとても厳しい。

　もうみんな沖縄一帯に撃つ弾は島尻何カ集落のここに撃っているから、もう雨嵐。だからあたってる人にしか分からない。話はただ。

（真壁新垣、糸満とか照屋、あっちは戦闘がとても激しい。沖縄一帯に撃つ弾は島尻の何か集落にまとまって撃っている。雨嵐のように撃っている。だからそれは経験した人しか分からない。話はただの話）

ハーッサヨーナー。死んでいる人の上からもワッター踏んで歩いて逃げたのに。

（ハーッサヨーナー。うちらは死体も踏んで歩いて逃げたものだ。）

キク：弾ヨーヤ。アンシ　ジョーイ　ヒンギユースンナー。[11]

（弾ったらね、全く逃げられるものかね、逃げられるものじゃない。）

トヨ：こっちやられたらあっちに。あの木の枝にこの片手、あっちに飛んで。あの軒下にこっちも飛んで手足がちぎれて四角になって、石敢當みたいになって「助けてくれー、助けてくれー」している。一時間半くらい「助けてくれー」しよったよ。（手も足も全部もちぎれてから）。また、マサカズのお父さんは助シキーガ　行《い》チュンディヤーイ自分もやられたわけ。

（マサカズのお父さんは助けに行って自分もやられたわけ）

キク：アラン　ジョーイ　タシキララン、自分も一秒ヌ後ヤサリーガスラ　ワカランセー。死んでもすぐチャー　アッチ　テーナー。

（いーや、全然助けられない。自分もあと一秒後にはやられるかもしれないのに。誰かが死んでもすぐにどんどん歩かないとならない。）

トヨ：家族四、五名ぐらいただ毛布小カンティ、こんなして（死んだ人たちが並んで横になっている様子を身振りで示して）寝ていると思ったらみんなやられているからただこんなして。もう（死体も）ふんで歩いたのに。自分一人助かればいいという、あと何分生きているか、自分はいつやられるか分からないあと何分生きているか。

（家族らしい人々が四、五名くらいで、ただ毛布をかぶってこんな風に寝ているのかと思ってみたらみんなやられていた。こんな風にして。死体も踏んで歩いた。自分一人助かればいいという気持ちになった。

あと何分生きていられるか、自分はいつやられるか分からない。あと何分生きていられるか分からない。)

キク：一秒ンサリーガ　ワカランセー。見るひまもないさ。逃げるといって。

(一秒後にやられるか分らんさ、ね。他の人のことを見る暇もなかったさ、逃げるのに精一杯で)

トヨ：だから、映画でもやっていますけどね、あの映画はただ芝居。本当の戦争、イクサはもう当たっている人がしか分らない。ワッターヤもう喜屋武岬までみんな逃げている。私お父さんも三日、三日もおんぶしたから。アーッサヨーナー（驚いたことを示す感嘆詞）とても。一七歳。戦争、イクサ来る時は。だから私は、青春期はなかった。終戦後は。ちょうどイクサの時に、戦争は一七歳。一七、八はもう青春時代はなかった。

(映画でも戦争の場面はありますよね、映画はただの芝居。本当の戦争は経験した人しか分からない。私達はあの喜屋武岬まで逃げた。私はお父さんを三日も負ぶった。アッサヨーナー、とても。戦争のときは一七歳だった。だから私には青春期はなかった。)

久志：キクさんは戦争の時何歳だったの？

キク：戦争のときは一二か一三歳？

キク：ひめゆり隊ヌ　アタセーヤ。三名、前に出ていたさ、テレビから。あれはテーゲー九〇代。

(ひめゆり部隊の放送があったさね、三名の人が出て、前の話さ、テレビから。あの方々は大体九〇歳代だよね。)

トヨ：ワッターヤ　アマンカイヤ　イカンタン。オトーがデージドーと言って。ひめゆり塔。

（うちらはあっちには行かなかった。お父さんが「大変だよ」といって。ひめゆりの塔のところには行かなかった。）

③　地元の津覇、奥間の山に残っていたハツ子

ハツ子：戦争には奥間の山にいた。奥間の上。戦争みたいじゃなかった。船はいっぱい出てからさ、中城湾よ、船がいっぱい出てからさ、海は見えないさ。捕虜にされるといって山に。捕虜にされて海に行ったらさ、軍艦よ、知念の岬にいっぱいいた。

トヨ：アメリカは賢いであるわけ。はじめはバクナー（中城湾）からバンバンやってね、みんな人はあっちに逃げるさね。住民はこうしてアレして[12]（だまして）から、曲がってアレしてから北谷の美浜、あっちから上陸している。

（アメリカはやり方が賢い。はじめは中城湾から上陸するかのようにバンバン攻撃していた。するとみんな逃げるさ、住民をこのようにだまして回り込んで北谷の美浜から上陸している）

トヨ：はじめはバクナーからバンバンバンしてやって、みんな沖縄の住民は。

（はじめは中城湾からバンバンバン攻撃して、みんな沖縄の住民はだまされて。）

キク：（日本の）兵隊はみんなあっち（具志頭《ぐしちゃん》の港川《みなとがわ》）にやらしてから。裏カラ　イッチョールバア。

（日本の兵隊はみんな具志頭の港川に配置させてから反対側から上陸しているわけさ。）

トヨ：北谷の美浜から、今、嘉手納の部隊のあるところね、あっちから上陸して。

（北谷の美浜から、今の嘉手納の部隊があるところから上陸した。）

キク：裏《うら》ンカイまわってアマカラ。

（裏に回って西海岸から）

トヨ：外人（アメリカ）はほんとに賢いではある。

キク：ヌーン　ネーンシガ　日本ノー。ヒンスームン。

（何もないさ、日本は。まずしい。）

トヨ：日本はチャー絶対負けないというて。

（日本はずっと絶対負けないと言っていた。）

キク：ただ意地バカーシ。意地バカーシ。（ただ意地だけでもっていた）

トヨ：国のため、国のため尽くしていかんというて。（国のために尽くさないといけないと言って。）

キク：国のため。命は捨てる。日本はド。ただ意地シソーサ（日本はさ、ただ意地だけで戦っている）。国のために命は捨てる。

トヨ：夫婦でもたった今、結婚して直だけど国のため兵隊に行かないといけないから、仕方なく別れて行って亡くなった人もいるし、元気に帰ってくる人もいますけどね。亡くなった人に遺族年金とかお金は一応あげてはあるけど、日本は。

④　忘れられない戦争の思い出、映像で思い出す戦争

久志：メイドの話より捕虜なった時の話の方が心に残っているみたいね。ちょっと聞きたいけど、普通にしているときイクサのことをポッと思い出すこともありますか？すぐアッタン小に（急

に)。

久志：急に戦場のことをおもいだすのはどんなときですか？戦後七五年になるけど。

トヨ：こんなのはないね。

光子：やっぱりテレビ見ていて戦争のあれが(映像が出た時)あ、あんなだったねとあれがあるわけさ(戦争のことを思い出すことがある)。

久志：急に思い出すのはない？

トヨ：それはない。ま、それは人によって違うはずよ。

キク：ヤンヤー(そうだね)、人によって違う。

トヨ：私はこんなあれはない(私はこのように思い出すことはない)。

光子：やっぱりテレビ見た時に、思い出すわけよ。あ、あんなだったんだねとアレがある。

トヨ：あの当時は、外人は憎かったけど、こうして一緒に暮らしてアメリカ人みたようにいい人はいないね、イイバー早く戦争もしないですぐあっちに逃げてね、ヤンバル方面に逃げて早く捕虜になった方がよかったねと。

(戦争の時には外人は憎かったけど、こうして一緒に暮らしてみるとアメリカ人程いい人はいない。早く戦争もしないでヤンバル方面に逃げて早く捕虜になった方がよかったと思う。)

キク：アラン。ウマリカーヌ壕ンカイ　クマティ　カラテー　すぐ捕虜トゥラリーセーマシヤタン。アンシ(日本の)兵隊さんはアマンカイ避難シーガ　ヘクナー島尻《しまじり》ンカイ　ヒンギリヨールヤタル。アンシ　アワティティ　ヒンギトールムン。

（いやいや、この辺の地元の壕に籠っていてさ、すぐ捕虜になるのがいい。だけど日本の兵隊さんは「あっちに避難しに早く島尻に逃げなさいよ」、と言っていたのに。それで急いで逃げているんだもの。）

光子：島尻からほとんどヤンバルに行ったの？

トヨ：中城、西原はみんな戦前はね、年寄りと子供はヤンバルの方に疎開、イクサが来て若い人はこうして戦うさね、強いから。

（中城、西原は戦前には年寄りと子供はヤンバルに疎開していた。イクサがきたら若い人は戦う。強いから）

⑤ アメリカには太刀打ちできない、竹やり訓練

トヨ：だからこうして竹やり訓練、これでウユバリル？これも練習、防空訓練というて、バケツから水くんでホイホイホイ（バケツリレーみたいに）、これもさせて。物理や科学がオヨバレナイからアメリカには。

（こうして竹やり訓練もやったけどこれでアメリカに太刀打ちできる？できないよね。これも練習。防空訓練もあって、バケツで水を汲んでホイホイホイとバケツリレーみたいにして。こんな訓練もさせて。こんなでは、物理や科学が太刀打ちできないアメリカには。）

キク：ジョーイ。竹やり訓練ドゥヤタルムン。アマカラ　パタパタパタパターシ。（全く、竹やり訓練だもの、あっちからパタパタパタパタして。）

トヨ：（日本は）もう精神が強かったわけでしょうね。

光子：竹やり訓練ていうのがあったわけ？

トヨ：ウン。あったよ。防空訓練もあったよ。
キク：朝は五時に起きて、ワッターヤ六年生ドゥ　ヤテークトゥ六時に起きてエイサ、エイサシクリカタミティ津覇《つは》小学校ヌ運動場ンカイ、エイ、エイ、ンディ。ウユバラン。
（うちらは六年生だったから六時に起きてエイサ、エイサと竹槍を担いで津覇小学校の運動場に行って、エイ、エイって言って。アメリカには太刀打ちできない。）
トヨ：これもって、突ケー、突ケーやるけど。
キク：ウントゥシヤ　日本ノー、絶対だめよ。アングゥシ　ナマヤレー　ウカサルアル。ままごと。（笑）
（こんなにしては、日本は絶対だめだよ。あんなして。今から考えたらおかしいさ。まるでままごと。）
光子：南洋ではこういうことはなかった。

⑥　外地テニアンでの戦争体験

久志：この方（新垣光子）はテニアンで生まれてテニアンで捕虜。（ミッシェルに説明する）
キク：アマー捕虜ソーン？上陸ソータンナ？
（あっちは捕虜になった？上陸していたの？）
トヨ：南洋は先に捕虜になって、
キク：ヤシガテー　マーガヤラ　捕虜ォーサン、空襲バカーイ　スンディル　トゥクマン　アタンディイセー、マーヤタガ。

（だけどさ、南洋のどこかの島は捕虜とかなくて、空襲ばかりしていたと聞いたよ。どこだったかな）
光子：上陸はしたよ。昭和一九年に、六月一一日に空襲、最後の空襲だった。
キク：アラン　空襲バカーするところはデージ　ヤタンディンドー。カミムヌン　ネーラン。ハルン　ヤチクサラチ　カムシン　ネーラン、ムル　ヤーサジニー　ルソーサ。イリムトゥジョーヌ　キクーターオッカーターヤ。
（いやいや、空襲ばかりのところは大変だったらしい。食べるものもなくて。畑も焼き尽くして食べるものもなくて餓死したらしいよ、（屋号）イリムトゥジョーのキクさんたちのお母さんたちは。）
トヨ：ワッター　オバサンターヤ　ムル南洋だから先に。（うちらのおばさんたちはみんな南洋だから先に。）
光子：ヤップとかパラオ方面。
トヨ：パラオ、テニアン。
光子：テニアン、サイパンはもうものすごかった。激しくて上陸。
キク：上陸スセー　マシ　ンディル　イヤギータンドー。上陸ヤサン　空襲バカーシテ　ヤーサジニールソーンディタン　カムセーネーラン。ヤールー小マディトゥティ　カダシガ　ムルウラン　ナイタンディ。
（上陸するのはましな方だったって言っていたよ。上陸はしないで空襲だけして住民は餓死したって聞いた。食べるものもなくて。ヤモリまで取って食べたけどみんな死んでしまったって。）
光子：うちらは兵隊が上陸したら戦車が来るでしょう、戦車の後ろにはいわばアメリカがいるから弾は落ちないから戦車より前にはなるな、後ろになって歩きなさいって（日本の）兵隊が教えよった。

トヨ：ジュンニィェー弾に当たってもジュンニ。本当に助けないよ。軍隊兵隊でも弾に当たったらもうこれはこのまま。自分たちはみんな。

（全くね、弾に当たっても全く、誰も助けないよ。軍隊の兵隊でも弾に当たった人はそのまま放置される。自分たちは誰も助けられない。）

キク：アンシ道からアッチーネー　ムル死ニールスルムン。

（だって、道から歩いたらみんな死んでしまうのに。）

トヨ：かわいそうだったよ。

光子：（テニアンでは）頭なんか砕けていたよ。戦車でひき殺してサー。で、歩こうとしたら死体の頭があっち向いたりこっち向いたり。

⑦　心を病む若い兵士

トヨ：頭が神経で、今でいえば、競争に追い込まれて頭がアレしてる人もたくさんいるさね、初年兵でもちょっとシカボウの人は、いくら兵隊でもすぐノーテンファイラー　なっていたよ。馬も死んでハエがついている。この馬の骨からはずして馬の生肉食べていた。こっち（頭）がアレだから、ナー初年兵はかわいそうだった。

（今でいえば競争で追い込まれて気が変になった人もたくさんいるさね、初年兵でも気が弱い人は、いくら兵隊と言ってもすぐに気が狂ってしまっていたよ。馬が死んでハエがついているものから、馬の骨から生肉を食べている人がいた。狂ってしまっているから。もう初年兵はかわいそうだった）

キク：シカサセー　サチ　チュブルヤ　チガインド。

（気が弱い人は真っ先に気が狂うよ。）

トヨ：いくら将校でも何でもね、気の弱い人はすぐこっちにくる（頭をさして）。何でも肉も食べていた。

（いくら将校でも何でも気の弱い人はすぐに頭にくる。肉でも何でも食べていた。）

キク：ひもじいからね。

⑧　いつまでも終わらない戦争の話

トヨ：（初年兵は）二一歳。

キク：二一歳からは現役。兵隊は二〇マディン　トゥイタンディ　イィタンドー。

（二一歳からは現役の兵隊。兵隊は二〇歳の人も招集したってよ。）

トヨ：二〇歳からアレしてね、初年兵は一か年に上等兵なる人はとてもこっちがいい人。一か年に上等兵。一等兵二等兵というてあったから。一か年に上等兵なる人はとても優秀な人、こっちもいい。アンシカラ　兵長なる。兵長から伍長、軍曹。もう将校ね。こんなしてだった。伍長が戦意昂揚といって腕章もかけてね、この中城村から西原村に。兵隊が歩いてから連絡はとっていたわけ。

（二〇歳から招集して、初年兵は一年後に上等兵になる人はとても頭がいい人。一か年で上等兵になる。一等兵、二等兵といってあった。一か年に上等兵になる人はとても優秀な人。それから兵長になる。兵長から伍長、軍曹になる。そして将校ね。こんな風にしていた。伍長が戦意高揚といって腕章もかけてね、中城村から西原村に、伝令と言って兵隊が歩いて連絡をとっていた。）

光子：軍曹は金二に星三つ、上等兵は星だけ三つ。

トヨ：あの当時は本当にあれだったよ。話もできないくらい。戦争の話は明日までもある。[13] 話は終わらない。

（あの当時は本当に大変だった。話にもできないくらい。戦争の話はいくら話してもきりがない。次の日まで話しても終わらない。）

キク：忘シーセーマシ。怖い。忘れた方がいい。大人が「ウマー　マーヌシマ　ヤイビーガヤー」ディイーネー　ターガラ　ワカイシガ　ウイネー　イーネー　ウッターからチチャーナカ　あ、ウマーヌーヌシマ　ヤサヤー　ンディチ　ワカイタル　バーテ。ワッターヤ　ワラバール　ヤクトゥ　ヌーン　ワカランセーヤ。ウフッチユガ　イーシチチ　クシカラ　アッチェーチャギールスクトゥ。非常袋ンウマンカイ　ハチ。イリラリール　ウッサー　イッティ　ウマンカイ　アリシーネー　ウマンカイ　タックヮーシーネー　アチョールトゥクマ。迫撃砲がチーネー　バンバンバンシ　マーンカイガ　ハイラ　破片がトゥディ　チュールバー、デージヤタンヒャー。

（忘れた方がいい。怖い。忘れた方がいい。大人が「こっちは何という集落ですか」と言ったら誰かわかる人がいて言ったら分かるわけさ。うちらは子供だから何も分からない。大人が言う通りに後からついて歩いているだけさ。非常袋に入るだけ入れて。迫撃砲が来たらバンバンしてどこに飛んでいくのか。破片が飛んでくるときは大変だったさあ。）

トヨ：迫撃砲は雨嵐のようにサクサクサクとして落ちよったから。

⑨ 艦砲ヌ　喰ェーヌクサー[14]（艦砲の喰い残し）

キク：夜は艦砲射撃。

トヨ：軍艦からピューパン　ピューパンというて、ヒューッツといったら近くに落ちるわけ。ピューパンとしたら遠くに落ちるわけ。

キク：艦砲ヌ　喰《くぇ》ーヌクサー。（笑）

光子：ピューッとなって音がないときは不発。

キク：艦砲ヌ　喰ーヌクサー　ヤサ　ワッターヤ。（艦砲の喰い残しだよ、うちらは。）

光子：不発弾も多かったよ。

トヨ：艦砲ヌ　喰ーヌクサーというのは戦後ちょっと落ち着いてから言い出した。こっちに疎開（捕虜カ）、みんなやってから、この話は出ているよ。すぐではない。何年かしてから。すぐはできないよ。食べる物もないし、他の山も畑もないし、人のものから盗んでもくるしね。（艦砲の喰い残しとは戦後しばらくして落ち着いてから言い出した。みんなが捕虜になってからこの話は言い出したよ。戦後すぐではない。何年かしてから。戦後すぐにはできないよ。食べ物もないし、畑もないし。人の物も盗んでくるくらいだったもの。）

⑩ メリケン粉の袋やアメリカの服で作った下着や服

キク：戦後ナティチャーキテ　つけるパンツもないさね、クゥヌ　ノーパンツー　シンナランセ見ラリーセ、アメリカのチリ捨て場ンカイ　行《ん》ジテ　メリケン粉《くー》ヌ　袋《ふくる》探してきてあれ洗って、井戸であらってぬって着けよった。アンサーナカ　ウリ　トゥメーイーサンヌーヤ　ノーパンツだった。マーイン　ミーユシン　ウタンヨ。大変だったよ。

（終戦直後にはさ、着けるパンツもないし、パンツなしするわけにもいかないさ、ね、見られるさ。アメリカのチリ捨て場に行って小麦粉の袋を探してきてあれを洗って、井戸で洗ってパンツを縫って着けたよ。そしてそれを見つけられない人はパンツなしだった。尻も見える人もいたよ。）

すぐ捕虜トゥラッタル　チャーケーテ　大変だったよ。アンユー　ウヌ　ハーイン　イーチューンマーカラ　トゥメーティ　チャガヤー　デージヤタンドーヤ。カッパヤーＨＢＴディル　イーティ　捨ててあるものを探してさ、ハサミで切ってスカート　ノーティ　肌ウスインディ。

（捕虜になった直は大変だったよ。よくもまあ、針も糸もどこから探し出したのかね、大変だった。ＨＢＴと言ったものを見つけてきてハサミで切ってスカート縫って肌を隠すって。）

トヨ：あれからは少しは落ち着いていているよ。

光子：ＨＢＴでよ、制服縫って着けた。

キク：アラン　戦後ナティチャーキ　ヌーンネーン　バァーイルド、すぐ戦後ナティ　チャーキ。イクサ終ワティ　チャーキ　ヌーンネーンタセー。（そうじゃない、戦後になってすぐ、終戦直後、何もなかったさ。）

⑪　最南端、喜屋武岬の状況

キク：（戦争中は）喜屋武岬マディ　ンジテー　マールマールシテー　ジコー。喜屋武岬マディ　ンジテー、喜屋武岬マディ　ンジャクトゥ　ミジン　カーマ半里アッチル　アンドー　ディチャクトゥ　アキチャミヨー　デージ　ヤサンチ、ウマカラ　ミグティチ　ウゥードゥ　クミシ　ンカイ　ンジテ　またウマカラ　キーヤーイ　メーデーラ（真栄平）ンジ　また真壁新垣（中城の新垣と区別してそういう）ンカイ　ンジ　ヒッチー　マールマールシ　ヤタンドー　字や分らんシガ。
（戦争中は喜屋武岬まで行ってぐるぐる回って。喜屋武岬に行ったら水も遠く半里も歩いて行かないとないよと言われて大変だった。ここから廻って小渡、米須に行ってさ、またそこから超えて真栄平に行って、また真壁新垣に行って、しょっちゅうぐるぐる歩き回ったんだよ。字《あざ》は分らんけど。）
トヨ：真壁新垣カラー　すごくきびしくなっていた。（真壁新垣からはすごく戦闘が厳しくなっていた。）
キク：ワッターガー　分らんシガ　ウフッチュヌチャーガ　アビヤー　サギー　クトゥヤ「アハー　ウマー　ヌーディル集落ヤサヤ」ンチ　ちょっと覚えている。分らんバア　ワラバールヤクトゥ。大人が言いよるから「こっちの字は何々なっている？どこなっているかね」ってウフッチュヌ　チャーがイャーギーシ　チチャーニ「あ、こっちは何集落だね」ンチ分るバアイ。全然分らん。

（うちらは分らんけど大人たちがしゃべっているから、「あはあ、ここはなんていう集落だね」と少し覚えている。分らないわけさ。子供だから。大人が言うから「ここの字は何々集落かね？どこかね」と大人が言うのを聞いて「あ、こっちは何集落だね」って分かるわけ。全然分からない。）

トヨ：ワッターヤ　何集落ヤガンチ　聞《ち》チュル　ウレー　ネーラン。

（うちらは何という集落か聞く考えもなかった。）

キク：アランムン　ワッタヤ　クシカラ。　アッチガチーテー　イャーギータクトゥ　ウビートール　バァイル　ヤンド。

（そうじゃないよ、うちらは大人のうしろから。歩きながら大人たちが言っていたから覚えているだけだよ。）

⑫　跡形もない現在の南部、真壁新垣

トヨ：真壁新垣は、今はもう分らなくなっている。アー、もう、アレして町なっているのに。（真壁新垣は今ではもう分からなくなっている。もう発展して町になっている。）

キク：チャー　マールマールシ。分ランナトール　ハジド。ワッターガ　アッチェール　トゥクマー。

（ずっとぐるぐる歩きまわって。もう分らなくなっているはず。うちらが歩いたあとは。）

⑬　行ったり来たりの逃避行

トヨ：ワッターヤもう喜屋武岬まで追われて最後まで行ったから。

キク：アマー　ウララン。すぐ。（あっちはおられない、もう。）

トヨ：真壁新垣からこうして逆に糸満ティーラ（照屋《てるや》）に行って、あっちも激しいからまた戻ってまた真壁新垣に来てね。

キク：集落ォー　ワカイテールテー。

（よくもまた、集落名は分かっていたもんだね。）

⑭　ケガをした父親をおぶって逃げたトヨの話

トヨ：エー　私は一七歳なのに。三日間はオトーもおんぶしたさ。こんな小さい人が。「イェーカンター　イャー　イクチェーナイガ？　ウッピナーヌ　ウフッチュ　ウゥッファソール」てウチナー口でいうて。隣の知らないオジーがオバーガン「ウヌ　ワラビ　ヨーナー」と言いよったよ。フドゥヤカ　マギー　ウッファシ。オトーはこっち（太ももを指して）やられて。

（だって私はその時はもう一七歳だもの。三日間もお父さんも負ぶって逃げたさ。こんな体の小さい私が。「ねえ、あんた、あんたは何歳になるの？こんなに大きい人をおんぶして。」とウチナー口で言って。隣の知らないオジーが、オバーも「この子よもう」と言ってたよ。「自分の体より大きい人をおぶってからに」と。お父さんはここをやられて。）

キク：トゥムゥ　サットータルバア。タッチーユサン　アッチーユサンテーサ。

（太ももをやられているんだ、立てないし歩けなかったはずね。）

トヨ：アンシ　三日間ナーおんぶして。親ヤもう捨てられないから。またお父さんは「イッターヘェーク　行って、自分のシマに行ってね。」オバーと長男はみんなヤンバルに疎開しているから。

（こんなにして三日間もお父さんをおぶって。親だから捨てるわけにもいかない。お父さんは「あんたたち早く自分の故郷に行ってね」というけど。おばあさんと弟はみんなヤンバルに疎開している。）

⑮　ハワイに送られたキクの夫の話（戦後にキクと結婚したトヨの叔父勝明《しょうめい》）

トヨ：こっち旦那（キクの夫）は防衛隊で。いい兵隊で、炊事（担当）で恵まれている。勝明[15]は。もうイクサ場に行かないのに。壕で炊事。いい兵隊ね。恵まれてよ。こっちの旦那（キクの夫）はアレ（炊事）していたよ。ハワイ　ンカイン　捕虜なってンジ。

（キクさんの旦那さんは防衛隊だけどいい身の上だった。炊事担当で恵まれている。勝明は。戦場には行かなくて済んだ。壕の中で炊事して。恵まれていた。キクさんの旦那さんは捕虜になってハワイにも行って。）

キク：捕虜トゥラッティカラ。一列並ビーシ　並バチ　ナイチャーン　マンチャー　ヒンチャーヤセーヤ。「イャーヤ　マーンチュ　ヤガ?」ディチ　ウチナーグチ　ッシテ「マーンチュヤガ」

「アンシ　マーンチュ　ヤラー　字ヤ　ヌーヤガ?」ムル　ウチナー口シ　トゥーティ、アンサーニ　ナイチャーヤ　ワカランセ、ワカラン　クゥトゥ　ウマウティ　ワカサーニ　ナイチャーヤ　ヒータイヤ　ウマンカイ　ウチョーティ　ドラム缶ケーラチャイ　労働者シミティ　ウチナーンチュヤ　ムル　ハワイ　ンカイ　ヤタンディ。ワッターオトーヤ　アンディ言タセー。

（捕虜になってから。一列に並んで内地の人も混ざっていたさ。「あんたはどこの人か?」「それで字はどこか?」と言って全部ウチナー口で質問して。それで内地の人は分からないさね。ここで分けて内地の人は、日本兵はここに置いてドラム缶を横にさせたりして労働仕事をさせたりして、沖縄の人はハワイに送ったって。うちの旦那はそう言っていた。）

トヨ：あの当時はみんな捕虜なって石川と屋嘉《やか》、あの歌（『屋嘉節』[16]）もあるさ、あっちに捕虜なって収容されて、アンシカラ、ハワイに行って。

（あの時はみんな捕虜になって石川と屋嘉に収容されて。あの歌、『屋嘉節』というのもあるさね。捕虜になって屋嘉に収容されてそれからハワイに連行されていった。）

キク：アランドー　ハワイ　ケェーティ　カラド。ケェーティ　チカラ　石川ンカイ　チョーンド　アッターヤ。

（違うよ、ハワイから帰ってきてからだよ。帰ってきてから石川に行ったんだよ、彼らは）

トヨ：アラン。ハジメヤ　あそこ（石川）に集めてから捕虜ナティ。

（違う。捕虜になって、はじめは石川に集められてから、ハワイには連行されて行った）

キク：アンシカラ　ハワイ　ンカイ　ンジョーサ。

（そうしてからハワイに行ったんだね。）

キク：一人ヤテ　ワカイテーンテ　ナイチャーガ。アマンカイ　ンジカラ　ムドゥサリーシン
ウタンディ　イヤギータン。

（一人はさ、ウチナー口が分かっていたんだって、内地の人が。あそこに（ハワイに）行ってから戻される人もいたって。うちの旦那はそう言っていたよ。）

トヨ：こっちにはたくさん収容されている。兵隊も。トラックから、島尻に作業があって兵隊さんはこうして手紙小ン書いて落としよったよ。車から。「魚が水の中で生きていられないのと同じ」というて。自分たちはこういうふうなアレ（囚われの身）というて。戦争は負けているから。

（南部では兵隊もたくさん収容されている。島尻では作業があって、トラックで運ばれるとき兵隊さんがこんな風に手紙を書いて落としてあった。「魚が水の中でも生きていられないのと同じ」といって。自分たちはこんな風に捕虜になって、戦争は負けてしまっているから。）

⑯　捕虜にとられた直後は何もなかった

キク：ヌーン　ネーンタン　ドーヤー。捕虜トラッティ　チャーケー　ジュンニ　ナンジサー
アワリサーヤ　変《カワ》トンド。

（何もなかったよね、捕虜になった直後は。ほんとに苦労人は変わっているさ、苦労が多い。）

光子：沖縄は水があるから良かったはず。テニアンは水がなかった。

キク：島尻ウティ　アワリサーシ　またヤンバル　ンカイ　ヤラサッティ　ヌーン　ネーラン。ウマンジ　捕虜トゥラットーセ　島尻ンカイ　イカンヨーイ　アワリン　サンヨーイテ　すぐ古謝ンカイ　ンジ　クワッチーサルハジ。（笑）
（私たちは島尻で苦労してまたヤンバルに行かされた。ヤンバルは何もない。ここ、地元で捕虜になった人は島尻にも行かないで、苦労もしないですぐ古謝に行ってたらふく食べただろう。）

⑰　地元に残っていたハツ子の体験

ハツ子：イッターヤ　島尻ンカイ行《ん》ジャンナー。
（あんたたちは島尻に行ったの？）
キク：ウン。島尻ヌ喜屋武岬マディ　ンジャンド。チャー　マールマールシ。
（うん、島尻の喜屋武岬まで行ったよ。ずっとぐるぐる歩き回ったさ。）
ハツ子：ワッターヤ　チュヌ壕ンカイ　イッチ　イイチョータン。
（うちらは人の壕に入って、ただ座っていたよ。）
ハツ子：戦争ヤ　セーナランドーヤ。ヤーグナ　オオエート　イィヌムンドゥ　ヤンドーヤ。イクサは来ないンジ新聞は載っていた。壕ン掘《ふ》テー　ネーラン　タンド、ワッターヤ。防空壕ンネーランタン。イクサはクーンディチ新聞ヌン　ヌトータンディチ。アンシ　ンーナ島尻ンカイ　ンジョーセー　壕やアチョーセ。チュヌ壕ンカイ　イッチョータンド　ワッターヤ。ワッターヤ防空壕ンチン　ネーンタル　ムヌ。イクサー　クーンディル　イヤギー　テールムン。

ヤーグナ　オオエー　トー　イィヌムンドゥ　ヤッセーヤ　ナランド。捕虜なった時、クヮムッチン　ウタンド。

（戦争はしてはいけないよね。家族同士でけんかしているのと同じだよね。戦争は来ないって新聞にはのっていた。それで壕も掘っていなかったよ、うちらは。防空壕もなかった。戦争は来ないって新聞にのっていたって。それで他の人はみんな島尻に行っているから壕は空いているさ、ね。人が残してあった壕に入っていたんだよ、うちらは。うちらは防空壕もなかった。イクサは来ないって言っていたもの。戦争は家族で争うケンカみたいなものだもの。だめだよ。捕虜になったときは小さい子供を連れている人もいたよ。）

ハツ子：ワッターヤテ　（食べ物を）シティール　サンド。

（うちらはさ、食べ物は捨てたんだよ。毒入りだと思って。）

キク：オトータ－ヤ夜から夜通しアメリカのチリ捨て場から。アマヤ　ヌーンキーン　アタン。

（大人たちは夜から夜通しアメリカのチリ捨て場に行って、そこで食べ物を拾ったよ。あっちは何でもあったよ。）

光子：（テニアンでは）みんな天水《てんすい》ためて使った。

（テニアンでは水がないから、みんな雨水をためて使っていた。）

⑱　南部で捕虜になったあと北部ヤンバルに行ってさらに苦労したキクの経験

キク：ワッターヤ　アワリシンナーン　アランヤ　ヤンバルンカイナ。ジコーアワリサン。

（うちらは戦争中にも苦労してもなおヤンバルに行ってさ、とても苦労だった。）
トヨ：ワッター捕虜トゥラッティ（捕虜になって）行ったわけ。嘉陽で、アレして（移送されて）嘉陽に。
光子：聖火がオリンピックの聖火が。あの集落、嘉陽《かよう》。私は嘉陽学校出ているから。
（最初の東京オリンピックがあった時、聖火リレーの聖火の中継地だった嘉陽。私はあの嘉陽の学校の出身だから。）

⑲ ヤンバルに行ってオバーときょうだいを探すトヨの話

トヨ：あの当時は遠いところまでは行かれない。次の集落まで。CP（沖縄人の警察官）がいるから「あんたがたはどこから来たね？どこの者ね？」ていうたら「嘉陽だったら嘉陽、久志《くし》小だったら久志小、辺野古《へのこ》だったら辺野古の者」といってね、こうして。私は嘉陽から、オバーは漢那《かんな》にいたから、オバーとヤスモリ、チヨとキク、四名は漢那に。私はチナウービ小シ（わら縄を帯にして）タオル小ももって、久志小で一夜明かして人の屋根の下で、軒下で（過ごした）。

（あの当時は遠いところには行けない。隣の部集落までしか行けない。CPがいたからね。「あんたはどこの者か？どこから来たか？」と言われたら「嘉陽では嘉陽の者、久志だったら久志の者、辺野古だったら辺野古の者といって」ごまかした。）

　久志小は、トイレはドラム缶で海に向けてトイレは作ってあったから五時ごろなってからアッチにトイレにいったからCPが「こらこらどこの者か」というて問うているから逃げるが

勝ちといってワッタ一大変だからチャーヒンギ
（久志ではトイレがドラム缶で海に面して作られてあった。私は朝五時頃からトイレに行ったら、CPに「こらこら、どこの者か？」といって聞いてくるから「これは逃げるか勝ち」といって、大変だから、私はどんどん逃げた。）

こっちから逃げて二見《ふたみ》と辺野古の間に近道があるわけ。潮が引いたら今にこっちは超えないと。二見から宜野座《ぎのざ》にみんないくからこんなにして渡ってきて惣慶《すうき》、漢那来たら七時八時頃なりよったはず久志小から。
（そこから逃げて二見と辺野古の間に近道があるから引き潮の時、今がチャンスだとばかりに、二見から宜野座に逃げた。みんなそうしていた。こうして渡って久志から惣慶、漢那に着いたら七時八時になっていたと思う。）

漢那きてオバー探すといって配給所にいって、配給所で「比嘉カマー、比嘉ヤスモリ」と名前をいったら「何番地にいる、どこよ」というてすぐ。この配給所の隣の隣にオバーはいた。カンカラ小で塩作って潮《しお》をくんできて燃やして塩作るバアテ、これやっていたから「オバー」といったから「イャーヤ　キクール　ヤンナー」というから。キクは逃がしてナーメーメー別れたって。ヤスモリとチヨだけがいるわけ。
（漢那についてオバーを探すため配給所に行って配給所で「比嘉カマー、比嘉ヤスモリ」と名前を言ったら「何番地にいるよ」と言われて、その配給所の隣の隣にオバーはいた。空き缶で塩を作っていた。海の潮を汲んできて火を燃やして塩を作ってたよ。それで「オバー」と声を掛けたらオバーは「あんたはキクなのか?」と言う。キクははぐれてしまって別れ別れになったらしい。ヤスモリとチヨだけが一緒にいた。）

「ワンネー　トヨルヤンド」というたから「アンシ　オトーヤ」というから「オトーヤ分らん、水小も汲んでもっていったけど。ワッターヤ元気いうて。（オトーヤ）弾に当たって重症した人は別々の車から引き分けされて別々なってオトーはワカランド」と言うたわけ。

（「私はトヨだよ」と言ったら「それでお父さんはどうしたの?」と聞くから「お父さんには水も飲ませたけどお父さんのことは分からない。私は元気だけど、お父さんは弾に当たっているから重症者は別の車に乗せられて別れ別れになってお父さんのことはもう分からないよ」と言った。）

ヤンバル漢那に行って落ち着いてから少しは。共同墓地があったからこの墓地を探して『比《ひ》嘉《が》勝昌《かつしょう》とか書かれたものがあるかね』と行ったがない。

島尻では死んでいる人はこっちにすぐ埋めるわけよ、こんなになったはずと思う。未だに遺骨はないからね。ただ石小《いしぐゎー》とって魂招《たましいまね》き[17]した。

（ヤンバルの漢那にいって少し落ち着いてから、共同墓地があったのでその墓地で「比嘉勝昌と書かれたものがあるかなと探したけどなかった。」島尻でも死んだ人はその場で埋葬したからここでもそうなっただろうなと考えて、小石を拾ってタマシイウンチケー（魂招き）をした。）

⑳　夢を度々みるので眠れない話

トヨ：今夢見るわけよ。お父さんの夢を見る。ススキがぼうぼう生えている山からね。戦前は振袖、バクヨウだったからブローカーみたいような人だったからね。中折れ帽もかぶってタバコは朝日タバコというて上等タバコ、ハイカラタバコを吸うていたから。紺地小の縦線小ヌ上等ジン（縦じまの上ものの着物）つけてよ、あのススキの中から出てくるのを夢見る。しょっちゅう夢見る。戦争に追われた山よ、あっちこっちの山の夢よく見る。
（今、夢を見る。お父さんの夢を見る。ススキがぼうぼう生えている山からお父さんがでてくる夢。戦前は振袖を着ていた。お父さんは、ブローカーみたいなものだったから中折れ帽子もかぶって朝日タバコのハイカラタバコを吸っていた。紺地の縦じまの上ものの着物を着て、高級な着物を着てあのススキの中から出てくるのを夢に見る。しょっちゅう夢を見る。戦争に追われたあの山ヨ。あっちこっちの山の夢を見る）

大山《おおやま》かね（宜野湾《ぎのわん》市の）「はごろも」といってあるよ、あの山もみんな（夢に）見えるから（お父さんの遺骨があるかと思って）あっちの山に行ったりした。[18]普天間《ふてんま》のこっち、前は普天間の結婚式場があったさ、箱根レストラン。（喜友名《きゅな》に降りるところ）この部隊から金網越えて水道、水がね、あっちからこんなにして通っているって。アンシ　クマー天の岩屋とイルアタイ昔は水もアレしよったよ（水も汲んだ）というて。そこに行ったわけ。こんなして行っているから夢見るよ。

（宜野湾の大山かね「はごろも」ってあるでしょう。あの山も夢に見る。それで、お父さんの遺骨があるかと思ってあっちの山に行ったこともある。普天間の手前、前は普天間の結婚式場があったさ、箱根レストラン、喜友名に下りるところ。この部隊からフェンスを越えて水道管が通っているというところ。

そこは天の岩戸という感じのところで、昔は水もくんだといわれたところ。そこに行ったわけ。こんな風に行っているから夢に見るわけよ。）

ずっとアレよ（ずっと前からよ）。最近じゃない。十年くらい前から夢見る。またオバーも（夢に出てきよるよ。十年前からだよ。タカオ（息子の一人）が亡くなってから。夢よ、毎日夢見るわけよ。オトーン　チャーギーレー　オバーン　チャーギーン。（ずっとよ、でも最近じゃない。一〇年くらい前から夢に見る。またオバーの夢も見る。一〇年前からだよ。タカオが亡くなってから。夢よ。毎日夢見るよ。お父さんも夢に出れば、おばあさんも夢に出る。毎日夢見るのよ。）

キク：（トヨの夢の話を受けて）ヒルマシームン　ワッターヤ　夢ンディシェー　ンチェーンダン。

（珍しいものだね。夢を見るって不思議なこともあるね。うちらは夢なんてのは見たこともない。）

ワッタームンガ　マーサシガ　辰年、イッタームンヤ　卯年ヤラヤー。一か年チガイ　ヤサヤー。寅、ワッターヤ寅。

（うちの旦那が死んだのは辰年、あんたのところは卯年でしょう。一か年違いだね。寅、うちは寅。）

トヨ：シッチー夢に起こされてウリヤンドーヒヤー。しょっちゅう起こされる。ナンジュ　寝《ニ》ンダンドー　ワンネー。

（しょっちゅう夢に起こされる。あんまり寝てないよ、わたしは）

久志：戦後六五年後くらいから夢を見るって。お父さんのこと自分が背負っていたけど離れ離れになったお父さんとか。息子さんが亡くなってから夢見るって。（ミッシェルに通訳して聞かせる）

トヨ：しょっちゅう夢見るのに。おかしいよ、ヒャー。死なない人の夢も見て。あまり友達でもないのに。

（しょっちゅう夢を見るのよ。おかしいよ。生きている人の夢も見て、あんまり親しくない人のことも）

キク：イミンジャーっているよ。ワッターヤ　全然　イミンディセ　ンーダン。（夢を見やすい人っているよ。うちらは全然夢ってものは見ない。）

㉑　飲まず食わずの逃避行

キク：ワッター、二、三日ナー　ムヌン　カマン、ヤーサ　シガド、便所ン　イラン、チャーウワーリ。アンユー　イチチョールヤ。話ンナラン。

（うちらは二、三日も何も食べない、お腹は空くけど、トイレにも入らない。いつも追われていた。よくもまあ、生きているね、話にもならない。）

久志：みんな体験が違う。

㉒　死ににくい私たち

キク：アントール　トゥクル　カラ　シヌジ　ウンナゲーン　イチチョールヤ。（笑）

（あんなところもしのいで、こんなに長く生きてきたもんだね）

久志：ナーヒン　長《な》ゲーク　イチ　チョーティみんなに話し聞かさないと。

（もっと長生きしてみんなに話して聞かせてくださいよ。）

キク：アントール　イクサヌ　ミーカラ　無傷シ　イチチチ　艦砲ヌ　喰《く》ェーヌクサール　ヤル

ン。「ウンナゲー　イチチョールヤ。」ディ　チャー　イチョーサ。（あんな戦争の中から無傷で生きてきて、艦砲の喰い残しだのに。「こんなに長く生きてるね」っていつも言っている。）

トヨ：死ニグルー　ダハズ（私たちは死ににくいのだろうね）。

キク：タルーガ、イヤギーセ　オバーン　ガンジュウムン　ヤセーヤ。ワッターンカイ　オバーが　ニントーニヤ、イッター　イィーヤーヤ　チャー　チャーギールバア、「ワッター　ナカイン　ニチョールーガ　シニグルーガ　ウサ。ウヌハーメーン　シニグルーヤサ」ンディ　スグイヤギーサ。アンシ　オバーヤ　チャー　ワライーヨ。（爆笑）

（トヨの旦那さんの太郎がよく言っていたよ。「おばあさんも丈夫だね。」と。うちのおばあさんが病気で伏せているときにね、あんたとこの酔っ払い（トヨの夫のこと）がしょっちゅう来たわけさ。「うちにも似たような者がいるよ。死ににくい奴がいるさ。このおばあさんも死ににくいね。」って言っていたよ。それでオバーは大笑いしていたさ。）

トヨ：何故というたら、戦争でも追われて生きながらえているさねｏ。またメスン　イッチョークトゥ容易に死なないよ。

（死ににくいのはなぜかというと、戦争で追われながらも生きながらえているさ。体にはメスも入っているから容易には死なないよ。）

キク：「ワッターナカン　死ニグルーガ　ウサ。」ンディ　チャー　イヤギータセー。（「うちにも死ににくい奴がいるよ」っていつも言っていたよ。）

トヨ：ワンネー　イーテークトゥヤ。
（私もそんな風に言っていたからね）
光子：一九七〇年あまり（一九七〇年過ぎ）にテニアンいったけど昔の面影は全然なかった。みんな山になっていた。周囲はみな山。
トヨ：（死ににくいのは）精神が強いわけよ。
キク：弱《よ》ーサセー　デージンディド。精神は強くもたんと。
（精神が弱いと大変だってよ。精神は強くもたないと。）
光子：でもアレだね。自分たちの年ぐらいの人達しか戦争のことは分からないよね。

㉓　生き残った理由はなにか？

久志：無事だった人とそうじゃない人とは何が違うのかねと思う。何が違うから生き残ったかね？自分たちでどう思うのか？自分は何々したから生き残ったはずとか。
トヨ：これは天命。運命。
キク：運命。
光子：自分たちは死ぬために（崖まで）行ったけど死なないで帰ってきた。崖まで行ったの、海に落ちるといって。だけど死体がいっぱいあるからあれ見て怖くて逃げたの。
キク：意志ヤ　チューサセー　マシヤサ。（意志は強い方がいい）
トヨ：精神は強くもたないとね、人間は。

久志：絶対生きたいという気持ちはありましたか？死んでたまるかって気持ちはあった？
トヨ：そうそう。百歳まで生きてぜひ万歳しないといけない。
光子：あの時は死ぬとかは分からないよ、子供だからね。親について歩けばいいとは思った。
久志：生きるとか死んでしまうのかには何の差があるかね。なんで無事だったかねと思う？
トヨ：まあ、運がいいでしょう。
キク：ヤンヤー、ただ運が、なんでも運がいいじゃないの？チョー　ウンドゥ　ヤンド。ウマリトゥ　ウンヤサ。
（そうだね、ただ運が、何でも運がいい方がいいんじゃないの？人は。運だよ。生まれと運だね。）
ハツ子：ウンとウマリ。
トヨ：ウヌン　ウマリン同じ、イーヌムンヤサ、ウチナー口で。
（運も生まれもったものも同じことさ、ウチナー口でいうと。）
キク：ウマリン　ヤシガ　運ヌン　チューサルバア。
（生まれもってのこともあるけど運も強いわけさ）
久志：意志も強かった？
トヨ：ウン、精神も強くもたないと、生きた人間は。

㉔　日本軍は住民を助けると思ったか？

久志：日本軍と一緒に行ったら助けてもらえると思ったこともある？

キク： これは思ったことはある。兵隊さんが守るさ。だからこれしか思わない。こんなに負けるとは思わなかったけどさ。でも、やっぱし　イクサヌ　マキーガター　ナタクトゥ　仲間同士のケンカナトールバア。

（それは思ったことはある。兵隊さんが守るさ。だから助けてもらえるとしか思えない。こんなにして負けるとは思わなかった。でも、やっぱり戦争が負けそうになってからは仲間同士のけんかみたいになっていったわけさ）

トヨ： あと一週間、あと一週間で勝つよという、チャーあと一週間で勝つといってた。だけど、あと一週間で、ダー　負けてみんな捕虜なっているさ。

（でも、「あと一週間、あと一週間で勝つよ」といって。（兵隊さんは）ずっとあと一週間で勝つと言っていた。でもあと一週間で、それみたことか、負けてしまってみんな捕虜になっているさ。）

㉕　首里から来た日本兵との関係

キク： 首里ヌ　ウティタイニル　デージ　ヤタンドー。ワッター　東風平《くちんだ》ヌ壕ナカ　ウタンテ。スグ首里ヌウティタクトゥ　兵隊がムル　ウマンカイ　チャーニ　ワッター壕ヤ　ケートゥラッティ　ヒットゥラッティ　ワッター　ウマカラ　島尻ンカイ　チャー　マールマール　ヤタルバアル　ヤタンド。

（首里の司令部が落ちてからが大変だったよ。うちらは東風平の壕の中にいたさ、そこに首里の司令部が落ちたら兵隊がそこにやってきて。うちらは、壕は取り上げられて。うちらはそこから島尻に行ってずっとぐるぐる歩きまわったさ。）
久志：東風平にいる時に首里からの兵隊が来て？
キク：首里ヤ　ウティティ　シミラッタクトゥ　首里からウホーク　チョールバアテ。ダー太刀サガヤータ、太刀ムチャーター。すぐアッターガ　イッチ　チャーニ　ワッター　ウララン。すぐ島尻ンカイ　マールマールシ　アワリソールバアド　ウニンカラ。
（首里の司令部は攻められ陥落したから、首里からたくさんの兵隊が来たわけさ。太刀を下げた者たち、太刀を携帯している位の高い兵隊が。兵隊たちが入って来てから、うちらはそこにいられなくて島尻に行ってぐるぐる回って苦労したんだよ、その時から。）
トヨ：「出ていけ」といいよった？
キク：ア、ウッターガ　イッチ　チャーニ　ヌーンキン　アリサーニ　ウラランバアル　ヤタッサ。ヌーンチガ　ディネ　ワッターオトーターヤ　六〇ナイタガヤ　アマカラ首里から手も足も切られてさ、けがしてチョール　兵隊がウタンヨ、アンサーニ　ハシルテ、担架《たんか》ン　ネーラン　ヌシティヤ　タイシカタミティ　イキ　ヤルバーテ。アマナカ　亀《かーみ》ヌ甲墓《くーばか》[19]　ヌマギーヌ　アタンヨ　ミールトゥクマ　あっちは病院壕だからさ「墓のところにカタミティイキ」ヤルバアテ、ワッターオトーが「もう二人いたらいいのにね、こんなハシルもトール　ヤクトゥテ　ユッタイ（四人）シヤリワル　ナイル　バアテ、タイシェ　ケーラケーラーシ　ナランバー。ウリナカ　雨《あみ》小チラチラーシ　ナンドゥル　クワンタラーシ　アッチンナラン、もう二人誰かいないかね、二人では無理ド」ンディ　イチャクトゥヨ、「この野郎」ディ　イヤーナカ　チ

ラ　スグラッティテ　ワッターオトーヤ　イジ　ンジティ　タイ　シテ　伊集ヌ　オトートゥタイシ　カタミティ　アヌ墓ンカイ　ンジャクトゥ　ウヌ墓ヤ病院がマーガラカイ移動シ　ハチネーラン　ムルガラガラ　ナティ　ナーンカイ　ウチチャンディ。ナー　シジェーンヨ。兵隊ヤタンディ。ウマンカイ　ウチチャンディ。ヘークナー　ヒンギティ　チャンディ。「ウマカラヘーク　ンジラネー兵隊ンカイ　アチカーリールムン　ディチ　ワッターヤ　ンジティハチョール　バァール　ヤンド。

（あ、兵隊たちが壕に入ってきてそこにおられなくなったんだよ。なぜかというとね、うちのお父さんは六〇歳くらいだったかね、あっちから首里から手も足も切られてさ、けがしている兵隊がいたわけよ、それを戸板にさ、担架でもないよ、それに載せて「二人で担いで行きなさい」と命令されたわけよ。

あっちの方に亀甲墓で大きい墓があって見えるわけ。そこは病院壕だったわけ、「その墓に運びなさい」と命令されたわけ。それで、うちのお父さんが「あと二人いたらいいのにね、こんな戸板だから四人でしかできないよ。二人ではぐらぐらしてできないよ。それに雨もチラチラ降って滑りやすいから歩けないよ。あと二人誰かいないかね、二人では無理ですよ」と言ったからよ、「この野郎」と言ってビンタされた。

うちのお父さんは意地を出して伊集のおじさんと二人で担いであ

図53　亀甲墓の例（屋号新屋敷の先祖代々の墓）

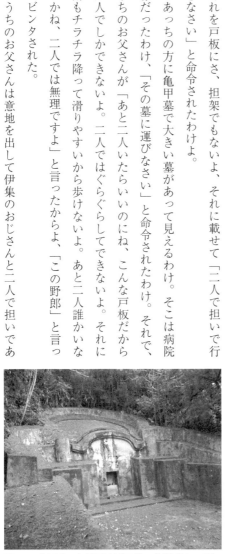

の墓に行った。そしたら、この墓は病院だったけどどこかに移動してしまっていた。もぬけのからになっていた。前庭に置いてきたって。もう死んだはずよ。兵隊をそこに置いてきたって。早く逃げ帰ってきたって。「ここから早く出なくちゃ兵隊にこき使われる」といってうちらは出ていったわけよ。）

トヨ：和宇慶のオトーナ？（和宇慶のお父さんか？）

キク：うん、ワッター　ナシウヤ　ヤルバア。「二人では無理だから、もう二人連れてきて四人でカタミラリール。ウッピナーヌ　ハシルナカ　ジョーイ　タイセェー　ブーラブーラシ　カタミラランドー」ディ　イチャクトゥテ　「この野郎、貴様、兵隊さんが言うことも聞かないか」とチラ　スグラッティ　テーナ（ビンタされて）、ウニンカラ　ウドゥルチ　チャーヒンギ。（日本兵は）ヤナールヤル。イエージュー　オオエー　ナトータサ。イエージュー　オオエー　ナインド　ジュンニ。マキーガーター　ナイネー。

（そう、私の親さ。「二人では無理だからあと二人連れてきて四人なら担がれる。こんな大きな戸板を二人では全然グラグラして担げないよ」と言ったからさ、「この野郎、貴様、兵隊さんが言うことも聞かないのか」とビンタされた。それから驚いて逃げたわけさ。日本兵は悪い奴だよ。仲間割れみたいになっていた。味方同士のケンカになるよ。全く。負けそうになったら。）

トヨ：イクサのサナカだからチャー（戦争のまっ最中だからきっと）　勝つと思っているさ。軍隊式だからすぐ「このやろう」ンチ　やられるわけよ。

キク：アビーン　ナランタセー。アンシン　「ウマンカイ　ウイネーナー　ヌーガ　サリーラ

ワカラン　ムン」チヨ、ワッター　オトーター　スグ　ニムチン　カタミティ　「ヘークナー　ワラバーター　アッカニ」ディチ。壕ン　ネーランクトゥ　マールマールシあっちこっちチャー　マールマール。トヨ姉さんがイャギーネーシ。あっち行ったりこっち行ったり。ウングゥトー　ルー　ヤタサ。

（日本兵にはものも言われない。それでもう「ここにいたら何をされるか分からないから」ってさ。うちのお父さんたちは荷物を担いで「早く、子供たち、歩け」と言って。そこは壕もないからぐるぐる回ってあっちこっちにずっと回って。トヨ姉さんが言うようにあっち行ったりこっち行ったり、こんなだったよ。）

㉖　壕もガマもなく木もない南部

トヨ：あとは、壕はない。

キク：キーヌ　シチャー小トゥ　石垣《いしがち》小ヌ　シチャとか。（木の下とか石垣の下とか）

トヨ：あっち（旧真壁村や糸満など）は海から近いしね、そばの岩の、あっち岩だから。この（中城村の）山みたいにクチャ（土壌の一種）でないから岩だから、サラカチ（植物の一種）といって刺のあるあれももう生えているから、こんなにしてもうにげよった。壕はないよ。弾に当たってあっちでは「助けてくれー、助けてください」という兵隊もいるわけよ。中には。ウングトゥシ　ヤタシガ　ワッターナ　助けられない。ドゥーン　アトゥ　何分がイチ　チョーラ、やられるから。

（こんなだったよ、うちらは。助けられない。自分も後何分生きられるか分からない。やられるから。）

久志：どこに行ったらいいのかも分らないみたいに?。
キク：チャーヒンギ。ンナ　チャーヒンギル　ヤタサ。死体ン　クダミティン　チャーヒンギ。
（どんどん逃げて。みんなどんどんにげたわけさ。死体も踏んでずっと逃げた。）
トヨ：自分の戦友が、弾が頭に当たって死んでもナー　見て見ランふり。チャーヒンギ。兵隊も。
（弾が自分の戦友の頭に当たって死んでも、見て見ぬふり。どんどん逃げて、兵隊も）
キク：見ないふりしないとナランバア。ドゥーン一秒一分アトゥニ　サリーガ　スラ　ワカランムン。
（見て見ぬ振りしないといけないわけ。自分も一分一秒後にやられるか分からないもの）
トヨ：沖縄中に撃つ弾はすぐ島尻のただ何か集落にすぐ弾は撃っているから。
（沖縄中に撃たれる弾は島尻のただ何カ集落に撃っている。）
久志：ちょうどカタブイ（局所的なスコール）みたいに。一カ所に。

㉗　デテコイ、デテコイ

トヨ：みんなあっちに逃げて、集まって、向こうでもあとはやっとかっと。「戦争は負けた、戦争は負けた。デテコイ、デテコイ、何もしない。何あげる何あげる。」と（アメリカ兵は言っていた。）
キク：飛行機からジートゥビしてアビータンド。（飛行機から低空飛行して大声でどなっていたよ。）
トヨ：あれは宣伝ビラに書いて第二世が通訳しているから分かりよった。
キク：日本語シ　アビータンヤ。（日本語でどなっていたね。）

トヨ：第二世。
光子：ビラ書いてからさ、あっちこっちまいていた。南洋もまきよった。（一同溜息）
トヨ：ナー　後何分生チチョーガヤール　ヤテール。
（もうあと何分生きていられるかねだったからね。）
光子：南洋はね、自然壕、石の穴が、自然壕があるからほとんどみなそこに隠れていた。
トヨ：ハジメェーみんな壕に入って。（はじめはみんな壕に入って）
光子：そこに弾を撃たれたら全部そのまま即死になるのよ。
トヨ：あとからはもう壕はない。
キク：（壕は）ネーン　ドーヤ　アマヤ、ヤ。キーヌ　シチャー、キーン　ネーラン。
（壕はなかったよね。あっちは。木の下も。木もなかったよね。）
トヨ：ガマはあるけどもうこっちにも入れないよ。みんな。ンマ　チョールムン（アメリカがすぐそこまできてるのに）。上陸してこっち来ているからジョーイ　イラリーンナ。（アメリカが上陸してこっちにきているから。全然入れるか、入れないよ。）「デテコイ」ディル言ヌムン（「デテコイ」というもの）。
久志：「デテコイ」と言って出たからいいけど出なかったらどうなるの？
トヨ：これは「手榴弾打ち込むよ」というのに。
光子：こんなして「デテコイ」だから怖いから出てくるわけよ。やられるから。
キク：（銃を）ヌシキトークトゥ　怖いから出ていくよ。

（銃を構えていて怖いから出ていくよ）

トヨ：第二世が「デテコイ、何もしない」というて。

キク：ワッターヤ　チカリータンド。（うちらには聞こえたよ。）「男はパンツ一つ着けてデテコイ。女はかけたままデテコイ」ディ　イータンド（って言っていたよ。）飛行機から。

トヨ：ワッターヤ　ウントゥーヤ　チカン。すぐ捕虜された。（私はそんなものは聞いていない、すぐ捕虜にされた）

キク：ウントゥーシ　アビータンド。イキガー　服ヌ　シチャカラ　ヌーガラ手榴弾でも持ッチガウラ　ディヤテーンヤ。「イナグ、女はかけたままデテコイ、何もしないから」ンディチ　アビータンドーヤ。飛行機から。ワッターヤ　ムル　チチョールムン。アンサーニ　宣伝ビラ　ヒュルヒュル　ウティー　タクトゥ。ウマー　弾ン　クーン。

（このように言っていたよ。男は何か服の下に持っていたら、何か手榴弾でも持っていないかとね。女は服を着たまま出てこい、何もしないから）って言っていたよ。飛行機から。うちらはみんな聞いているもの。それに宣伝ビラがヒュルヒュルって落ちてきたよ。ここは、弾は来ない。）

光子：（アメリカ兵が）チョコレートとかガムとか子供にくれよった。食べなかった、毒が入っていると思って。（笑）

㉘　地元で捕虜になったハツ子

久志：ハツ子さんはここですぐ捕まったの？

キク：ウッターヤ　フウヌアテーンテ。壕からカチミラッティ古謝ンカインジ　クヮッチーサンディ。

（この人たちは強運があった。壕から捕まって古謝《こじゃ》に行って、たらふく食べたって。）

ハツ子：ウマー　ミール　ウッサー　艦砲ヤあっちから来るさ。イッペー　ワッターや戦争にはさ、マシヤタルハジ。（こっちは見える範囲はアメリカの船がいっぱい。艦砲があっちから来るさ。でも、うちらは戦争のときはマシな方だった。）

捕虜されてさ、古謝《くじゃー》に行って（食べ物は）いっぱいあるわけよ。下古謝《しちゃくじゃー》。いいところに行っていた。

キク：イッター　フウヌアセー。ワッターヤ　アワリサーヤサ、島尻ンカインジ　アワリシ、またヤンバルンカイ。

（あんたたちはついていたね、うちらは苦労人だよ。島尻にいって苦労してまた、ヤンバルにも行って）

キク：ワッター　捕虜トゥラッタイニヤ　糸満《いとまん》ンジ　ケース菓子小《くゎーし》ティーチナー　ンナンカイハジュタンヨ。

（うちらは捕虜になった時は糸満でケースに入ったお菓子を一人に一つずつみんなに配布してあったよ。）

ハツ子：アメリカのさ、配給あった。

キク：紙コップ　ンカイ　水《みじ》ン　トゥラチェーシガ　ンーナ　ただイィーチ。

（紙コップに入った水も渡してくれてあるけどみんなただ座っていた。）

トヨ：捕虜になって具志頭の収容所、広場があったからあっちに捕虜になってみんな向こうに集めてから、またこっちからどこの集落かに配布しよったわけよ。

㉙　南部で捕虜になりさらにヤンバルにいったキク

キク：ワッターヤ　ハンジャ（現在の糸満市南波平《みなみなみひら》、ハンザともいう）ンディル　シマディタン。ウマンカイ　チャクトゥ避難民ゴジャゴジャーウティ「ウッサキーヌ　チュヌ　イチチョーテール　ヒャー」ディチ　ヤタン。ヤタクトゥ　ウマカラ　サーニカイ　海上トラックあれに五〇人くらいヌイタンヨー。ウリガ一〇台くらいウマンカイ　チャーニテ、ハンジャンディル　浜カラ　ンジャーニ北谷砂辺ンカイ着チョータン。北谷砂辺からチチ　野嵩ナカウルムンヤ　ウフッチュヌチャーガ「ヤンバルナカ　シマンチュヤ　イッペー　マンドーンディ　シマンチュニ　イチャイガ　イカナ」ディチテ　ウッターガ希望サーニル　アマンカイ　ンジョーンド。野嵩ンカイ　ウイネー　イッペー　クワッチー　ステーサ。フウヌアテーレー。コチャヌ　カイコン[20]（古知屋《こちや》の開墾）ヤタン。宜野座《ぎのざ》のカイコン（開墾）てもアタセヤ。アンシ　ウマンカイ　チャクトゥ　カヤ小シ　チュクラッティ　ユカァー　ネーラン　ヨーイ　ジートゥイーンタキーシ、ウヌ　ジーンカイ　キーヌ　ファーガヤラ　ヌーガヤラ　グシチガヤラ　シチヤ　すぐそのままだった。ヌーンチ　ウマンカイ　チャガヤー　ヤタン。フカナカ　ガマ小シコーティテ。

（うちらが着いたのはハンジャ（現在の南波平）という集落と言っていた。そこに来たら避難民がゴジャゴジャいて、「こんなにたくさんの人が生きていたんだね」と思っていた。そうだった。そこから海上トラックに、あれに五〇人位乗れたわけよ、それが一〇台くらいそこに来てハンジャというところの近くの浜から出て北谷砂辺《すなべ》に着いていた。

北谷砂辺に着いて野嵩《のだけ》にいたのだけど、大人たちが「ヤンバルにシマの人、和宇慶の人がたくさんいるってよ、和宇慶の人に会いに行こうよ」といって大人たちが希望してあっちに行ったんだよ。野嵩にいたらたらふく食べたはずなのに、運がよかったら。

つぎに着いたのは古知屋の開墾だった。宜野座の開墾ってあったさ、ね。それでこっち（ヤンバル）に来たら茅で作った小屋で床もない、地べたに木の葉かなんかか小さい竹みたいなのを敷いてすぐそのままだった。なんでこんなところに来たかねと思った。外にガマ小（洞穴）作って）

光子：ヤンバルに来ていた人で、竹編んで竹床《たけゆか》があったよ。

キク：ウヮートートー　イィーヌムン（豚みたいに）。ナーナー　イチデージ　ヤサ。「イイバーヒヤー、ディイチョーサ　ワッターガ。「イーバー　オトーター　オッカーターヤ　カンナジ　ヤンバルンカイ　チューンチ　ディイヌムン　野嵩にいたらクヮッチー　ステーンテ」ディ　ワッターヤ　言チョーサ。アマンカイ　ヤラサッティ。

（豚みたいで、それはそれは、もう大変だったよ。「だから、言わんこっちゃない」と言った、うちらは。「お父さんたち、お母さんたちはわざわざヤンバルに来るって言うから。野嵩にいたら、たらふく食べたのに」ってうちらは言ったさ。あっちに行かされて。）

トヨ：ウリ分《わか》イティカラ。（そんなことが分かるもんかね。）

キク：分ランドゥアッサー。分ランドゥアルムン　ワッターヤ。アトカラ　ウムトーテールバア。

（分からないんだよね、分からないんだから、うちらは。あとから思っただけだよ。）

㉚　カエルは滋養のある食べ物

トヨ：ワッターヤすぐ知念、具志頭から知念ヌ知名《ちな》一区に、アサギ小にワッターヤ配布されたわけ、アンサーニ　知念ヌ　アヌ　田んぼがあるさね、朝五時からすぐ起キヤーニ　カエル取りに、ガーガーガーする、アタビー　トゥティ　チャーニ。ナー　ヤスカズーヤ　オッカーガウリシ　一番ウゥットゥ小ナー、ウリおんぶしてからテ　和宇慶のヤスカズテ、刺身屋ヌ。アンシ　ウリンカイ　チャー　アタビー　トゥティ　チャーニ　カマスンチ　田んぼンカイ。

（うちらはすぐ具志頭から知念の知名一区に家の離れにうちらは割り当てられたわけ。そうして知念のあの田んぼがあるさね、朝五時から起きてカエルを取りに、ガーガーガーするカエル取ってきて。末っ子のヤスカズはお母さんがおんぶして、和宇慶のヤスカズさ、刺身屋のあの子にカエルを取ってきて食べさせるって、田んぼに。）

光子：栄養失調の子にはとっても上等と言いよった。カエルは。

キク：ヌーン　カムセーネーンテーサヤ。知念玉城《ちにんたまぐしく》ヤ安全ディ言タルムンテ。

（何も、食べ物はなかったんだね。知念玉城は安全て言ってたのにね。）

㉛　安全だった知念、玉城に行かずに南に行き危険な目にあったキク

トヨ：あ、アマー一番安全ヤタンディンド。（あ、あっちは一番安全だったってよ。）

キク：ウン。安全ヤンドー　ステー　タクトゥ　アマンカイ　ンカトータンヨ。ンカトータクトゥ日本の兵隊がアガティ　チャーギール　バアテ、ワッター　ウゥティ　イチャギー　タルムン、伊集ヌオトーガ「兵隊さん、知念玉城は安全てね、あっちに行こうね」ディ　イチャクトゥ「あっちはもう上陸するよ、大変よ、あっちに行ったら」ディ　イチャクトゥ　ウドゥルチャーナカ　ヒチムドゥティテ、アワリ　ソール　バール　ヤンド　ワッターヤ。またアマンカイ　ンジ　アマニヤ　カーラヤーガ　アタンヨ、カーラヤーヌ　マギーガ　アタンテ、ナーンカイ　艦砲がヤラ　ウティヤーニ　ウヌ　カーラヤーヤ　ハシルヤ　タッチョーシガ　艦砲ヌ　フンミカチ　ウティタクトゥ　ムール　クーリティ　ネーランテ。ちょうどワッター　マサ子ヤ、シージャヤ　シーバイ　シーブサンヒャー　ンディチ　トイレンカイ　イチュンチ（トイレは）ネーンガヤー　ディチ　ウキティ　クングトゥ　ソータンディ　アレー　毛布カントー　タクトゥ　ウング　サクトゥテ「キクーターヤ　ウマリカーナカ　ウテールムン」　ムル　ウスラッティ　ハナンカイ　マーンカイ　ドゥル小ヌ　イヤギティテ　イーチンナランシヌサヤー　ンディ　ウムトータンヨ。アリがヨーンナーヨーンナー　アクチャクトゥ　アネ　ナマーヒサ小　ミーセー　チュイナー　チュイナー　ウントゥーシ　アクサーニテー　ムル　イチョーン。アレーイーバア　ムル　ニンジシーネー　デージスタン、アクサーン　ウラン。すぐナーンカイ　艦砲ヌガ　ウティタラ　カーラヤーヤすぐグヮンミカチヨ。ウマウティ死ジョーシン　ウタセ。シランチュ、島尻チュガヤラヤ　毛布カンティ　イーチョータクトゥすぐグヮンミカチ　サクトゥ。

（そう、安全だよといっていたからあっちに向かっていたよ。向かっていたけど日本の兵隊がやってきたわけよ。うちらは後を追っていたわけだけどよ、伊集のおじさんが「兵隊さん、知念玉城は安全てね、あっちに行こうね」と言ったらその兵隊は「あっちはもう上陸するよ。大変だよ、あっち行ったら。」って言ったから驚いて引き返してね。苦労したんだよ、うちらは。またもとに戻って。瓦葺きの大きな家があったのよ。そこに入っていたら庭に艦砲かなんかが落ちてこの瓦葺きの家は、柱は立っているけど艦砲が落ちたから全部壊れてしまって。

うちのお姉さんのマサ子がトイレに行くといって、こうしていたから（しゃがんでいたから）「キクたちはこの辺にいたはず」と言って掘り起こしてくれた。鼻にもどこにも土が入って息もできない。もう死ぬんだね、と思っているところをお姉さんがゆっくりゆっくり掘り起こしてくれた。ほらいま足が見えた、というふうに一人一人こんなして掘り起こしてくれてみんな生きている。全員が眠っていたら大変だった。掘り起こす人もなくて。そこで死んだ人もいたさ。知らない人。島尻の人かね。毛布かぶっていたところにグヮンって艦砲が落ちたから。）

トヨ：マーンジ　ウレー。東風平ルヤリー？（どこでね、それは？東風平ね？）

キク：マーヤガヤ　知念ヌ　カーマ　イーヤシガ　東風平ンアラン　マーヌシマ　ガヤラ　ワカランサ、アマカラ　ワッターヤ　ウティティチ。アマンカイ　イカンテーレー　アンソーティアワレーサンタシガル。ウヌ　オトーヤ　イヤンケー　ヤテールムン　チャー「兵隊さん、兵隊さん」ディチ　トゥーヤギル　スクトゥヤ。　知念玉城　ンカトータンヨ　ワッターヤ。ダーウッター　シジャセー　ウヌオトーヤ。

（どこかね、知念から遠く離れたところだと思うけど東風平ではない。どこか分からない。あっちから下りてきて。あっちに行かなければそんなに苦労はしなくて済んだんだけど。この伊集のおじさんはしょっちゅう「兵隊さん、兵隊さん」って尋ねるからね。知念玉城に向かっていたのにうちらは。それでこのおじさんは死んでしまったさ。）

㉜　知念からヤンバルに送られたトヨ

トヨ：あの、捕虜なってからル　ワッター　ムール　配布サットークトゥヤ　知念知名《ちな》に。アンシ　アマカラ　馬天ヌンカイ　ソーラッティ、馬天からル船乗《ふにぬ》ティ　ヤンバル辺野古に、カイコン[21]に（開墾に）、アンシ　アヌカイコンから。

（あの、捕虜なってから、うちらもみんな分散させられて各収容所に送られたんだよ。私は知念の知名というところに。そしてあっちから馬天《ばてん》に連れていかれて、馬天から船に乗ってヤンバルの辺野古に、開墾に、それからあの開墾から。）

キク：あ、アヌ開墾に、イッター　アガトーナー　ヤテーサヤ。

（あ、あの開墾に、あんたたちはあんな遠くに送られたんだね）

トヨ：アンシ　アヌカイコンから　ヤンバル嘉陽《かよう》、嘉陽ヌ海ンカイ　テントヌ　シチャンカイ。

（それであの開墾地からヤンバルの嘉陽の海にあったテントの下に行った。）

キク：安部《あぶ》、嘉陽ンチ　アタンディヤ　トゥーサタン　ディド。

（安部、嘉陽ってあったよね。あっちは遠かったらしいね。）

光子：今は近いよ。
トヨ：ン、今は近いけどアンシン　ヤンバルヤ遠い。この中部みたいにすぐ津覇、奥間、和宇慶ディチ　ヤイネー　ウリヤシガ　もう何キロも離れている。
（うん、今は近く感じるけどそれでもヤンバルは遠い。この中部みたいに津覇、奥間、和宇慶みたいに近接していたらなんだけど。隣と言っても、もう何キロも離れている）
キク：離れているさ、集落は。
トヨ：ヤンバルヤ　トゥーサン。（ヤンバルは遠い）
光子：（隣は）二キロくらい離れている。安部から嘉陽まで二キロあったからよ。

㉝　喰《く》えたものでないが食った話

トヨ：桑ヌ葉っぱ小、あれの芯小　チッチヨ、食べるものがないから海の藻も、ナー　一番食ヮーランヌーヤ藻、ンーン、ナー　匂いしてよ。

図54　左から玉那覇千代子、比嘉キク
2019年6月27日撮影（久志）

図55　左から比嘉トヨ、玉那覇千代子
2019年6月27日撮影（久志）

図56　左から玉那覇千代子、比嘉キク、新垣トヨ（特別参加）
2019年６月27日撮影（久志）

図57 左から新垣光子、比嘉トヨ、比嘉キク、比嘉ハツ子、譜久山《ふくやま》ミッシェル
2020年２月20日撮影（久志）

（桑の葉っぱ、あれの芯切ってさ、食べるものがないから海の藻も、あ、もう一番喰えないものだね、もう臭くてよ。）

キク：チーパッパ。（つわぶき）

トヨ：ンー、チーパッパもあれだけど（つわぶきはおいしくはないけど）。

キク：チーパッパはウチナーヌ（チーパッパは、沖縄のウチナー口）。

久志：つわぶきという葉っぱ。

キク：フキって言うの？あれは？

久志：黄色い花が咲くでしょう。

光子：（中城）公園でもこれ、（あるよね。）

キク：アレー　骨小ン　ヌーン　カー　アクサーニテ　ユディティヨー　ンナ　カダンディ。ワッターヤ　カマンテールムン。

（あれはすじを取って皮もむいて茹でてね、みんな食べたってね。うちらは食べなかったよ。）[22]

光子：今だったらおいしいよ。圧力鍋で炊いてから。

＊その後も話しは尽きない。食べ物談義が続く。

第二節のまとめ

戦後にアメリカ軍基地の中で家族部隊のハウスメイドをしたことのある女性たちを集めて話合い

をしてもらった。はじめはこちらの質問に従ってハウスメイドで経験したことを話してくれた。勤め先の奥さんとのやり取りや仕事内容、子供たちから英語を習ったことなどを語ってくれた。しかし、「オーケー」という言葉から急に戦時中のことを思い出したようでそのあとは戦時中の話しに終始してしまった。彼女たちにとって戦後のハウスメイドの経験より戦時中のことの方が重要であったと思われる。

また、彼女たちはこの会で初めて自分以外の戦争体験の様子を知ったようで互いに共感したり差を感じたりしたようであった。互いに体験をかたることで戦争中の不安や恐怖などを共有することが出来たと話していた。何らかのカタルシス効果があったようで今後もまたこのような機会を作って欲しいと話していた。

しかしそれぞれの体験はあまりに悲惨で話したいことが多すぎる。そのため他者の体験を聞く余裕がないという印象も受けた。それだけ彼女たちの体験はすさまじいものであったに違いない。

1　譜久山ミッシェルは、琉球大学大学院博士後期課程に在籍していて、戦後のハウスメイドのことを研究テーマとしている。筆者とは親しくしていたので共同でハウスメイドをしていた女性たちの聞き取りをおこなった。

2　「家族部隊」とはアメリカ軍の兵士や軍属などの家族が居住しているエリアのことである。

3　「ストロング小林」とは当時人気があったプロレスラーのことで、元気でたくましいということを示している。

4 カムソリー（コミサリー）とは、Commissary のこと。軍隊の販売部、売店、スーパーマーケット。

5 二〇二〇年に新型コロナウイルス感染症の蔓延のことで話題になっていたクルーズ船ダイヤモンド・プリンセス号のこと。

6 「〇〇だはずよ」とは「〇〇だろう」という意味の沖縄独特の表現で、物事を推測して言うときに使う。標準語でいう場合の「〇〇はず」とは微妙に異なり確実性は低い。

7 「第二世」とはハワイ移民の二世のことであるが、比嘉トヨはこの言い方を好んで使用するのでそれを尊重して「第二世」と表記する。

8 戦後に「大度」と改名されている。

9 「旧真壁村の字新垣」のこと。「中城村の字新垣」と区別するためにそのように言い表す。沖縄には同じ地名が複数あるのでそのような言い方をして区別している。

10 ユーフルとは風呂という意味だが、ここでは銭湯の女将という意味であろう。

11 反語的な表現。「〇〇できるか、とても〇〇できない」という意味。

12 沖縄の高齢者に多い表現である。例えば会話を「アレがアレしてアレなったよね。」とか「アレはアレだよね。」という感じですますことは多い。お互いに状況に応じて理解しているようで話は通じる場合が多い。

13 前にも述べたが、沖縄独自の表現で、話が翌日まで続くくらい話したいことがあるというニュアンスの表現。

14 沖縄戦で生き残った人々の中で、自らのことを「艦砲ヌ喰エーヌクサー」と表現することは多々ある。「生き残ってしまった」と自虐的に言い表し複雑な心境を表わす。死んでしまった人々に対する済まなさのような心境を表現したのだろう。

15 キクの夫、勝明はトヨの父の年の離れた弟でトヨにとって自分より年は若いが叔父にあたる。当時は長い間子供を産むので孫より年若い子供が生まれることもよくあった。戦後たまたまキクは勝明と結婚してトヨとは姻戚関係である。

16 屋嘉にあった捕虜収容所のことを歌った沖縄民謡で捕虜の悲しみを歌ったもの。

17 「魂招き（魂ウンチケー）」とは亡くなった人の魂がさまよっているのを家に呼び寄せる沖縄独特の風習。

18 戦後沖縄では、夢に出てくるところに遺骨があると信じられていた。たまに遺骨が見つかることもあったりするのでトヨは夢に出てきたところに父の遺骨を探しにいったということである。

19 「亀ヌ甲墓（亀甲墓）」とは沖縄独特形をした墓で女性の子宮を模した形の墓。

20 古知屋の開墾。古知屋というのは地名。食糧増産のために開墾されたところで高松原開墾ともいう。現在は松田という地名で捕虜収容所があった。

21 山ではあるが焼けて木もまばらの原っぱで開墾したみたいに見えた。それでトヨはそこを「カイコン」と言った。

22 沖縄では山菜や野草を食べる習慣はない。それでつわぶきまでも食べるのは珍しいことである。

コラム⑤メイド経験のある女性たちの会用語解説

▼「シベリアン」（Civilian）シビリアン・軍人ではなく軍で雇用されている軍属のこと。
▼「サージュン」（Sergeant）サージャント・下士官である軍曹。
▼「カーノー」（Colonel）カーネル・大佐。
▼「メージャー」（Major）メイジャー・少佐。
▼「マスターサージュン」（Master Sergeant）マスターサージャント・曹長。

この聞き取り調査に出てくる軍人の階級で言うと下から軍曹、曹長が下士官。将校は少佐、大佐である。ちなみに各国の陸軍では軍曹は分隊長、少佐は中隊長や大隊長、大佐は連隊長級である。

▼「イエッシュー」（Yes, sir）イエッサー　陸軍など上官の命令に対して部下が「了解しました」という返事。

第三節　ハワイに連行された一兵士の家族の戦後の生活、ブラジルへの出移民

沖縄を遠くはなれてブラジルに出移民した新垣《あらかき》良徳《りょうとく》の生活

新垣良徳（大正一一年生まれ）、新垣ハル（大正一四年生まれ、隆永の三番目の姉）が戦後移民した話。

良徳とハルの三女の又吉安子《またよしやすこ》[1]が両親から聞かされていたことを、つむぎだすようにポツポツと話してくれたことを再構成して書き書き記していく。但し、沖縄戦のことはあまり話してくれなかったということであった。

1　一回目の聞き取り

娘、又吉安子（昭和二七年生まれ）からの聞き取り（二〇二一年一〇月ごろ）

オトー（父）は兵隊だったため、捕虜になったあとは、ハワイに連れていかれた。それでオッカー（母）のハルはその後再婚もしないで連絡もない父を待ち続けた。

オトーはハワイの洗濯屋で働いて、そのお金で沖縄に帰ってから土地を買った。

図58　新垣良徳・ハルの娘又吉安子と夫良宣　2021年12月撮影（久志）

図59　右端、新垣ハル、隆永の姉、ブラジルにて60歳代、又吉安子提供

2　二回目の聞き取り

二〇二一年一二月四日の聞き取り（安子より）

①　戦前と戦時中の両親

戦前にオトーは二〇歳で結婚した。早く結婚した。お父さんの母親が早く亡くなったから大きいオバーたちに早く結婚させられたと言っていた。

オッカーは戦争中には島尻まで行ったということだけ聞いている。誰と一緒だったかは聞いていない。詳しいことは言わなかった。みんないいたがらない。戦争のことはあまり話してくれなかったので詳しいことは分からない。ただ、戦争前に生まれていた兄良一は昭和一八年、一〇月の生まれで戦時中は二歳半くらいであった。

（実家の仲門小の《なかじょうぐゎー》）大きいオジー（曾祖父）、オバー（曾祖母）は、捕虜に取られてから栄養失調で亡くなったということは聞いている。

②　ハワイに送られた父と父を待つ母のこと

戦後、父はハワイに送られて、沖縄に手紙も送られないで二か年間、何もできない状況だった。オトーは二か年ハワイのランドリーで働き、給料をもらって、沖縄にドルをたくさん持ってきて土地を買った。現在の県営中城団地の近くかなと思う。私（安子）は父から「自分の財産を買ったよ」という話を聞いていた。

オッカーはオトーが無事かどうかも分からないで待っていた。父からはなんの連絡もなく生死も分からないまま、母は待ち続けた。嫁ぎ先で父の祖父母、舅、姑とともに生活した。子供もいるから再婚はしないで待っていて欲しいと舅や姑にいわれていた。

オトーは戦争が終わっても沖縄に帰ることもできなかった。戦後二か年して帰ってきた。「なんで分かるか」と言うと、お兄さんとお姉さんとは四歳違いがあるから。その間オトーがいないことからそれは分かる。オトーがハワイから戻ってから私たちのきょうだいが次々に生まれる。長男良一（昭和一八年生まれ）、長女トシエ（昭和二一年生まれ）、次女ヨシエ（昭和二四年生まれ）、三女安子（昭和二七年生まれ）、四女ハツ子（昭和二九年生まれ）、流産した男の子、五女順子（昭和三三年生まれ）、次男良宣（昭和三五年生まれ）の名前はヒイオジー（曾祖父）の名前が良信《りょうしん》だったから「良」の一字を取ってなづけたみたい。六女エミ子（昭和三七年生まれ）、三男良彦（昭和三九年生まれ）。順子から下のきょうだいはブラジルで生まれた。上と下が男で間はみんな女。

③　ブラジルに出発する前夜

父の兄弟のことを言うと、長男は父良徳。次男良孝《りょうこう》（沖縄に残る）、三男良栄《りょうえい》、長女ヒロ子（戦前に和宇慶の人と結婚してブラジルに移民している）四男良昌《りょうしょう》、五男良輝《りょうき》、六男は良盛《りょうせい》。（五男と六男とは祖父とその後妻との子供。前妻は四男の良昌を産んでまもなく病気で亡くなっている。）

一九五七年に父の弟の新垣良孝の家族だけを残して私達仲門小の一族はブラジルに渡る。ブラジルに移民した。戦争でもう苦労したから二度と戦争味わいたくないといって旅にでようといって。

祖父の弟が戦前にブラジルに移民で行っていたので、手紙を書いてもらって呼び寄せ移民としてブラジルに渡った。オジー（祖父）の弟で、ブラジルで先生しているおじさんがいたから、おじさんに呼び寄せ移民で手紙を送って、呼んでちょうだいって頼んだ。私達がブラジルに移民したときには、そのおじさんはもういい暮らしをしていた。

アルゼンチンに一人おばさんがいるけど、まだ元気（健在という意味）、ヒロ子。三男の下。女の子一人。良孝さん以外みんな行ったわけ。ヒロ子おばさんはもうアルゼンチンに嫁いでいた。結婚してあっちに行っていた。先に行っているわけ。ヒロ子おばさんの旦那は和宇慶の方だった。自分たちより先に行っている。良孝さん一人が沖縄に残った。だからさびしいってからおじさんは泣いていたみたい。結婚していて奥さんが行かないといってから、ミネおばさんが。それで残ったわけ。

但し、ミネの娘恵美子の証言では「母のミネは体が弱くて向こうに、ブラジルに着く前に死んでしまうかもしれないということで行かなかった。」ということであった。このことは後日、二〇二二年七月九日に確認した。

④　ブラジルに向かって出発

ブラジルに行ったのは私がもうすぐ幼稚園に入るよ、四月から入るよというときに行った。幼稚園はヤマ小（殿小《とぅんぐゎー》、旧公民館）。ヤマ小まで遊びに行ったことがある。昔の公民館。（当時は公民館に幼稚園があった）ちょうど三月。四月から新学期だから、三月に沖縄出ていているから。

船の名前はオランダ丸というかヴォイス何とかと言っていたけど、オランダ丸(?)だったと思う。横文字だったはず。長い名前だった。

私達がブラジルに移民した時私は五歳だけど、夢のように覚えている。船の上で見送りするのを見た。オトーの肩に肩車してもらってから見せてもらったわけ。私はちっちゃいから肩車してもらった。写真とかも撮って。船から見ると、下にいるオバーたちがみんな見えた。それは覚えているわけさ。「みんな来ているよ」って、みんな見送りしに来ているわけさ。仲門小とか、新屋敷《みーやしち》とか後呉屋《くしぐや》のオバーたち。オジーが後呉屋のオバサンときょうだいだから。おじさんの良孝さんたちも「お兄さんたちもみんなブラジルに行くから」と言って家族で来ていた。ヨシオさんもそのお母さんも見送りに来ていた。

⑤　神戸で足止め、その後いっぺん沖縄に

神戸まで行ってからまた引返したのを覚えている。そこでは雪が降りよったから外に出てスカートで受け止めた。私達、子供は皆、洗面器で雪を取った。それを見て内地の人が笑っていた。「沖縄人は雪見たことないのか」と。神戸で一カ月くらい過ごしてから、いっぺん沖縄にもどってきた。

⑥　船の中で苦労した母

ブラジルに行くときお母さんはとても苦労したはずよ。船の中で妊婦だったから。順子の上。船も揺れるし、つわりで起きられない状態でブラジル着いて何日間かして、まだ叔父さんたちのおう

ちに滞在しているときに流産してしまった。妊娠六か月だった。男の子だった。そのあとすぐ順子が生まれている。順子と弟二人と妹は向こう（ブラジル）で生まれている。良宣《よしのぶ》と良彦《よしひこ》とエミ子と。良彦が一番下。

⑦　ブラジルでの生活

ブラジルでは最初農業をしていた。コーヒー、ピーナッツ、トウモロコシを栽培した。トラクターも使っていた。だけど、自分たちきょうだいは女の子が多く農業をつづけるのは無理ということで都会のサンパウロに引っ越しした。そこでは、縫製工場の下請けをした。家内工業としてミシンを数台、家族の頭数分を買って家で仕事をした。一人ずつ結婚して家から出ていって。で、下の妹たちが大きくなったら妹たちが一緒にやったりして。でも今はやってない。今は縫物しては生活ができないから。

父と母は米寿の後亡くなっている。ブラジル行ってからオジーは一〇年くらいだったかな、病気で亡くなった。でも最後はいい暮らししたはず。

⑧　日本へ出稼ぎにくる兄弟たち

私達のきょうだいは皆共稼ぎ。下の弟たち妹たちは大学出て、それで仕事して外に出ているけど、自分たちは向こう（ブラジル）の教育しか受けてない。

弟たち妹たちは、大学は行ったけど生活が苦しいからみんな一回は出稼ぎで日本に来ている。日本に来てからまた戻って向こうで生活している。日本に出稼ぎにきたときに沖縄まで来ていたよ、みんな遊びに。先祖の位牌に手を合わせに、新屋敷《みーやしち》の叔父さん、隆永さんに会いたいと言って。オッカーが新屋敷の話をするさね、やっぱり自分の実家のことはしょっちゅう新屋敷、新屋敷というから。新屋敷の叔父さん誰だれって教えられているから分かる。あっちは何男とか。トヨおばさんの話よくしよったさ、イイックヮドー、オジーもオバーも。（気立てのいい子だよ、おじいさんも、おばあさんたちも。）はたでみていてすごいよとしょっちゅうこればっかり言っていた。「自分にはできないけど。トヨおばさんがやっているからすごく助かるよ」といって。

⑨　写真の説明に終始する安子たち夫婦

良宣：良栄おじさん、奥さん。
安子：おばさんはブラジル生まれ。
良宣：これは嫁。
久志：こっちがハル。
安子：おじさんの奥さんのセツ子。良栄、三男。

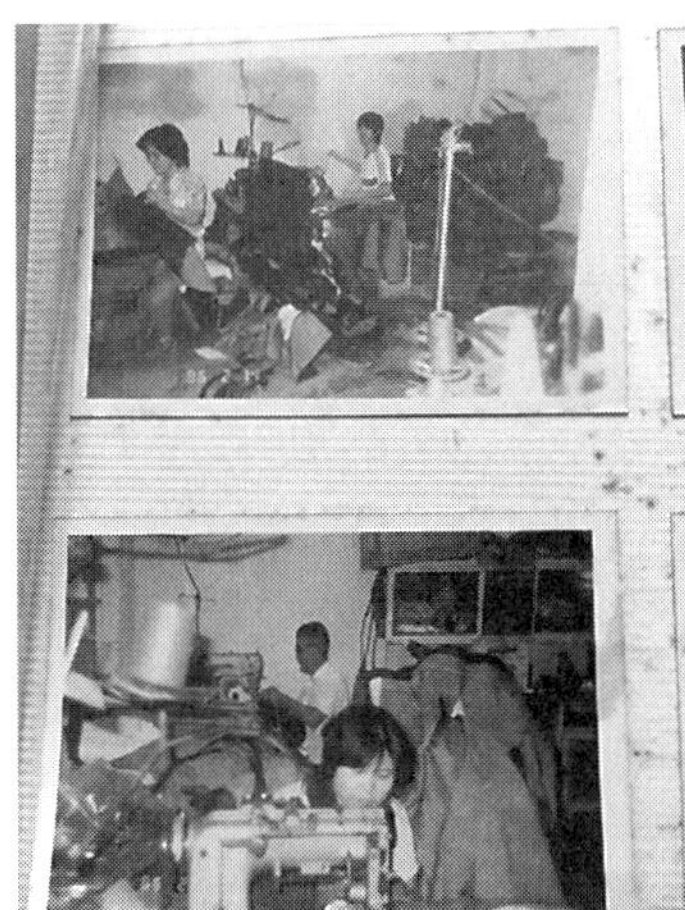

図60　ミシンを購入し家族で縫製工場の下請けをする良徳の家族
又吉安子提供

図61　左端　新垣ハル、親族とブラジルにて中央は長姉のヨシ
又吉安子提供

安子：こっちはブラジル生まれ、嫁さん。向こうの現地の人、イタリア系の二世になるかね。
次男の嫁さん。

良宣：次女。ナチブサーという人の夫。

安子：ヨシエ。戸籍上はヨシ子[3]。

久志：「ヨー　ナチュンドー（いいね、泣くよ）」といってから泣いたという人ね。

安子：私がも覚えている。

良宣：これは良彦。一番ウットゥ小（末っ子）。これは仲門小の良徳。

安子：六〇代あまりの写真でないかなと思うけど。古い写真というのは20年ぐらい前のじゃないかな。

良宣：オッカー写真はマンドーサ。カメーテおくよ（お母さんの写真はたくさんあるよ、探しておくよ）。

安子：昔の写真はね、みな大事においてあるの。どこにしまってあるか深カジミしてある（どこに片付けたか分からなくなっている）。押し入れの中にあるよ。

安子夫妻は、このように親族の紹介をすることが楽しくてしょうがないようである。

図62　新垣良徳、ハル夫妻、日本へ再渡航、60歳代　又吉安子提供

⑩　再び沖縄にもどった安子の一家（聞き取りは二〇二二年一一月二日）

私（安子）はブラジルに家族と共に出移民したあと、ブラジルで良宣と結婚し四人の子供にも恵まれた。長男良和、長女律子、次女幸代、三女美幸の四人。だけど、一九八四年には沖縄に再びもどることを決めた。その理由はブラジルの治安が悪かったから。また、子供たちに沖縄での教育を受けさせたいと思ったから。私（安子）自身は沖縄でもブラジルでも中途半端な教育しか受けていないからだった。

夫の良宣のお父さんとお兄さんは先に沖縄にもどっていてそれも理由になる。住むところは隆永おじさんが世話をして西原のアパートに決めた。中城に引っ越すことも考えたけど中城は田舎過ぎてトイレがポットントイレ（汲み取り式のトイレ）なので子供たちがそれを嫌がったから西原に住み続けている。夫のお父さんたちは浦添《うらそえ》にいるけど浦添は密集しすぎるから西原がちょうど住みやすい。直子おばさんや仲門小の良孝おじさんにもとても世話になった。

沖縄に再渡航したとき長男の良和は小学校の四年生だったけど町の教育委員会の人が考えてくれて小学校三年に入れてもらった。長女の律子はそのままの学年だった。

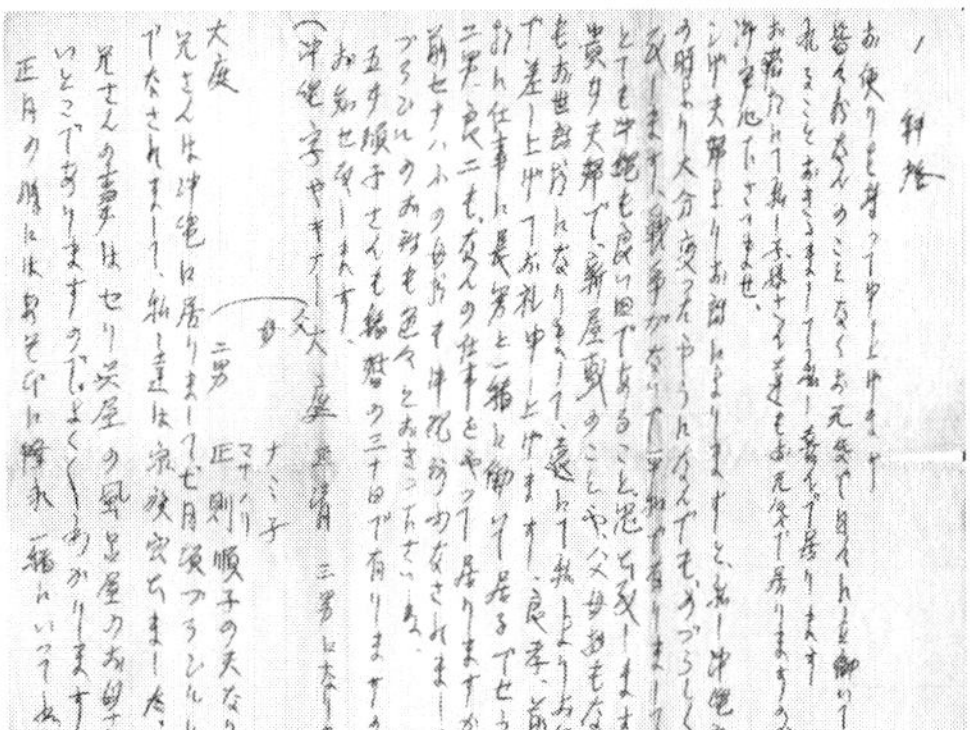

図63ブラジルに出移民した良徳、ハルから１人沖縄に残った良孝、ミネ宛てに送られた手紙、娘の結婚の報告、沖縄の変化に驚いている。　川下恵美子提供

沖縄にもどって一年位過ごしてうまくいかなければまたブラジルに戻るつもりであったけど、今まで沖縄で生活をしている。孫も生まれて穏やかで静かな生活である。

3　沖縄に思いをよせる良徳、ハル夫妻の思い

新垣良孝の娘の川下恵美子の元に良徳、ハル夫妻から良孝あてに送られた手紙が残されている。何通かの手紙のうち良徳が、沖縄が平和になったことを知りしみじみと考えていると思われる一通を紹介したい。

図63は戦後ブラジルに出移民した良徳とハルが、沖縄に残った良孝とミネの夫婦に宛てた手紙である。娘順子の結婚の報告である。ハルの実家の新屋敷（新垣隆永の家）のことも書いてある。特に気になるところは沖縄の様子が変化していることを知り、驚いている様子であることが分かる部分である。

　私し沖縄訪問の時より大分変ったやうになんでもめづらしく気が致します、戦争がないで平和で有りましてとても沖縄もよい国であること思ひ致します（私の沖縄訪問の時より大分変わったように感じられてなんでも珍しく思われます。戦争がなく平和であり、沖縄がいい国であると思います。）

新垣良徳は一度自身が再渡航した時と知り合いが再渡航した時の話で沖縄の変化を知って、沖縄が平和になっていると感じているということを手紙にしたためている。その心境はいかばかりだろうか。時代の変化に伴って自身が決めたブラジルへの出移民をどう思っているだろうかと聞いてみたいものである。

良徳の一族は戦争の時の体験を通して二度とあのような恐ろしいことはごめんだとの思いから遠くブラジルの地に出移民した。沖縄戦の記憶は戦後ずいぶんと月日を重ねても尚、心に深く影響を与え続けているといえるのではないだろうか。ブラジル生まれの娘が結婚するくらいの長い年月が経ったけれども戦争のかげは人の心に残り続けているといえるのではないだろうか。

良徳は沖縄戦の際は防衛隊として従軍していた。多くの要因が重なって生き残ることができた。ハルもダチングヮ（一人歩きのできない幼子）を抱えながらも同じように色々な偶然の重なりの結果無事に生き残ることができた。そして多くの子宝に恵まれて幸せに暮らすことができている。戦後の混乱期にはアメリカ軍政府が施政権を持つ沖縄で暮らすことを受け入れがたくブラジルへと出移民した。ブラジルで農業や縫製工場の下請けなどをして生計を立てた。

良徳、ハルの夫婦のように戦後に外国へ出移民した例は少なくはない。その地で新たな生活を営むことが出来た例も多いことだろう。このことに思いを巡らせると、命さえあればどんなに苦しいことがあったとしてもいい時代が来る、幸せな暮らしが可能になるといえる。沖縄戦で命を奪《うば》われた人々は単に命を奪われたのみならず、生きていれば叶ったかも知れない子孫繁栄の夢や描くことが許される未来まで奪われている。生き残ることが難しい中で幸いにも生き残ることができたことの意味を思うと、人は何としても生き残ることが最も重要だと筆者には思われる。

1　又吉安子は戦後家族とともにブラジルに移民で行った後、ブラジルで良宣と結婚して子供も四人もうけてから沖縄に戻ってきている。

2　安子の弟と安子の夫は、偶然にも同じ名前である。漢字も読み方も同じ良宣（よしのぶ）である。

3　終戦後は、市町村の戸籍係の間違いや申請者の間違いなどで名前や生年月日の間違いが多かった。ヨシエの名前もヨシ子と間違って記載されていたと考えられる。

第五章　沖縄戦の体験を振り返った体験者の考えや思い

１　沖縄戦を振り返って

沖縄戦の体験を話した人々に、沖縄戦を振り返ってどのように考えたのか訊ねてみた。以下はその聞き取りをまとめたものである。

(1)　話すことによるカタルシスの効果

ア、聞いてもらって嬉しい。聞いてくれてありがとう。（比嘉トヨ）

イ、戦争のことはいくら話しても終わりがないくらいいっぱいある。明日まである（次の日までかかっても終わらないくらいあるという意味で沖縄独特の言い回し）。（新垣トヨ）

ウ、話してみて胸がスッとした。悩みがあったら友達に打ち明けたら楽になるけどそんな感じだ。（新垣光子）

エ、聞いてもらって見捨てられてはいないということが分かった。（比嘉トヨ）

オ、話を聞いてもらって心が若返ったような気がする（新垣光子）

(2)　今ものこるトラウマ

ア、今でも怖いグラマン。沖縄戦当時はグラマンがジートゥビして（低空飛行して）機銃攻撃をした。飛行機の音、特にオスプレイの音が沖縄戦当時のグラマンの音によく似ていて、その音を聞く

と怖くて、誰も見ていなければ「伏せ」をしたい。（新垣トヨ）
イ、夢に出てくるお父さん。二三年位前に息子の一人が死んでから、足を怪我して負ぶって歩いた父の夢を見るようになった。オバーのこととか悪い夢を見ることが多くて眠れない日が続く。（比嘉トヨ）

(3) 平和への願い

ア、今話さないとこのまま何も話さないうちに死んでしまうかも知れない。先輩方は何も話さないで死んだか寝たきりになったから、そうはなりたくなかった。話さなければ沖縄戦のことはなかったことにされそうな気もした。（新垣トヨ）
イ、アメリカも日本も今は憎くはない。若いころは敵愾心があって、色々と憎しみに似た気持ちがあったが、現在のように親しくしてからはアメリカ人、日本人の両者に憎しみがなくなった。付き合ってみるとみんないい人だから。（比嘉キク、比嘉トヨ、新垣ヨシ子）
ウ、戦争のことは忘れられない。だがいつまでも引きずってはいけない。前を向いて歩いていかなければならなかった。（新垣隆永）
エ、子供の時代がどのような時代になるか心配。また同じようなこと（戦争）が起きるのではな

図64　グラマンF4Fワイルドキャット戦闘機
那覇市歴史博物館提供

いか怖い。新聞やテレビのニュースなどで、ある若い国会議員が「戦争でもしなければ北方四島を取り返すことはできない」と発言した。戦争を知らない人が戦争のことは何も分からなくてそんなことを言うのだろう。（新垣トヨ）

エ、戦争は絶対にあってはならない。なくした方がいい。（大城為一）

オ、自分たちから聞いたことを必ず本にして次の人たちに伝えてほしい。戦争がこの後起こらないようにしてほしい。（玉那覇千代子）

カ、戦争は絶対ダメ。（玉那覇春）

(4) その他

ア、戦後六〇年経った頃テレビで『戦跡を歩く』[1]という番組を視てから戦争のことを話してもいいかなと思うようになった。もし、今度沖縄戦のことを取材でもされたら話してもいいなと思っていた。（新垣光子）

イ、戦争の時兄さんの隆永たちは自分や弟の兼司《かねもり》[2]、之庸《ゆきつね》、アンマー（お母さん）まで見捨てもしないで一緒に逃げてくれた。とてもありがたい。感謝している。（新垣直子）

ウ、アメリカ軍の基地で洗濯の仕事をしていたとき知り合ったアメリカの新兵さんが「自分も子供もマーマも国において来たんだよ、捨てて来たんだよ。」と言って目に涙を浮かべていた。だから戦争は勝った国も負けた国もみな同じように苦しい、ナンギなことだと思う。（新垣トヨ）

エ、「大和《やまと》出身の兵隊のことをどう思うか。」との問いに答えて、「人による。一概に言えない。いい人もいればそうでない人もいる。どこの人がどうだということはない。それが分かった。（新垣隆永）

オ、天皇陛下の力はすごい。たった一言であの戦争を終わらせたから。（新垣隆永）

カ、いとこたちは摩文仁で戦死している。お金があったのに北部へ疎開しなかったせいでアタラヌチ（大事な命）を摩文仁で失うことになった。（新垣トヨ）

キ、ひ孫に戦争の話をしたら「おばあさんは苦労したんだね」と言って泣いてくれた。気もちを分かってもらって嬉しい（新垣光子）

筆者は体験者から以上のような意見や感想をもらった。沖縄戦のことを初めて母にたずねた一九七六年には決して話してくれなかったことから考えると、体験を自ら話せるまで長い時間が必要であったと言える。沖縄戦の体験者の中には「これまで家族に話したことはあるが、その時あまり喜ばれないこともあった」と言う人もいる。

戦争の体験談を聞く側も沖縄戦のことを聞くのはこれが最後の機会だととらえ、中城村教育委員会でも改めて聞き取り調査が行われている。また、最近ではマスコミも中城村を取り上げ、とりわけ津覇における沖縄戦のあり様に注目し、取材に力を入れている。これらのことから筆者のこの聞き取りはタイミングのいいものだということを実感している。

また、普段は少々複雑な関係であった者同士も戦争の時はそのことをのり超えて、協力し合って生きていたということも改めて確認できた。そのことは今後、吾々の身の上に降りかかると思われる非常事態に対峙する際に重要な教訓となるであろう。

２　生き残れた要因は何か。

どのように生き残ったのかとの問いに人々は以下のように答えた。

①　生き残ったことは偶然の重なりの結果であった。（新垣ヨシ子）

②　運の良さも生き残ったことにつながる。同じように弾が落ちてきても、立っていたから弾が当たるとか、並んで座っていて真ん中に座っていた人が弾に当たるなどである。ちょっとの差で生きるとか死ぬとかの差がある。（玉那覇春）

③　人がいないところ、特に日本兵のいないところを目指して逃げ回った。どこに逃げるか最終的には自分で考えて決めた。（新垣隆永）

④　神に祈ることも生き残ることにつながったと人々は語る。それぞれの神である。隆永の場合には津覇のテラであり、墓に隠れなければならない時には「イクサユー（戦時中）　ヤイビークトゥ　イチュルトクゥルヌ　ネーヤビラン　ドゥリン　チュユル　トゥミティ　キミソーリトゥ　アンネー　カキタン」（イクサ世だから行くところがありません。どうか一晩泊めてください」と許しを請うた。

また、春の場合は教会のイエスであった。博子は天の神様、地の神様に祈りをささげた。[3]

⑤　気持ちも強く持つようにしたことも生き残りをかける要素となった。戦争という非常事態の

中で精神的ダメージを受ける場合があった。戦場で気がふれたように死んだ馬の肉を食う新兵らしい兵隊を見かけた。（比嘉トヨ）

⑥　針の穴から出てくるようにして生き残った。（比嘉キク）

聞き取り対象者は上記のように生き残れた自分自身の要因を分析した。一番の要因は「運が良かった」ということである。それは人知を超えた偶然の重なりともいえよう。筆者は生き残れた人々からの聞き取りの中に、生きていくための知恵や身のふり方などを知り得ることができるだろうと考えていた。生き残った方々の「運が良かった」という言葉は、生きようとしたが、結果的に死んでしまった人々への優しさのあらわれではないかと考えはじめている。「死んでしまったあなた方が悪いのではない、ただ運が悪かったのだ」となぐさめているのではないだろうかと考える。

3　日本軍への批判的な考えが引き起こしたと思われる行動

聞き取り対象者たちは日本軍に言われた「捕虜にはなるな」との指示を結果的に聞き入れなかったことを証言している。日本軍に対して無自覚的ではあるが、批判的な考えがあったから生きるための知恵が働いたのではないだろうか。

以下に日本軍への批判的な思いが引き起こしたと思われる行動をあげる。

①　どうせ死ぬならタバコをあと一回吸ってから死のうと思ってアメリカ兵の前に出ていき、多くの人々が投降するのを促し結果的に多くの命を救った珍良オジーの行動。

②　東風平の壕に潜んでいた時手足を切られた日本兵を病院となっていた墓まで運んだあと「ここから早く逃げよう。ここにいたら日本兵にアチカーリーン（こき使われる）」といって壕を捨てて別の場所を探しに出たキクの父親の行動。

③　墓に潜んでいた時日本兵に「女も弾を運ぶのを手伝え、子持ちは子供を置いて手伝え」と言われたとき「何されるか分からないから」といって姉のハルを墓の奥に隠し聞かぬふりをした隆永たちの判断。

④　「ヌチドゥ宝」と言って捕虜になって連行される日本兵に「命ドゥ宝」、「死ぬな」と諭した老婆たちの命に対する考え方。

⑤　「ワンニン　イチチョーイ　ブサン（私も生きていたい）」といっておかれた場所から動き、歩けるだけ歩いて孫の隆永を困らせた文久生まれのオバーの行動。

⑥　沖縄戦に勝算の見込みがないことが見えてきた五月半ば頃、一時部隊を離れて妻子の様子を伺いに来た新垣ハルの夫の行動。

以上のように軍部の論理である「生きて捕虜になるな、死を選べ。」ということを疑うことなく実行し自分から死を選んだ人々も多かった中で、住民たちは生きる方を選択し、複数の要因が重なりあって奇跡的に生き残ることができた。特に死を覚悟して津覇、奥間に残った人々の考えを変化させたことがらは、ごくありふれた日常の出来事だったのではないだろうか。例えばタバコの煙やにおい等、死とは反対のものが考え方を変えたのではないだろうか。

聞き取り対象者たちは、奇しくも生き残った者として次の世代に沖縄戦の実態を伝えたいと考えるようになったようだ。自分自身の戦争の体験で見たこと、感じたこと、考えたことなどを筆者に話すことで、子供や孫たちに沖縄戦のことを伝えたいのだろう。筆者は、これまで自分の胸にしまってあった苦労やつらさを話す気になった人々から多くの体験談を聞くことができた。

南部の激戦地をケガした父親を背負いながらさまよい、死を覚悟していたのだが、祖先のいる墓やシマで死にたいと思い直して故郷の西原を目指して歩き出した比嘉トヨの体験にそれを見ることができる。

外地テニアンで海に飛び込んで死ぬつもりだったのが、死体が満ちている海面をみて「海に飛び込むのは嫌だ。怖い。」と言って山に向かって走り出し、結果として家族全員を生きる方へ導いた新垣光子。「どうせ死ぬならあと一回タバコを吸ってから」と言って米兵の前に出て行き、結果的に多くの住民を救った珍良オジーの行動。冷静な分析と判断で安全な場所を目指していた新垣隆永のグループ。聞き取り対象者の生き残ることにつながるきっかけはさまざまであるが、有り体に言えば、自分からは死のうとはしなかったことが生き残った最大の要因であると言えよう。

また、祈ることで自分の心を落ち着かせていたことも生き残れる要素であった。

戦死した人々の声は永遠に聞くことはできないが最近になって（二〇二一年一月）新垣トヨが摩文仁で死んだいとこたちのことを思いだし筆者に「お金があったのに北部への疎開をしなかったからあの子たちは摩文仁《まぶに》でアタラ（大事な）命を落としたのだ」という話をした。南部の摩文仁まで逃げて命を落とした人々は、日本軍に助けてもらえると思い込んだ結果だとも考えられる。

また、呉屋陽眞の父・陽寶が「今逃げたら軍法会議にかけられて家族にも迷惑がかかる」といってヤンバルへ逃げようと人が誘ったのを断ったことにヒントがあるかと思われる。日本軍に言われていたことを忠実に守った結果であると言えるだろう。日本軍の指示に疑いを持たなかった者たちがそうやって死に追いやられたのかと思うと心が痛む。

終わりに

沖縄戦体験者の体験談を聞き取った結果、本研究で明らかになったことを書き出してまとめとする。

1、一括りにできない沖縄戦の体験

沖縄戦の体験を一括りに語ることはできないことが聞き取りによって浮き彫りになった。体験は多種多様であり、年齢、居場所、家族構成、リーダーシップをとった人の考え方等で選択の仕方が異なる等、一人ひとりの置かれていた条件によって様々な事例がある。冷静な判断ができるように祈りを欠かさず行動したことで、より安全に避難した人たちがいた半面、自分で判断する余裕を失い日本兵に言われたことを受け入れて行動したことで危険な目にあった人たちもいた。

また日本兵との物理的な距離も体験に差を生んだ。日本軍と同じ場所にいた人たちの体験は悲惨なものになったケースが多くあった。その他には日本軍に対してどのような印象をもったかという点でも差異が認められた。

2、南部への避難を説得したことを悔やむ

與儀繁は県立第一中学校の二年生であった。戦争当時に地域の日本軍に合流して行動を共にしていたが、家に家族がいたら南部への避難をすすめるように言われていた。その上、家族がアメリカ軍の捕虜になってはいけないということで家族に手榴弾を渡し、自決することを促すように部隊の日本兵に言われた。そして、言われるままに、父親に手榴弾を持たせて南部へ避難するように説得したということが分かった。日本軍が住民に自決を指示していたことの証拠を示した事例である。最期は祖先の眠るシマで死にたいとシマに残りたがっていた父親を、南部に避難するように促し手榴弾も持たせた繁は、戦後長い間その責任を感じていた。「父がシマに残っていれば他の人々と同じように、早い時期にアメリカ軍の捕虜となり生き残れたかも知れない」「父が死んだのは自分の責任である、父を殺したのは自分なのだ」と自らを責め続けた。

3、明らかになった賀谷部隊長の最期

玉那覇春による証言によって賀谷部隊長の最期が明らかになった。すなわち賀谷部隊長が喜屋武岬で自決を遂げたということだ。賀谷部隊長の最期はこれまで不明とされていたが、春の証言で初めて明らかになった。

4、生き残るか否かの差（乳児の事例）

一九四四―一九四五年に生を受けた乳児たちが生き残るかどうかは、生まれたときのその状況の

あり方によって異なった。生まれた時期と捕虜になった時期の開きが短いほど助かる確率は高い。また日本兵との物理的な距離が生死を分ける要因となった。日本兵が身近にいた場合は泣き声が敵に聞かれたら攻撃されるということで殺害された乳児たちが多くいた。そのような状況の中で、奇跡的に生き残ることができた乳児たちもいる。

5、無差別銃撃をした米兵

呉屋博子の証言から米兵が住民も老人や女性、子供も含めて無差別に銃撃していたことも分かった。日本軍は物量の上で米軍より劣っていたせいで、だまし討ちのような奇襲攻撃を主な攻撃方法とした。[4] その因果関係は明らかではないが、米兵たちは日本軍による奇襲攻撃の恐怖からか、動くものは何でも攻撃の対象とし無差別攻撃した。無差別的に容赦なく攻撃をした因果関係については今後の課題とする。

6、捕虜になった日本兵に「ヌチドゥ宝」と言ったオバーたち

「ヌチドゥ　宝（命こそが大事、宝）」は戦後に作られた言葉だと言われているが、本研究の聞き取りから戦時中の老婆たちが使っていたことが明らかになった。国の同化政策や皇民化教育を受けた若者と命を大事にすることが第一であるという考え方を持つ高齢者との間にギャップを認めることができる。高齢者には土着の死生観が根底にあり、「命ヌアリワル　ヌーン　ナイル（命があればこそ何でもできる）ヌチドゥ宝（命こそが大事、宝）」という言葉が自然に出たと考えられる。

7、沖縄戦体験によるトラウマ

飛行機の音で沖縄戦当時のことを思い出し「伏せ」てしまいたくなったり、テレビで戦闘の映像を見た時は急に当時のことを思い出したりする。あるいは家族が何かを落とした時などの音を聞いて急に戦争を思い出す等、心に傷として残っていることが明らかになった。

特に比嘉トヨのように身近な者の死をきっかけとして、沖縄戦の悪夢を見るようになって不眠気味であり、食欲もなくなることがあるなどの症状は、蟻塚亮二《ありづかりょうじ》（二〇一四）で言及《げんきゅう》されている「沖縄戦による晩発性ＰＴＳＤ」ではないかと筆者は推察している。[5]

8、現在求められる情報リテラシー

情報が錯綜する中で情報の良し悪しを判断する力、情報リテラシーが求められる。また、より広い視野で物事を考える習慣があると情報の取捨選択ができる。日ごろから自分で考えて判断する習慣が正しい選択をすることにつながる。このことは現在を生きる私たちにも必要な習慣であろう。

9、沖縄戦当時に特異な考え方をした人の紹介

新垣隆永のグループのリーダーであった隆由のことを紹介したい。隆由は明治二一年生まれで当時にしては珍しく尋常小学校を出ていた。[6] 若い頃は（関東大震災のあった大正一二年）、日本本土での出稼ぎの経験があり日本本土のことも詳しかった。日本本土の人々が沖縄のことをどのように捉

えていたかについてもある程度認識はしていた。また、考え方は比較的開けていて、偏《かたよ》りがないという意味で「中庸」という考え方をしていた。自身の五男に中庸から「庸《つね》」という字を当てるほどであった。

また、戦争についても独特の考え方を持っていた。すなわち「戦争には二つの種類がある。一つは経済問題から起こった戦争、もう一つは宗教戦争である。宗教戦争は神様同士の戦争で永遠に終わらない。だが、大東亜戦争（第二次世界大戦）は経済問題から起こったことで必ず終わりがある。」と信じていた。また、「普段から自分で考えて判断し行動することが大事だ。その結果は自分で責任を取ること」と幼少期の筆者に話していた。思考停止にならない、責任を他の者に転嫁しないということを教わった。[7] 知識があった上に冷静な判断ができるように日ごろから気を付けていたと思われる。

隆由のその考え方は沖縄戦の最中にも命を助けることに繋がったものと考えられる。隆由の考え方や身の振り方は今日に生きる我々にとって必要なものだ。正しい知識を持ちより広い視野で物事を捉えようとする姿勢が重要である。最終的な判断は自分自身で下し、その結果に責任を持つ姿勢である。

10、研究の今後の課題

本書では沖縄戦の中で生き残ることになった具体的な経緯に焦点をあてて分析を重ねてきた。そのため戦争体験者の証言でも取捨選択をした結果、貴重な証言のほんの一部しか取り上げることはできなかった。残された証言の中に沖縄戦の実相を知るための要素があると思われる。今後も聞き取りの分析を重ねて未だ明らかになってない部分を追求することが求められるため、それを今後の研究の課題としたい。

また、沖縄県援護課の『軍属に関する書類綴』の研究や分析が課題として挙げられる。同書は、炊事婦や学徒出陣等の行動の記録や戦死した時期や場所などが詳細に記載される貴重な資料である。個人情報の保護の観点からデリケートな問題があり慎重さが求められることから研究には膨大な時間を要すると思われるが、詳細な研究を重ねることで沖縄戦の実相を知る一助になるであろう。『軍属に関する書類綴』に関しさらなる研究を進めることを今後の課題としたい。

また、戦争体験が体験者自身の心にどのような影響を及ぼしたかを検討したい。例えば高齢になってから戦争中に死んだ父親や祖母の夢を見るようになり不眠気味になった人の事例がある。そのことから言えることは、沖縄戦によるトラウマについての研究は今後の課題の一つであろうということだ。

さらに聞き取った内容で未だ検討を済ませていない部分に関しては更なる検討を続けて考察を深めるということも課題である。

ところで、筆者は本研究に関連して、津覇の戦争を体験した女性たちを集めて、体験者同士が互いの体験を共有する場を設けた。数人での対話を通して互いの体験をはじめて共有することができたという女性たちは、自分一人ではないという感覚を持ち安心感を得ることができたようだ。そこには互いの心を癒す一種のカタルシス効果が伺えた。このような集まりを定期的にもち戦争体験者の心を癒す試みも論文執筆以外の取り組みとして位置づける必要も感じる。

11、本書を書き終えて

本書は琉球大学大学院、人文社会科学研究科における筆者の令和二年度の修士論文を加筆修正したものです。筆者は中城村字津覇の戦争体験者の証言を中心にして、沖縄戦の際に「針の穴から抜けるようにして生き残った」経緯を探ってきました。

体験者の中にはこれまで戦争体験を語ることができずに、いろいろな記憶を胸にしまったまま苦しい思いを抱えて生きてこられた方もおられます。七〇数年を経てようやく戦争体験を語り始めた方も多いのです。筆者は「今話さなければ自分は何も話さないうちに死んでしまうのではないか、沖縄戦がなかったことにされるのではないか」と焦りに似た気持ちで話し始めた方々の気持ちを尊重して、聞き取ったことを次の世代につなげる必要があると感じています。

筆者は聞き取ることで体験者の皆さんの痛みや苦しみが少しでも和らぐことができるのではないかという期待をもって聞き取りをして来ました。「話してみてすっきりした」と言ってくださる方もいて聞くことの思わぬ効用がありました。語ることでカタルシス効果もありました。また、数人で沖縄戦当時の話を語り合う機会を持ったところ、互いの話を聞くことで一種のピアサポート的な効果もありました。共感しあうことで互いの連携が図られ、自分は一人ではないことを知ることにつながりました。それも聞き取りの思わぬ効用でした。また、玉那覇春と大城為一の間を取り持って再会を果たした結果、為一は母親がどのような戦争体験をし、どこで亡くなったか等について知ることが出来ました。

沖縄戦の体験者の皆さんは、忘れたくても忘れられない記憶のために、後悔や苦痛にさいなまれることもあるかと思われます。飛行機の大きな音に突然思い出されるグラマン機の恐怖があるでしょう。テレビで映される戦闘の映像に沖縄戦当時のことを昨日のことのように、また今現在起こっているのかというくらいにリアルに思い出すこともあるでしょう。夢に出てくる家族の面影にも苦痛を伴うかと思います。これらトラウマ記憶が少しでも解消されることを願います。聞くことでそれが叶うのであれば筆者は喜んで聞き役を果たしたいと思っています。語ることで癒《いや》されることもあると思うので、これからもぜひ戦争体験を語り続けていただきたいと思います。

本文の中で「生きていたいと望みながら死んでいった人々のことを運が悪かったというがそれは死んでいった人々が悪いのではなくただ運が悪かっただけだと慰めているのではないか」と推察していたことを新垣光子さんにぶつけてみたところ「それはそうでしょう。」と言っていただきました。こうして、いろいろな偶然の積み重ねで結果的に生き残った人びとが「自分たちは運が良かっただけだ。死んでいった人々はただ運が悪かっただけだ。あなた方は何も悪くない。」と慰めているのだということが明らかになりました。

筆者が本書を書くに当たって聞き取り対象者の皆さんのご協力を得ることで、かろうじて執筆することができたのだと思うと感謝の念に堪《た》えません。また聞き取り対象者の皆さん方をご紹介いただいた友人知人、大学院にいたころの恩師の中村春菜先生、元同僚の人々を含め、各字の自治会長さん等々多くの皆さんに感謝申し上げます。

貴重な資料や写真等を提供いただいた沖縄県公文書館、中城村教育委員会、南城市教育委員会、うるま市教育委員会、沖縄市教育委員会、名護市教育委員会、糸満市教育委員会のみなさんにもこの場を借りてお礼申し上げます。ベースボールマガジン社、沖縄タイムス社、防衛省防衛研究所戦史研究センター、那覇市歴史博物館の皆さんにも貴重な写真や資料の提供をいただきました。本書にリアリティを与えてもらいました。感謝申し上げます。

また、豊見山和行先生、鳥山淳先生には筆者が修士課程を修了しているにもかかわらず、修士論文を出版に耐《た》えるものにするに当たり数々の貴重な提言をいただきました。ありがとうございました。鳥山ゼミでは鋭いご意見や温かいアドバイスをしてくれた大田《おおた》さん、小橋川《こばしがわ》さんにも厚くお礼申し上げます。

本書の礎となった修論を書くに当たっては当時の中城教育委員会に勤めていた宜保翔太《ぎぼしょうた》さんと佐治暁人《さじあきと》さん、琉球大学大学院後期課程に在籍している宮城奈々《みやぎなな》さんにも助けていただきました。改めてお礼申し上げます。ありがとうございました。

榕樹書林の武石さんには原稿執筆のスピードが遅くなりご心配をおかけしたことをお詫びするとともに我慢強く待っていただきありがたく思います。特に二〇二一年一〇月に一五〇歳まで生きたいと望んでいた父が病気には勝てずに享年九三歳で亡くなった後には、すっかり筆が止まってしまいました。そのときには筆者自身も執筆をつづけられるか自信を失い、本の出版を一年遅らせたいと申し出た際に本当にがっかりなさった様子に、却って頑張って書かなければならないとの気持ちにさせられました。

本書のコラム担当の橋本拓大さんには遠く東京と沖縄と離れながらも、地道に日本軍とアメリカ軍の資料調査に力を注いでくださいました。こまめに連絡をとっていただき励まされたのも一度や二度ではありません。ありがとうございます。

また、筆者が執筆に行き詰まりを感じて立ちつくしていた時に、琉球大学大学院後期課程に在籍している譜久山《ふくやま》ミッシェルさんは、ご自身も博士論文で手一杯の状況にも拘わらず貴重な時間を割いて、話を聞いてくれました。発想の転換《てんかん》を図ることが出来て方向性が定まり筆も急に進みだしました。この場を借りてお礼申し上げます。

ところで、本書の執筆がようやく八合目に達するかと思えたとき、筆者の不注意から痛恨のミステイク、転んでしまって左上腕を骨折し、手術するという事態にまでなったわけです。そんな時にそれこそ縁の下の力持ち、家事一切を肩代わりした上に、筆者の代りに資料を取り寄せたりするなど、率先して助けてくれた夫の栄徳《えいとく》にはどう言い表せばいいか分からないほどの感謝を感じます。本当にありがとう。長男の唯矩《ただのり》には病室での執筆に必要なパソコン、iPhone でのインターネット操作を粘り強く教えてもらいました。ありがとう。次男の拓文《ひろふみ》とその妻さつき、孫の果暖《かのん》には遠く東京から応援してもらい心強く思います。果暖の写真にはどれだけ和まされ励まされたか分かりません。力をもらいました。ありがとう。

また、姉や弟達、妹達、義妹達の協力が心の支えになりました。特に筆者が腕の骨折で入院していた同じハートライフ病院には、肺炎で入院している母がいましたが、母の心配を引きうけてくれた姉、弟達、妹達、義妹達に感謝します。おかげで本の執筆に専念することが出来ました。

加えて、ハートライフ病院のスタッフの皆さんには、筆者が執筆に集中できるように配慮と励ましを頂きました。とても励みになりました。心より感謝申し上げます。

また校正を担当してくれた琉球大学大学院博士後期課程に在籍中の宮城朋世《みやぎともよ》さん、奥間政寿《おくませいじゅ》さん、同大学院博士前期課程に在籍中の翁長徹《おながとおる》さん、沖縄国際大学大学院修士課程に在籍中の石川勇人《いしかわゆうと》さん、及び防衛省防衛研究所戦史研究センター史料室の齋藤達志《さいとうたつし》さんには、研究やお仕事の貴重な時間を割《さ》いて校正していただきました。ありがとうございました。

この本が世の中に出ていくことが可能になったのには、筆者の家族だけでなく関りのあった皆さんの力添えがあったことに改めて感謝の気持ちを表したいと思います。

戦前、戦中、戦後の混乱した中をよくも無事に生き残り、命をつないでくれた両親の隆永、トヨに感謝しつつこの書を二人に捧げます。本当に生きぬいて、産んでくれて、育ててくれてありがとうございました。

二〇二三年　久志隆子（くし　りゅうこ）

追記

・筆者の母新垣トヨは本書の出版を待たず二〇二三年一月一〇日、享年九四歳で永眠しました。冥福を祈ります。

・本書の出版を準備しているさなかに炊事婦だった玉那覇春さんの娘の調査中の賀谷眞悟さんの面会が実現しました。それをセッティングしてくれたＮＨＫ国際放送局の橋本拓大さんと橋本明美さんにも厚く御礼申し上げます。

第五章　注

1　ＮＨＫ沖縄放送で戦後六〇年を機に二〇〇八年から五年間『戦跡を歩く』という番組が夕方のニュース番組の一部として放送されたことである。その一環で津覇小学校にあるクバの木のことが放送された。村の委託で水道メーターの検針員をしていた新垣光子の推薦で筆者の両親の新垣隆永とトヨが取材に応じた。そのことを指す。

2　兼司は隆永の弟であるが、一九五八年頃病気で亡くなっている。二一歳くらいであった。

3　村上和雄・棚次正和『人は何のために「祈る」のか　生命の遺伝子はその声を聴いている』祥伝社黄金文庫、平成二二年（二〇一〇）八〇―八一頁。「人は自分の欲求や願望を満たすために祈りますが、そうならなくても祈ることをやめませんでした。（中略）それは何かといえば、「心が安定する、ブレない生き方」ができる（中略）人間にとって一番の問題は死でした。（中略）祈りを捧げていると心が落ち着きます。心の中に中心軸ができて、ブレない生き方ができるようになるのです。」とある。沖縄戦という非常時に祈りを捧げることで冷静な判断ができたのではないだろうか。

4　一六一・八高地での攻防などが一例としてあげられる。その後アメリカ兵は無差別攻撃をするようになり、立って歩いている者は誰でも攻撃の対象となった。

5　蟻塚亮二『沖縄戦と心の傷トラウマ診療の現場から』大月書店、二〇一四・一三―一六頁。「二〇一〇年12月。私は沖縄の病院で高齢者の「奇妙な不眠」に立て続けに出会った。あえて「奇妙な不眠」と思ったのは、うつ病型の中途覚醒を呈しながら必ずしもうつ病のサインが認められなかったからだ。後で考えると、それはトラウマによる過覚醒型不眠だった。（中略）戦時体験から六〇年以上経過しているので、私はこれを「沖縄戦による晩発性ＰＴＳＤと名づけた。「晩発性」とは「青壮年期には何事もなく、晩年になって発症する」という意味である。」とある。

6　当時は尋常小学校には、高額納税者の子弟（男子のみ）が入学を許された。

7　筆者が小さいころ何かしてはいけないことをして叱られたとき「だって誰だれがそうしろって、言ってたからだよ」と言い訳をした。すると「雨降りのあとに庭の木をゆすってきなさいと言われて木をゆすったら誰が濡れるか？」と言い、人に責任を転嫁することを厳しく戒めたエピソードがある。

参考文献等（著者名・編者名等の五十音順）

・赤嶺守編・中村春菜・松田良孝・本村郁恵共著『「沖縄籍民」の引揚げ証言・料集』琉球大学法文学部、二〇一八年。
・安仁屋政昭『沖縄戦のはなし』沖縄文化社、一九九七年。
・アメリカ陸軍省戦史編・喜納健勇訳『沖縄戦・第二次世界大戦最後の戦い』MUGEN、二〇一一年。
・新垣毅『続沖縄の自己決定権沖縄のアイデンティティ「うちなーんちゅ」とは何者か』高文研、二〇一七年。
・新垣秀雄『ヌチドタカラ沖縄戦のはなし』冬花社、二〇〇二年。
・蟻塚亮二『沖縄戦と心の傷トラウマ診断の現場から』大月書店、二〇一四年。
・アンドリュー・ゾッリ、アン・マリー・ヒーリー著・須川綾子訳『レジリエンス復活力』あらゆるシステムの破綻と回復を分けるものは何か、ダイヤモンド社、二〇一三年。
・家永三郎『太平洋戦争』日本歴史叢書、一九六八年。
・石原昌家『援護法で知る沖縄戦認識、捏造された「真実」と靖国神社合祀』凱風社、二〇一七年。
・糸満市史編集委員会『糸満市史』資料編７戦時資料下巻、―戦災記録・体験談、糸満市役所、一九九八年。
・糸満市史編集委員会『糸満市史』資料編７戦時資料上巻、糸満市役所、二〇〇三年。
・上地一史『沖縄戦史』時事通信社、一九五九年。
・浦崎純『消えた沖縄県』沖縄遺族連合青年部、沖縄時事出版社、一九六五年。
・浦添市史編集委員会編『浦添市史』第五巻資料編４戦争体験記録、浦添市教育委員会、一九八四年。
・大門正克『語る歴史、聞く歴史―オーラル・ヒストリーの現場から』岩波新書、二〇一七年。

・大城輝吉訳『沖縄・テニアン戦物語』沖縄県英語教育研究会発行、一九八八年。(但し、生徒作品の翻訳のため作者名は欠)
・大城道子『赤ん坊たちの記憶―一九四三年~四五年に生まれて』編集刊行委員会、二〇一二年。
・大田昌秀『沖縄―戦争と平和』朝日新聞社、一九九六年。
・大田昌秀『沖縄のこころ沖縄戦と私』岩波書店、一九七二年。
・大田昌秀『総史　沖縄戦』岩波書店、一九八二。
・大田昌秀『沖縄戦を生きた子どもたち』クリエイティブ21、二〇〇七年。
・大田昌秀『二人の「少女」の物語、沖縄戦の子どもたち』新星出版、二〇一一年。
・沖縄教文出版社編『津覇小学校創立百周年記念誌』津覇小学校創立百周年記念　記念誌事業期成会、一九九四年。
・沖縄県教育委員会編『沖縄県史』第一〇巻各論編9沖縄戦記録2、発行沖縄県教育委員会、一九七四年。
・沖縄県教育委員会編『沖縄県史』第一巻通史、国書刊行会、一九七六年。
・沖縄県教育庁文化財課史料編集班『沖縄県史』資料篇二三沖縄戦日本軍史料沖縄戦六、二〇一二年。
・沖縄県教育庁文化財課史料編集班『沖縄県史』各論編第六巻沖縄戦　沖縄県教育委員会、二〇一八年。
・沖縄県立一中一条会編『友、一中一条会』一中一条会、一九八七年。
・沖縄戦・精神保健研究会編『沖縄からの提言・戦争とこころ』沖縄タイムス社、二〇一七年。
・沖縄市総務部総務課市史編集担当『沖縄市史』第五巻資料篇四―冊子編、二〇一九年。
・沖縄市役所総務課市史編集担当『ヒストリート』沖縄市役所発行　二〇二〇年。

・沖縄タイムス社編『沖縄戦記　鉄の暴風』沖縄タイムス社、一九五〇年。
・沖縄タイムス社編『庶民がつづる沖縄戦後生活史』沖縄タイムス社、一九九八年。
・沖縄タイムス社編『語れども語れども①うまんちゅの戦争体験』沖縄タイムス社、二〇一七年。
・加藤敏編『レジリアンス文化創造』金原出版、二〇一二年。
・角川日本地名大辞典編纂委員会『角川日本地名大辞典47沖縄県』角川学芸出版、二〇〇九年。
・鹿野政直・堀場清子『祖母・母・娘の時代』岩波ジュニア新書、一九八五年。
・鹿野政直『沖縄の戦後思想史を考える』岩波書店、二〇一一年。
・神谷明仁・中曽根義人編『沖縄戦記録写真第2集　続・日本最後の戦い』月刊沖縄社、一九七八年。
・岸政彦・石岡丈昇・丸山里美『質的社会調査の方法　他者の合理性の理解社会学』有斐閣ストゥディア、二〇一六年。
・岸政彦『那覇の人生―こうして生きてきた―』(但し、私家出版のため発行年及び発行所ともに欠)
・岸政彦『マンゴーと手榴弾』勁草書房、二〇一八年。
・金城正篤・上原兼善・秋山勝・仲地哲夫・大城将保『沖縄県の百年、県民百年史四七』山川出版社、二〇〇五年。
・具志頭村史編集委員会『具志頭村史』第2巻通史編、具志頭村、一九九一年。
・具志川市史編さん委員会編『具志川市史第3巻戦争編・戦時体験記』具志川市教育委員会、二〇〇五年。
・國森康弘『証言沖縄戦の日本兵　60年の沈黙を超えて』岩波書店、二〇〇八年。
・倉沢愛子・杉原達・成田龍一・テッサ・モーリス・スズキ・油井大三郎・吉田裕編『岩波講座六アジア太平洋戦争日常生活の中の総力戦』岩波書店、二〇〇六年。

・来間泰雄『沖縄の農業』日本経済評論社、一九七〇年。
・公益財団法人対馬丸記念会学芸部編『対馬丸記念館公式ガイドブック』二〇一六年。
・東風平町史編集委員会編『東風平町史』戦争関係資料、東風平町、一九九九年。
・東風平町史編集委員会編『東風平町史』戦争体験記、東風平町、一九九九年。
・桜井厚『インタビューの社会学ライフストーリーの聞き方』せりか書房、二〇〇二年。
・齋藤達志『撤退戦』−戦史に学ぶ決断の時機と方策、中央公論新社、二〇二二。
・桜井厚『ライフヒストリー論』弘文堂、二〇一二年。
・崎原秀明『蔡温全集』本邦書籍、一九八四年。
・嶋津与志『沖縄戦を考える』ひるぎ社、一九八三年。
・一中学徒隊資料展示室管理委員会編『若き血潮ぞ空をそめける—一中学徒の戦記』社団法人養秀同窓会、二〇一一年。
・謝花直美『証言沖縄「集団自決」−慶良間諸島で何が起きたか』岩波新書、二〇〇八年。
・新城郁夫『沖縄の傷という回路』岩波書店、二〇一四年。
・人文社編集部編『沖縄県広域道路地図』人文社、二〇〇三年。
・谷富夫『新版ライフストーリーを学ぶ人のために』世界思想社、二〇〇八年。
・玉城村史編集委員会編『玉城村史』第六巻戦時記録編、玉城村役場、二〇〇四年。
・地図資料編纂会編『大正昭和琉球諸島地形図集成』柏書房、一九九九年。
・知念村史編集委員会編『知念村史』第３巻戦争体験記、知念村役場、一九九四年。

・土屋礼子『対日宣伝ビラが語る太平洋戦争』吉川弘文館、二〇一一年。
・津覇誌編集実行委員会編『津覇誌―五百年の歴史を刻む―』発行津覇自治会、二〇〇八年。
・富山一郎『増補戦場の記憶』日本経済評論社、二〇〇六年。
・當間栄安『対馬丸遭難の真相』琉球新報社、二〇〇四年。
・中城村遺族会事務局編『戦没者記念誌』中城村遺族会事務局、一九九六年。
・中城村遺族会記念誌編集委員会編『終戦60周年記念誌平和の風』中城村遺族会記念誌編集委員会、二〇〇五年。
・中城村教育委員会編集『中城村　戦前の集落』中城村教育委員会、シリーズ九津覇、二〇一七年。
・中城村教育委員会編『ガイドブック中城村の戦争遺跡』―沖縄戦の記憶と痕跡を歩く―、二〇二〇年。
・中城村史編集委員会編『中城村史』別巻一新聞集成編、中城村役場、一九八九年。
・中城村史編集委員会編『中城村史』第四巻　戦争体験編、中城村役場、一九九〇年。
・中城村史編集委員会編『中城村史』第二巻資料編1、中城村役場、一九九一年。
・中城村史編集委員会編『中城村史』第三巻、資料編2、中城村役場、一九九三年。
・中城村史編集委員会編『中城村史』第一巻　通史編、中城村役場、一九九四年。
・中城村史編集委員会編『中城村史』第一巻　通史編、別冊資料、中城村役場、一九九四年。
・中城村教育委員会生涯学習課文化係『中城村の沖縄戦』資料編、二〇二二年。
・中城村教育委員会生涯学習課文化係『中城村の沖縄戦』証言編上下、二〇二二年。
・中城村教育委員会生涯学習課編『戦前の中城』中城村教育委員会生涯学習課、二〇二三年。
・中村政則『労働者と農民』小学館、一九七六年。

・中山良彦『人間でなくなる日―沖縄戦証言集』集英社、一九八〇年。
・名護市史編さん委員会編『名護・やんばるの沖縄戦』名護市史本編三、名護市役所、二〇一六。
・名護市史編さん委員会編『写真から見る名護の沖縄戦』名護市役所、二〇一七。
・名護市史編さん委員会『名護・やんばるの沖縄戦』資料編二、名護市役所、二〇一八。
・成田龍一『増補「戦争体験」の戦後史』岩波現代文庫、二〇二〇年。
・南城市教育委員会『南城市の沖縄戦』資料編、二〇二〇年。
・西原町史編纂委員会編『西原町史』第三巻資料編西原の戦時記録、西原町役場、一九八七年。
・林博史『沖縄戦と民衆』大月書店、二〇〇一年。
・林博史『沖縄戦強制された「集団自決」』吉川弘文館、二〇〇九年。
・半田一郎編著『琉球語辞典』大学書林、一九九九年。
・古川成美『沖縄の最後』河出書房新社、一九六七年。
・米軍陸軍省編外間正四郎訳『沖縄、日米最後の戦闘』光人社NF文庫、二〇〇六年。
・防衛庁防衛研究所戦史室著『沖縄方面陸軍作戦』朝雲新聞社、一九六八年。
・保刈実『ラディカル・オーラルヒストリーオーストラリア先住民アポリジニの歴史実践』御茶ノ水書房、二〇〇四年。
・外間守善『私の沖縄戦記　前田高地・六十年目の証言』角川ソフィア文庫、二〇〇六年。
・ポール・トンプソン著、酒井順子訳『記憶から歴史へ　オーラル・ヒストリーの世界へ』青木書店、二〇〇二年。
・松木謙治郎『阪神タイガース松木一等兵の沖縄捕虜記』恒文社、一九七四年。

・三上智恵『証言沖縄スパイ戦史』集英社新書、二〇二〇年。
・村上和雄・棚次正和共著『人は何のために「祈る」のか』祥伝社黄金文庫、二〇一〇年。
・屋嘉比収『沖縄戦、米軍占領史を学びなおす』記憶をいかに継承するか、世織書房、二〇〇九年。
・八原博通『沖縄決戦、高級参謀の手記』中公文庫、二〇一五年。
・吉川麻衣子『沖縄戦を生きぬいた人びと　揺れる想いを語るまでの70年』創元社、二〇一七年。
・吉浜忍・林博史・吉川由紀編『沖縄戦を知る事典　非体験者が語り継ぐ』吉川弘文館、二〇一九年。
・琉球新報社編『ことばに見る沖縄戦後史』パート①　ニライ社、一九九二年。
・琉球新報社『沖縄戦新聞当時の状況をいまの情報、視点で』琉球新報社、二〇〇五年。
・琉球政府『沖縄県史』第八巻各論編七沖縄戦通史、琉球政府、一九七一年。
・琉球政府編『沖縄県史』第九巻各論編八沖縄戦記録一、琉球政府、一九七一年。
・渡邊欣雄・岡野宣勝『沖縄民俗辞典』吉川弘文館、二〇〇八年。

論文

・大城将保「国家総動員体制」財団法人沖縄県文化振興会史料編集室『沖縄県史』各論編第五巻近代、二〇一一年、五九二―六一三頁。
・鹿野政直「沖縄の経験」『化成する歴史学―自明性のなかで』校倉書房、一九九八年、一五四―一七九頁。
・鹿野政直「沖縄戦という体験と記憶―「沖縄戦記録」1を通して―」『沖縄の戦後思想を考える』岩波現代文庫、二〇一八年、付編。

・西原文雄「昭和十年代の沖縄における文化統制」『沖縄近代経済史の方法』ひるぎ社、一九九一年、二九八—三二二頁。
・鳥山淳「沖縄戦をめぐる聞き書きの登場」『日常生活の中の総力戦』岩波書店、二〇〇六年。三八一—四〇六頁。
・鳥山淳「復興への邁進—軍作業をめぐる人々の動き」『戦後をたどる—「アメリカ世」から「ヤマトの世」へ—那覇市史』通史編第三巻（現代史）改題、琉球新報社、二〇〇七年。
・林博史「日本軍と沖縄社会」『地域の中の軍隊』六大陸・南方膨張の拠点九州・沖縄』吉川弘文館、二〇一五年、一五六—一八五頁。

資料

・沖縄県公文書館所蔵『第17号第二種、軍属に関する書類綴』援護課。
・朝日沖縄新聞、昭和一九年（一九四四年）。

図65は沖縄県援護課の資料中、玉那覇春と大城タケに関する箇所を挙げた。他に中城村の人々に関する資料も多く綴られているので、この援護課の資料を研究することで沖縄戦の実相を詳しく知ることができるのではないかと考える。今後の課題の一つに挙げられる。

資料１　沖縄県援護課資料より（玉那覇春に関連のある個所）

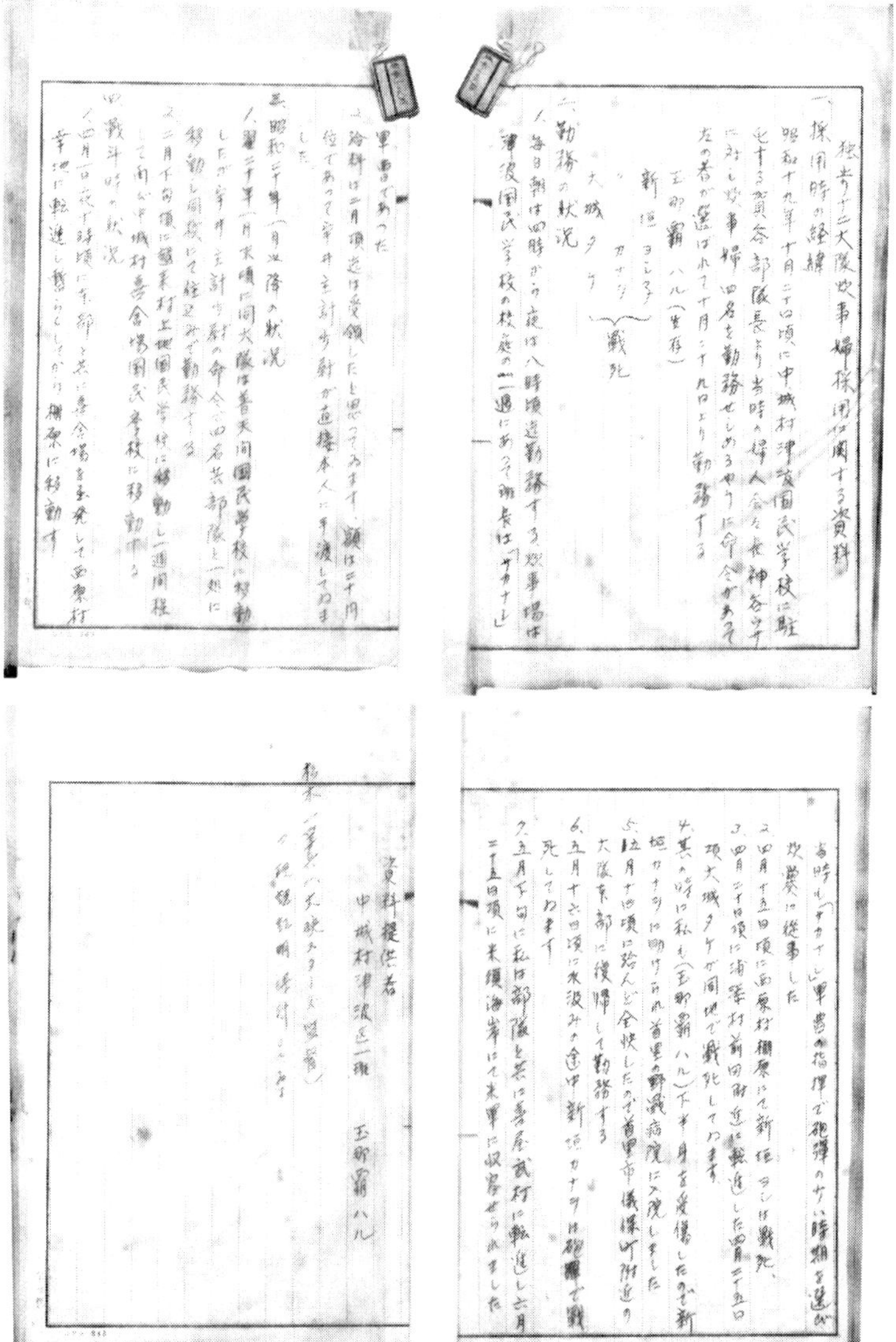

独歩第十二大隊炊事婦採用に関する資料

一、採用時の経緯

昭和十九年十月二十四日頃に中城村津覇国民学校に駐屯する賀谷部隊長より当時の婦人会長神谷ウナに対し炊事婦四名を勤務せしめるやうに命令があって左の者が選ばれて十月二十九日より勤務する

玉那覇ハル（生存）
新垣ヨシ子
　　カナシ
大城タケ　｝戦死

二、勤務の状況

1、毎日朝は四時から夜は八時頃迄勤務する炊事場は津覇国民学校の校庭の一隅にあって班長は「サカナエ」軍曹であった

2、給料は二月頃迄は受領したと思っています、額は三十円位であって宇井主計少尉が直接本人に手渡してありました

三、昭和二十年一月以降の状況

1、翌二十年一月末頃に同大隊は普天間国民学校に移動したが宇井主計少尉の命令で四名共部隊と一緒に移動し同校にて住込みで勤務する

2、二月十日頃に宜野湾村[illegible]国民学校に移動し一週間程して[illegible]中城村喜舎場国民学校に移動する

四、戦斗時の状況

1、四月一日夜十時頃に本部と共に喜舎場を出発して西原村幸地に転進し暫らくしてから棚原に移動す

当時も「サカナエ」軍曹の指揮で砲弾のない時期を選び炊事に従事した

2、四月十五日頃に西原村棚原にて新垣ヨシ子は戦死、

3、四月二十四日頃に浦添村前田附近に転進した四月二十五日頃大城タケが同地で戦死しております

4、其の時に私も（玉那覇ハル）下半身を負傷したので新垣カナシに助けられ首里の野戦病院に入院しました

5、五月十四日頃に殆んど全快したので首里市儀保町附近の大隊本部に復帰して勤務する

6、五月十六日頃に水汲みの途中新垣カナシは砲弾で戦死しております

7、五月下旬に私は部隊と共に喜屋武村に転進し六月二十五日頃に米須海岸にて米軍に収容せられました

資料提供者
中城村津覇区一班　玉那覇ハル

参考
1、[illegible]
2、[illegible]

図65　沖縄県公文書館所蔵『第17号第２種、軍属に関する書類綴』援護課、資料193-195
（但し、読みやすくするために筆者が体裁を整えた）

資料2

沖縄戦当時の市町村

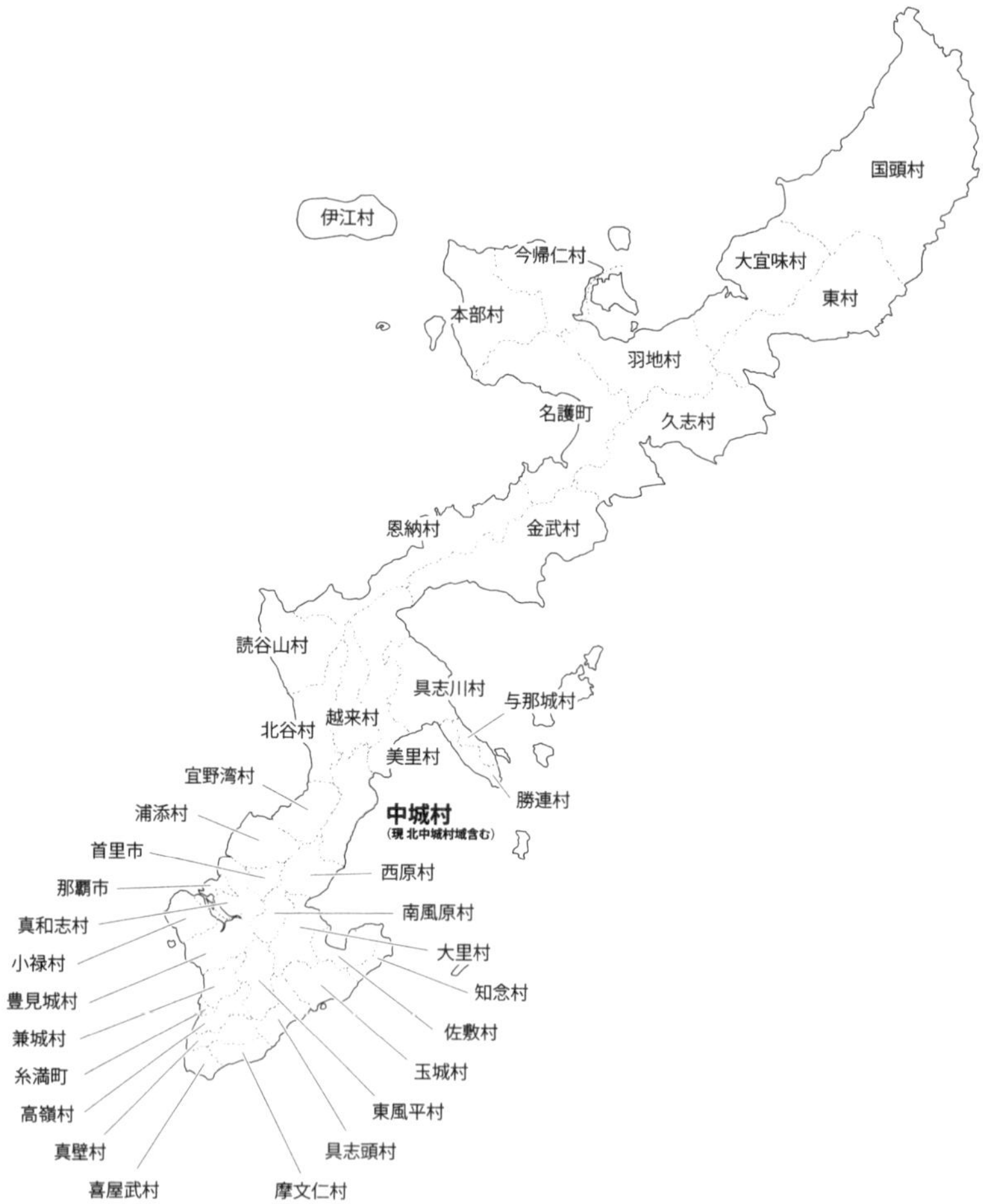

図66　沖縄戦当時の市町村　中城村教育委員会生涯学習課文化係編『中城村の沖縄戦』証言編上中城村教育委員会発行2022年令和4年より転載。中城村教育委員会提供

資料３　沖縄島中南部の地名

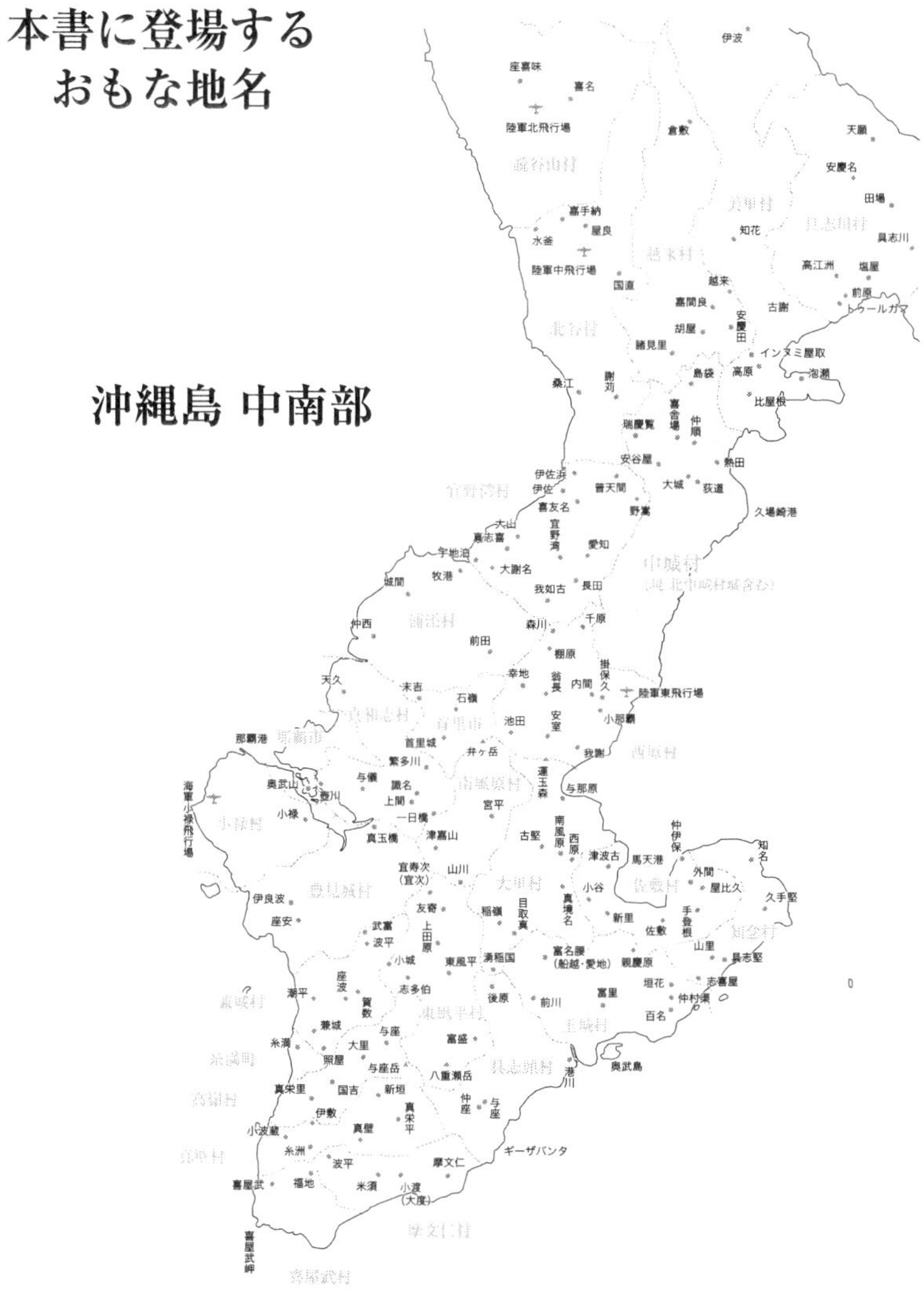

図67　沖縄島の地名　沖縄戦当時の市町村　中城村教育委員会生涯学習課文化係編『中城村の沖縄戦』証言編上中城村教育委員会発行2022年令和４年より転載。中城村教育委員会提供

資料４

図68　沖縄島の北部の地名及び疎開先の熊本の地名　中城村教育委員会生涯学習課文化係編『中城村の沖縄戦』証言編上中城村教育委員会発行（2022年）令和４年より転載。中城村教育委員会提供

資料5　沖縄市の地名

注：1945~74年3月までの地名については、当時の名前で記した。

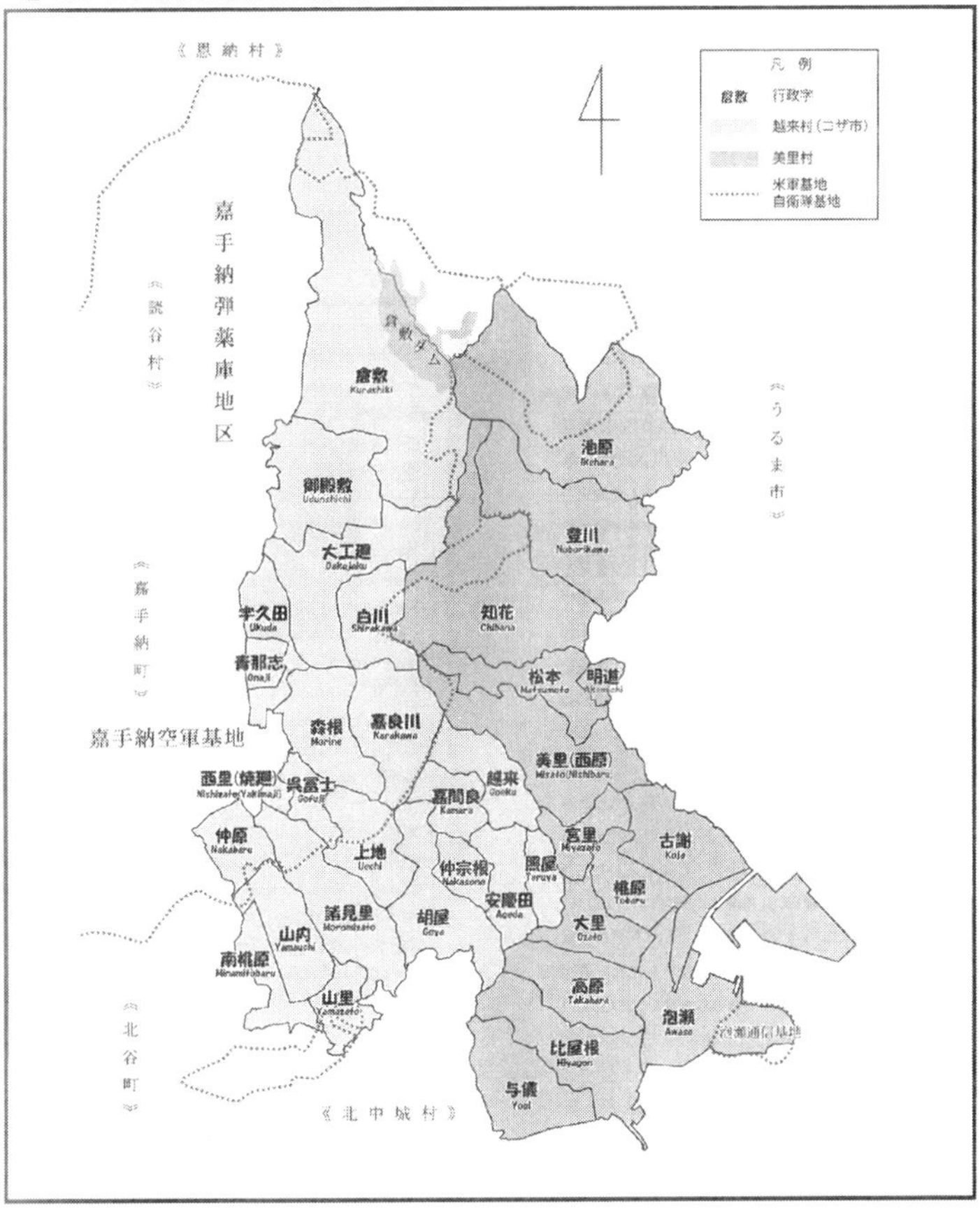

沖縄市の地名

1950年代は、沖縄において本格的《ほんかくてき》に基地建設が行われた時代である。特に、基地に隣接《りんせつ》する越来村《ごえくそん》には、軍雇用《ぐんこよう》など職を求め県内外から大勢の人々が移住してきた。それに伴い越来村は急激《きゅうげき》に都市化して1956（昭和31）年7月1日、市に昇格し、名称もコザ市へと変わる。そして復帰直後の74（昭和49）年4月1日、コザ市と美里村《みさとそん》が合併《がっぺい》し、新生沖縄市《おきなわし》が誕生《たんじょう》した。

The Name "Okinawa City"

1950's was the decade when military installations on Okinawa were stated to be enforced. Especially, in Goeku-Son (located adjacent to Kadena Air Base), many people migrated from inside and outside of the main island of Okinawa for the base related jobs. This brought an abrupt burst of urbanization. On July 1st, 1956, Goeku-Son was promoted to a city status then became Koza-Shi. On April 1st, 1974, soon after Okinawa's restoration to Japan, the old Misato-Son and Koza-Shi amalgamated as equal entities and "Okinawa City" was newly established.

3

図69　沖縄市の地名、沖縄市役所総務課市史編集担当編『ヒストリート』沖縄市役所発行2020年3頁より転載。

資料6　名護市全市図

図70　名護市史編さん委員会『名護・やんばるの沖縄戦』資料編2、名護市役所発行、2018より転載　名護市教育委員会　名護博物館学芸係提供

資料７　糸満市全図

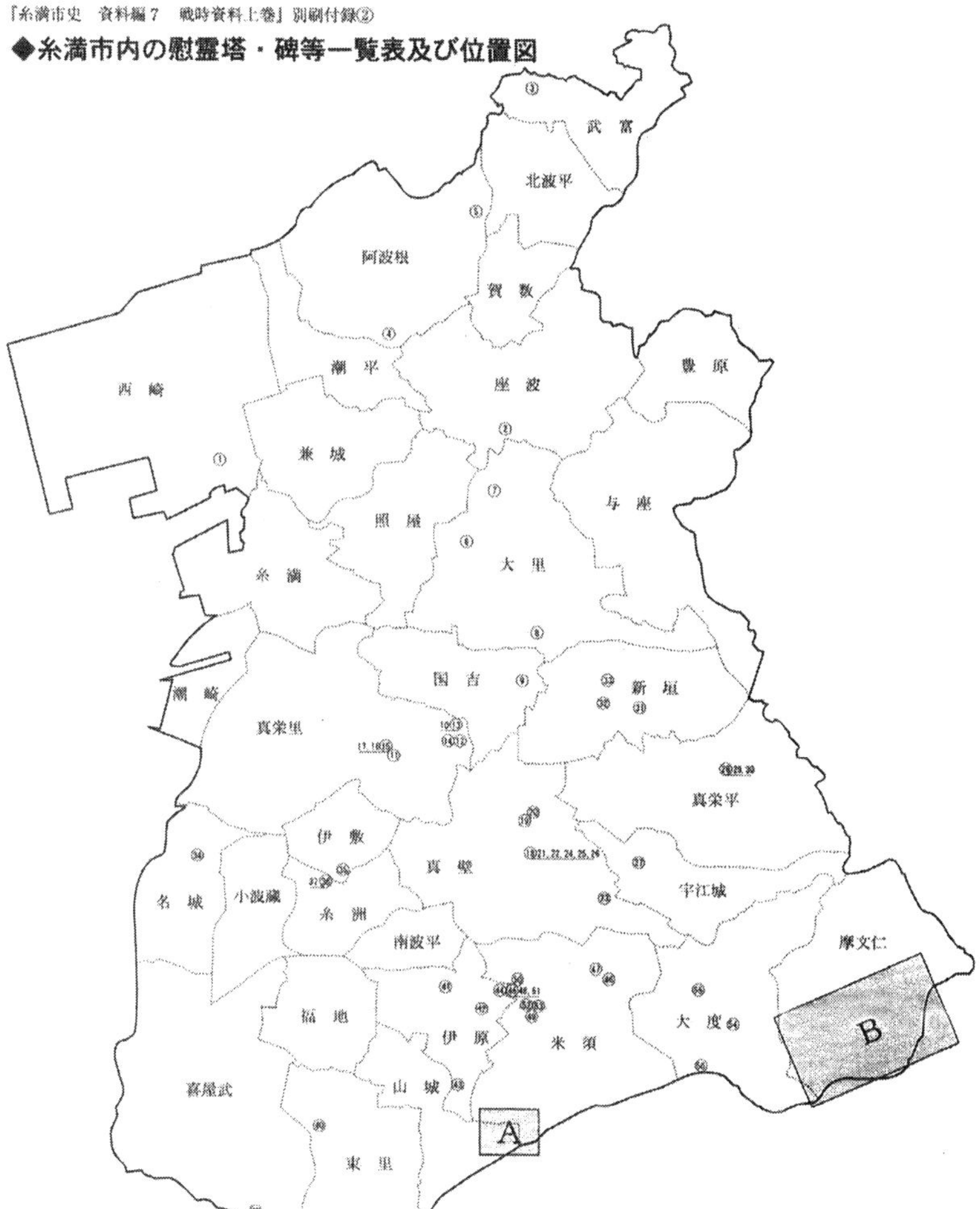

図71　糸満市史編集委員会『糸満市史』資料編７戦時資料上巻別刷付録②糸満市役所、2003年より転載。

津覇の旧跡・拝所・地図配置図

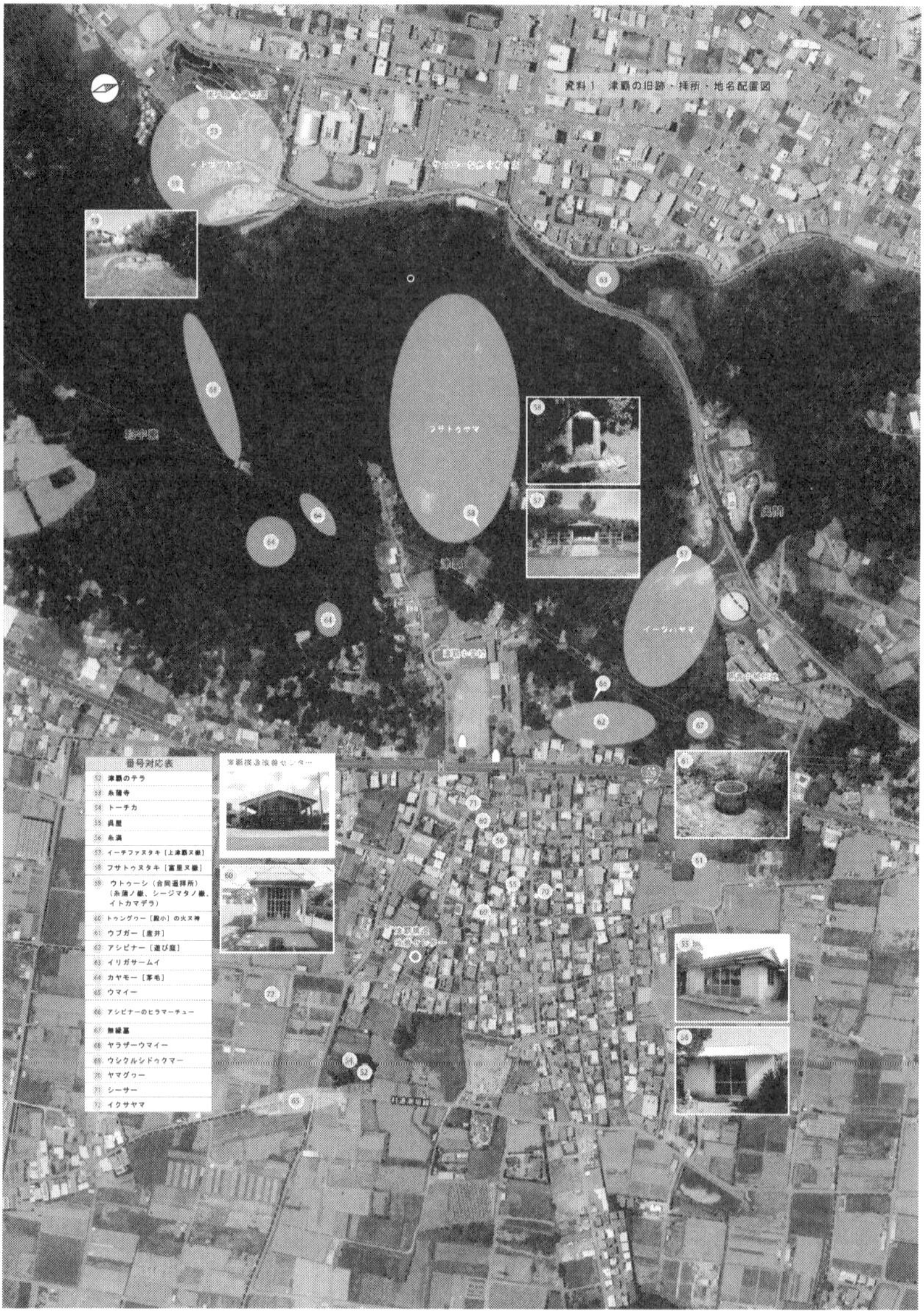

図72　中城村教育委員会生涯学習課『戦前の中城』令和4（2022）年　198・199頁より転載。

資料9　戦前の津覇の集落、屋号一覧

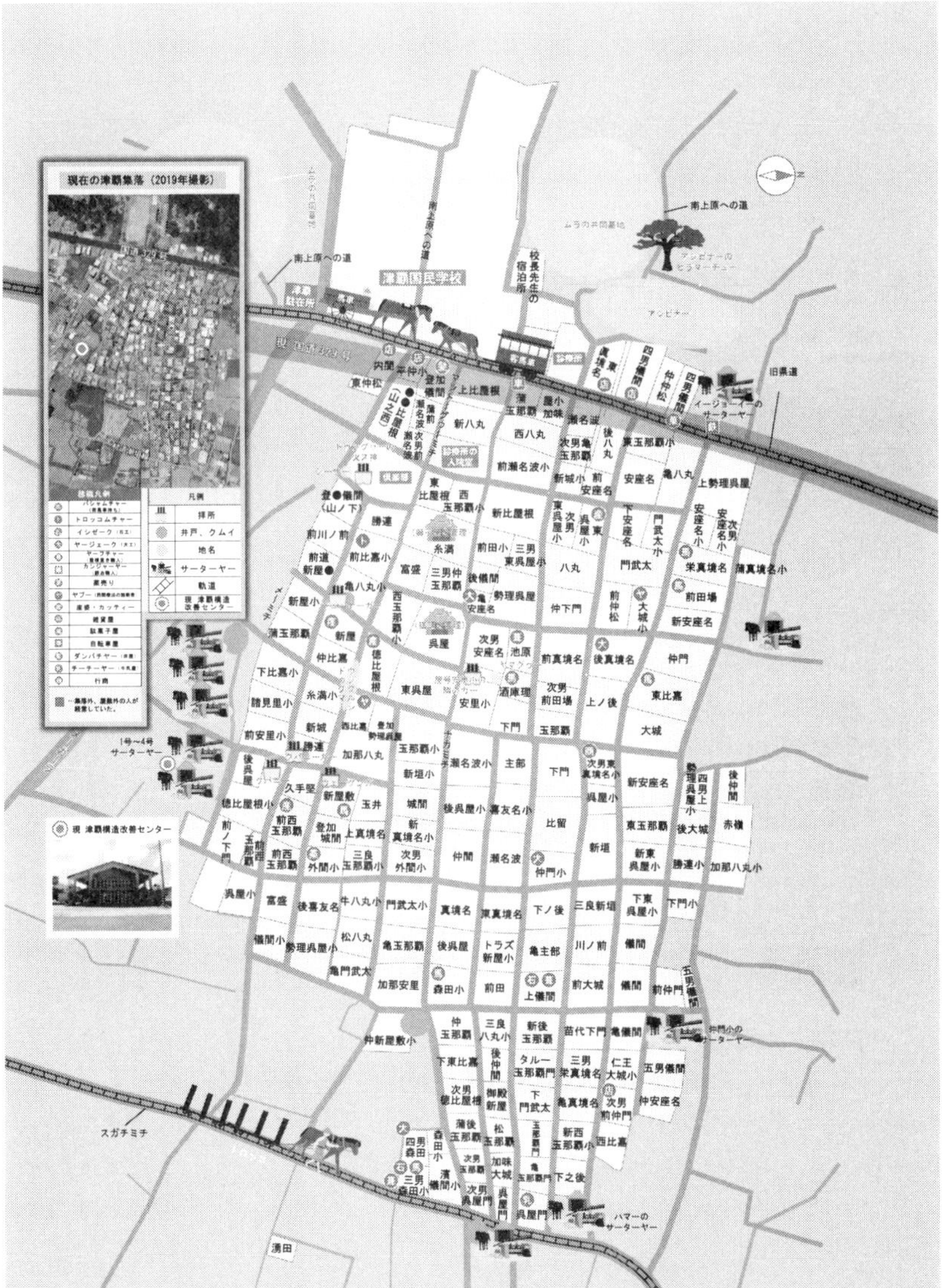

図73　前掲『戦前の中城』206—207頁より転載。

資料 10　注目されてきた中城村の戦争体験者への取材（沖縄タイムス社）その1

沖縄タイムス　2020年（令和2年）　6月17日 水曜日

防衛拠点 多数の犠牲

消えた戦跡 もの言わぬ語り部たち ②

155高地陣地 中城村

集中攻撃で故郷一変

中城湾を一望できる高台にある中城村の南上原糸蒲公園。心地よい風が吹き、大型滑り台やあずまやで遊ぶ子どもたちの声が響く。

1945年の沖縄戦時、公園一帯は日本軍の陣地で、標高155メートルにあったことから「155高地陣地」、米軍からは「トゥームヒル（墓の丘）」と呼ばれた。

2010年の公園造成時、南西斜面でU字型の壕が見つかった。幅3メートル、高さ1・5メートルの横穴で、人骨や万年筆も出土した。壕は記録保存した上で埋められ、今はもうない。

沖縄戦が始まる前、村津覇の新垣トヨさん(90)は、津覇国民学校高等科のクラスメートと共に155高地陣地の構築に駆り出された。生徒約40人で1列になり、壕内部から掘り出される土などをリレー方式で運んだ。トヨさんは「ざるを持って加勢した」と証言する。

「地方の皆さん、いつも手伝いありがとうね」。作業中、県外から来た日本兵はこんな歌を口ずさんでいたという。学校は兵舎として使われ、授業は次第になくなり、軍作業ばかりになっていた。トヨさんは式も証書もないまま卒業。ほどなくして沖縄戦が始まった。

米軍は本島上陸翌日の1945年4月2日には中城城跡周辺に至り、圧倒的な兵力で日本軍陣地を突破しながら南下。中城の南上原―和宇慶を結ぶ線には米軍の南部進撃を防ぐための防衛拠点が置かれ、155高地陣地も激戦地となった。米軍は9日朝から155高地陣地を集中的に攻撃し、占領。日本軍は12日に大規模な斬り込み攻撃を試みたが、多数の死者を出し失敗に終わった。

村奥間の壕に親族と避難していたトヨさんは、生き延びるとは思っていなかった。一緒にいた伯父は「お墓開けてきよーね」と言って壕から出て行った。身を隠すためではなく、トヨさんは「お墓でみんなで死のうと思っていた」と話す。先に捕虜になった地域住民の呼び掛けに応じて壕を出た時、故郷の風景は一変していた。

県史によると、45～46年の中城村の戦没者数は5643人。親族は皆生き延びたが、トヨさんは「こんな怖いことは忘れられない」と振り返る。時折、激戦地となる前の、風光明媚な故郷の風景を思い出す。「川沿いに松並木があった。木がいっぱいあって、きれいだったよ」

（社会部・榮門琴音）

新垣トヨさん

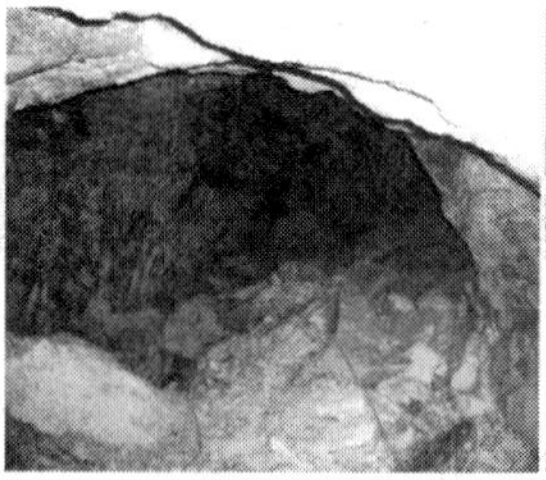

㊤公園造成時に見つかった壕の内部（中城村提供）㊦155高地陣地があった一帯。現在は整備され公園になっている＝5日、中城村・糸蒲公園

図74　沖縄タイムス社の記事「消えた戦跡―もの言わぬ語り部たち」②
2020年6月17日の記事（沖縄タイムス社提供）

資料11　注目されてきた中城村の戦争体験者への取材（沖縄タイムス社）その２

2020年(令和2年)　6月24日 水曜日　沖縄タイムス

聖地「テラ」に防御陣地

中城 津覇のトーチカ

もの言わぬ語り部たち
―地域の戦争遺跡
■6■

トーチカとは、コンクリートなどで堅固に造られた防御陣地。内側から銃火器を構えて攻撃できるようになっている。

中城村津覇のトーチカは六角形で、壁の厚さは約25㌢ある。高さは土中部分を含めると約120㌢。出入り口がないため、地下にトンネルを掘って出入りしたと考えられるという。

トーチカに六つある側面のうち四つには、銃眼とみられる手のひら大の穴が開いている。穴は、周囲の平野や村南上原側の斜面に向いているため、同村教育委員会は「米軍を攻撃するためではなく、平野部を侵攻する米軍を監視する目的の『監視哨《かんししょう》』だった可能性がある」とみる。

津覇のトーチカの特徴は、「津覇のテラ」と呼ばれる聖地の敷地内にある点だ。津覇集落の人々が戦前から、テラで集落の繁栄を拝んだり海の恵みに感謝を伝えたりしてきた。

㊤トーチカが造られた当時の記憶を語る新垣隆永さん㊦中城村指定文化財「津覇のテラ」（左奥）の西側に残る六角形のトーチカ＝21日、中城村津覇

テラの管理を任されていた門中の新垣隆永《りゅうえい》さん(91)は、1944年の10・10空襲の前、「テラの敷地内に陣地を造りたい」と父の隆由《りゅうゆう》さんに日本兵が打診してきたと証言する。「聖地だから」と断ったが最終的には認めるしかなく、隆永さんは父と共に神様に手を合わせた記憶がある。

「『軍のため、国のためだから許してください』とね。その後、トーチカの穴が掘られたが、どんな造り方をするか軍隊は見せなかったよ。出来上がった後も、地域の人は誰も近づけなかった。軍は何でも秘密さ」。当時瓦ぶきだったというほこらは現在、コンクリート製に変わっている。（中部報道部・平島夏実）

＝月～水曜日掲載

図75　沖縄タイムス社の記事「もの言わぬ語り部たち―地域の戦争遺跡６
2020年６月24日の記事（沖縄タイムス社提供）

資料 12　テニアンで戦争を体験した新垣光子の証言

2017年(平成29年) 3 月19日 日曜日　　沖 縄 タ イ ム ス

「デテコイ」聞き捕虜に

語れども語れども　うまんちゅの戦争体験　238

新垣光子さん　82歳　中城村

南洋テニアン島で生まれ育った。太平洋戦争を体験したのは11歳の夏。72年前の、避難生活の3カ月間は今でも忘れられない。

祖父（宮里松次郎さん）がサトウキビ農家で広大な農地「第4農場」を所有する裕福な家庭だった。自宅の敷地にはヒノキで造った建物が4棟あり、一部を日本兵の部隊「工兵隊」に提供し、宿舎として使っていた。指揮を執る池田中尉は、部下に「宮里さん一家を守れ」と命令した。若い静岡県出身の日本兵が、私たち家族の面倒をよくみてくれた。

空襲警報

1944年6月11日、学校での授業中、かすかに空襲警報が聞こえた。これまで何度か空襲警報が鳴り響いても米軍は何もしなかったのに、この日は違った。米軍が弾を落とすのをこの目で初めて見たよ。でも、怖いという恐怖感はなかった。

「私が逃げたことで家族全滅を逃れた」と語る新垣光子さん＝中城村津覇

自宅近くに造った防空壕に家族6人で逃げ込んだ。一緒に入った日本兵は「本土からたくさん応援がくるから、絶対に負けることはない」と言っていたが、子どもだから勝敗には全く関心がない。米軍が夜に落とす照明弾を見て、はしゃいでいた。

米軍が島に上陸したのは7月。自宅近くの防空壕は危険だと祖父や父が判断し、近くの山にある自然壕に避難した。中には、島民や日本兵約100人くらいが身を潜めていた。米軍の艦砲射撃が日に日に激しくなっていき、祖父が私と弟に布団をかぶせた。爆風の影響で死んだ人もいる。

山中にも米軍が迫ってきた。家族6人は壕を出て逃げる際、日本兵から「戦闘に巻き込まれないよう、戦車より前を歩くな。後ろは弾がこない。戦車が通った後を歩きなさい」と助言された。それで、戦車道をたどりながら逃げた。

肌で痛感

道には、戦闘に巻き込まれた日本人がたくさん死んでいたよ。頭がない人、顔面がつぶれている人、体がぐちゃぐちゃになっている人…。むごくても見ないふりをして歩き続けたけれど、戦争の怖さを肌で痛感した。

祖母が私に「みっちゃん、死んでいる人見たね。死んでハエにたかられる自分を他人に見られるより、海に落ちて死んだ方がまし。家族6人で死にたい」と言い出した。それで海が見えるがけまで行き、下をのぞくと死んだ人が海に浮いていた。私は怖くなって「絶対に死にたくない」とその場を逃げた。とっさの行動で、一家6人が全滅せずに助かったんだ。

日本兵の食料が大量に備蓄されている壕を見つけ、避難生活を続けていた。44年9月ごろ、外では米兵が片言の日本語で「デテコイ」と連呼していた。母が捕虜になることを提案し壕を出ると米兵に囲まれ、銃口を突きつけられ、チョコレートを渡された。祖母が「毒が入っている。殺される」と止めたけど、米兵自ら口にして安全であることを示した。弟がチョコレートを喜んで食べたよ。

46年3月、祖父の故郷・名護市安部に引き揚げた。24歳で結婚し、今は子6人、孫10人、ひ孫10人に囲まれて幸せに暮らしている。孫やひ孫たちには絶対、戦争は経験させたくない。むごい戦争は二度と起こしてはいけない。

（中部報道部・比嘉太一）

図76　沖縄タイムス社の記事「語れども語れども うまんちゅの戦争体験」238
2017年3月19日の記事（沖縄タイムス社提供）

図74及び図75、図76はメディアが中城村の戦争遺跡等に注目してきたことの例を示すために掲載した。また、QAB沖縄朝日テレビも二〇二〇年六月夕方のニュース番組にて新垣トヨの取材に基づく映像を放映した。さらにNHK WORLD TVは二〇二〇年一二月二六日に外国向けに大城為一、呉屋博子、與儀繁夫妻への取材に基づく特別番組を全世界に向けて放映した。その番組はBS1スペシャルとして日本語版で全国で放送されたあと、二〇二一年六月二四日にも沖縄県限定で再放送された。

これまで中城村における沖縄戦については、体験者が戦争体験を語らなかったこともあり、あまり耳目を集めることはなかった。だが、近年になって米軍の攻撃のあり方に大きな影響を与えたものとして中城村における戦闘が注目を集めるようになった。中城村民の本島南部での戦死者が多いことの理由が、中城村内に日本軍の陣地や壕など軍事施設が多く、住民の居場所が村内になかったことに焦点を当てたメディアの活発な取材活動が見受けられる。

著者プロフィール

久志 隆子（くし りゅうこ）

1955年沖縄県中頭郡中城村字津覇にて生まれる。

1973年沖縄県立普天間高等学校を卒業。

1980年国費沖縄学生として京都教育大学教育学部卒業。

沖縄県中頭地区で中学校の国語教師として勤めた後、琉球大学大院教育学研究科教科教育専攻の修士課程（教育学）を修了。（2016年）

さらに2021年、同じく琉球大学大学院人文社会科学研究科国際言語文化専攻の博士前期課程修士（歴史学）を修了。

その後は農業、雑貨作りをしながら中城村字津覇における沖縄戦の研究を続ける。

・地域の小中学校で平和学習の一環として講話をし、沖縄戦の様子を紹介している。（2018年～2023年）

著者プロフィール

橋本 拓大（はしもと たくもと）

1966年埼玉県深谷市生まれ

▼1989年立教大学文学部史学科卒業

▼1989年NHKに記者として入局

▼2023年現在NHK国際放送局World News部所属

立教大学文学部史学科では故粟屋憲太郎教授のゼミに所属してアジア・太平洋戦争史や東京裁判史を学ぶ。

NHKに記者として入局して初任地として沖縄放送局に配属、沖縄県警や自衛隊を主に取材。

その後報道局政治部、社会部でアジア・太平洋戦争、防衛省・自衛隊、沖縄戦をライフワークとして取材を続ける。

現在国際放送局World News部で英語ニュース番組「NHK NEWSLINE」の編集責任者の1人でありながら沖縄戦、自衛隊の番組制作を続けている。

聞書・中城人たちが見た沖縄戦 沖縄学術研究双書⑰

ISBN 978-4-89805-248-8 C0336

2023年9月15日 印刷
2023年9月20日 発行

著　者　久志 隆子・橋本 拓大

発行者　武石 和実

発行所　（有）榕 樹 書 林
〒901-2211　沖縄県宜野湾市宜野湾 3-2-2
TEL 098-893-4076　FAX 098-893-6708
Email:gajumaru@chive.ocn.ne.jp
郵便振替 00170-1-362904
＊落丁本・乱丁本はお取替えいたします。

印刷・製本（有）でいご印刷　Printed in Ryukyu